中华优秀传统文化思想中的教育与管理书系

中国人文管理学实践

古仁 著

中国经济出版社
CHINA ECONOMIC PUBLISHING HOUSE
·北京·

图书在版编目（CIP）数据

中国人文管理学实践 / 古仁著. -- 北京 ：中国经济出版社，2025. 5. -- ISBN 978-7-5136-8127-8

Ⅰ. C93

中国国家版本馆 CIP 数据核字第 20254CK557 号

组稿编辑　崔姜薇　黄傲寒
责任编辑　王骏雄
责任印制　李　伟
封面设计　任燕飞设计工作室

出版发行　中国经济出版社
印 刷 者　河北宝昌佳彩印刷有限公司
经 销 者　各地新华书店
开　　本　710mm × 1000mm　1/16
印　　张　17.5
字　　数　250 千字
版　　次　2025 年 5 月第 1 版
印　　次　2025 年 5 月第 1 次
定　　价　88.00 元
广告经营许可证　京西工商广字第 8179 号

中国经济出版社　**网址** http://epc.sinopec.com/epc/　**社址** 北京市东城区安定门外大街 58 号　**邮编** 100011
本版图书如存在印装质量问题，请与本社销售中心联系调换（联系电话：010-57512564）

书系前言

国家提出要建设自主的知识体系，这是因为中国具有独特的国情和文化背景，与其他国家存在显著差异，不能简单地用其他国家的学问来解释。以管理学为例，中华传统文化中的管理思想有着自己独特的理论体系，在人性假设、管理目标、管理评价标准、管理方式、激励方法、管理范畴、管理取向、人才观、分配方式等诸多方面，都与西方管理学存在系统性的差异。再以教育学为例，中华传统教育思想在教育目标、教育内容、教育原理、教育原则、教育方法等方面，也展现出鲜明的中国特色。中国有许多独特的管理与教育实践，这些实践在西方管理学与教育学中往往得不到合理的解释，甚至被“拒之门外”，从而无法形成有效的知识积累。

西方管理学以“经济人假设”为基础，认为人会追求自身利益的最大化，具有自利性；而中国管理学与教育学则以“人皆可以为圣贤”为出发点，认为人具有善性和无限潜能，具有利他性。如果盲目相信西方的学问，就会认为人自私自利是理所当然的；而如果相信中国的学问，就会将利他奉献作为人生的价值追求。学问本身能够塑造人格，而学问所指导的实践又会进一步塑造人格。中国之所以能够取得今天的成就，利他奉献和团结合作是其中的重要“法宝”。如果用西方的学问来指导教育与管理，我们实际上是在按照他们的需求培养人，而不是按照我们自己的需求。社会学理论不仅是在探讨真理，更是在做一种集体理性的选择。中华优秀传统文化中的理论思想，不仅可以为个体带来更大的幸福，也可以为社会和人类带来更美好的发展前景。

在中国传统文化思想中，许多学科是可以统合的。管理学、教育学、政治学、法学等领域都是相通的。真实的世界只有一个，如果不同学科各有一套理论，且相互之间难以兼容，那么其中必然存在虚假的学问。按照中华传统文化的理念，个体的多个方面是可以实现统合的。工作、生活、交往、爱好、学习、实践等都可以应用同一套学问。当你真正理解了一套学问，就可以从中生发出无穷无尽的智慧。中华传统文化思想不仅可以应用于人文学科与社会科学，还可以应用于自然科学领域。例如，“天人合一”的宇宙观和“全息整体观”等理念，对认识自然、发展医学与科技等都具有重要的指导价值。中华优秀传统文化思想之所以能够实现多种统合，是因为它反映了宇宙人生的真谛。

那么，自主知识体系该如何建设呢？有人认为根本不必发展自己的学术，认为西方的学术是放之四海而皆准的科学，只要是解释人类行为的学问都可以直接应用。他们认为，我们只需要在西方学术体系的基础上继续发展，就像给一座建筑换砖添瓦一样，就算是发展中国的学问了。然而，我认为这种零敲碎打的方式根本无法构建真正的自主知识体系。我们必须从地基开始重新建设，从宇宙人生的真谛出发，构建能够统合各领域的真学问。自主知识体系应当能够解释中国的社会实践，能够把我们的独特经验转化为知识，并在同胞之间形成文化认同与情感共鸣。我衷心希望学术界能够认识到这一点，我们还需要建立一个真正自主的学科体系。我深知同胞之中藏龙卧虎，如果众多优秀的人才都能投身于中国学问的研究，相关学术研究的繁荣必将指日可待。我们弘扬中华优秀传统文化，不仅是为了国家富强与人民幸福，更是为了给人类、给一切生灵开创一个更美好的未来。

谨以此书献给我深爱的祖国与人民，献给社会主义事业的建设者，献给为中华民族抛头颅洒热血的先烈，献给传承中华传统文化的仁人志士。感谢历史与时代赋予我这样的机会，感谢祖国与人民对我的哺育与培养。作为一个受中国传统文化滋养的中国人，我感到无比幸运与自豪。无论您是谁，无论我们是否相识，无论您是否赞同我的观点，只要我们共同热爱中华优秀传统文化，共同期盼人类的美好未来，我们就是盟友。如果您觉得这本书能给您带来启发，那么书中的每一字每一句都是我对您的祝福。

前言

在中国的众多高校中，管理学院是常见的设置，包括工商管理学院、政府管理学院，以及针对特殊领域的教育管理学院等。这些管理学院所开设的管理学课程大多属于“西方管理学”，其理论体系是在西方的文化背景和管理实践中逐步形成的。尽管西方管理学作为一门学科一直在不断向前发展，但它仍然存在不完善之处。即便在西方的文化情境中，它也难以有效解决所有管理问题。而在西方文化土壤中发展起来的管理学理论，其在中国文化背景下的适用性更是存在明显不足。

近几十年来，中国社会取得了巨大的发展，各个领域都取得了令世界瞩目的成就，这充分证明了中国社会中蕴含着卓越的管理智慧。我们也能明显感受到，中国的许多管理实践与西方的管理方式存在显著差异。然而，在管理学领域，系统性的中国管理理论却相对匮乏。可以说，关于中国管理思想与管理理论的研究已经滞后于中国的管理实践。在学术层面，我们尚未充分认识到中国管理实践中所运用的管理智慧。这种实践中的智慧从何而来？中国传统管理思想无疑是重要的源头之一。许多管理者在实践中已经自觉地运用了中华传统管理智慧。因此，研究中国传统管理思想，旨在帮助那些尚未能自觉运用这些管理智慧的人，通过理性认识也能实现这种自觉。

多年来，中国人一直投入大量精力研究西方管理学，却相对缺乏对中华传统管理思想与本土管理思想的系统总结。本书以管理哲学的若干基本问题为线索，探讨中国传统管理思想对这些基本管理哲学问题的认识，希望能够为中国管理学的发展起到抛砖引玉的作用。当今的中国管理实践，实际上是结合了中国传统管理思想与西方管理思想的成果。如果能够对这两方面的管理思想都有系统的认识，我们将能够更好地解释自己的管理实践，更有效地总结管理经验。正确总结中国的管理经验与管理理论，不仅可以为其他国家提供参考，也能为国际上管理学的发展贡献智慧，这是中国作为有责任感的世界大国应尽的义务。

自2014年起，笔者开始在本单位承担本科生和研究生“管理哲学”相关课程的教学工作，至今该课程已经讲授了大约10次。管理哲学在国际上是一门新兴学科，目前尚未形成完整的学科体系，也缺乏合适的教材。因此，笔者结合中国传统管理思想及管理哲学的基本问题，不断充实这门课程的内容，探索中国传统管理思想对管理哲学基本问题的认识，并与西方管理学进行比较。最初，这本书打算命名为“中国管理哲学”，但后来笔者意识到，对管理哲学基本问题的完整回答，实际上构成了“中国管理学”的核心。于是，笔者在“中国管理学”和“中国管理哲学”这两个题目之间犹豫不决。2019年，在学期最后一次总结课上，一位同学不假思索地用“中国管理学”来指代课程内容，这让笔者下定决心，就叫“中国管理学”吧。在西方管理学占据主导地位的今天，笔者期待有一天中国管理学也能在国际舞台上占据一席之地。到了2021年，在修改书稿的过程中，笔者进一步总结出“科学管理”是西方管理学的主要特征，而“人文管理”则是中国管理学的主要特征。笔者希望在书名中体现这一特点，以便读者能够迅速了解中国管理学与西方管理学的不同。最终，笔者确定了现在的书名。

顺应人的“善”的天性去教化人、发展人，这就是“人文”的本质。科学管理以效率为目标，可能会忽略人的情感、思想和天性，将人视为实现效率的工具。在西方的科学管理理论中，人的道德与人格往往是外生于管理实践的，而在中国人文管理理论中，人的道德与人格则是内生于管理实践的。在中国的管理思想中，管理过程不仅仅是物质的生产过程，更是人的“生产”过程。通过管理，符合社会价值标准的人得以培养，而效率则是人成长的自然结果。

本书在写作方法上有两个显著特点：一是从管理哲学的基本问题出发组织篇章结构；二是对部分关键性理论应用量化方法进行实证检验。这两个特点都有助于中国管理学与西方管理学展开对话。对于每一个管理哲学的基本问题，西方管理学是如何回答的，中国传统管理思想又是如何看待的——通过这种比较，我们可以清晰地看到中西方的差异，从而为反思自身的管理思想与管理实践提供更好的参考。如果仅以中国管理思想为主线组织篇章结构，就难以与西方管理学形成有效的对话。西方管理学大量应用了实证检验方法，而中国传统管理思想多以“圣人之训”的形式存在。如果缺乏实证检验，在西方管理学面前，中国传统管理思想难免会显得证据不足。因此，本书在若干关键理论上尝试使用实证方法进行检验，以期与西方管理学形成更“势均力敌”的对话，证明中国传统管理思想也可以通过实证方法进行检验。

选修笔者课程的学生反馈，经过一个学期的学习，他们感觉收获颇丰。然而，对于那些已经具备西方管理学基础的学生来说，在学习之初需要花费更多精力摆脱西方管理学思维的束缚，才能更好地理解所学内容。笔者期待在未来，所有高校的管理学专业，无论是工商管理、政府管理还是教育管理专业等，都能在西方管理学之外，开设能够与西方管理学相匹敌的中国管理学相关课程。这种匹敌首先需要中国管理学自身的完善，内容丰富、理论系统，能够解释并指导中国的管理实践，甚至为其他国家提供参考。笔者期待有一天，中国的管理学研究能够反映甚至引领中国的管理实践，中国管理学能够成为一门正式的课程在中国各类管理学院中开设。

从弘扬中华优秀传统文化的角度来看，本书也具有独特的价值。民族精神是中华优秀传统文化的核心内容，而管理实践是体现与塑造民族精神的重要抓手，是继承与弘扬中华优秀传统文化的重要场域。

本书的读者范围广泛，包括各类管理实践者、管理学研究者、高校管理专业相关师生、中国文化相关领域的研究者，以及所有对中国传统文化感兴趣的人。本书可以作为高校管理专业的教材，也可以作为大学生了解中华传统文化的读物。笔者期待未来中国管理理论能够与波澜壮阔的中国社会实践相匹配，期待中国管理理论能在管理学学科体系中拥有自己的“合法”地位，期待中国管理学研究能够对国际管理学发展做出应有的贡献，中国传统文化能够为人类创造更美好的世界、拥有更美好的人生带来启示。

中国人文管理学的篇章结构

中国人文管理学涵盖了理论与实践两大板块，鉴于篇幅的限制，我们将其拆分为两本书出版，但两者在内容上相辅相成、紧密相连。在篇章结构设计上，我们以一条主线和一条辅线贯穿全书。主线围绕管理哲学的基本问题展开，涵盖人性假设、管理目标、管理评价标准、管理方式、激励方法、管理取向、管理范畴、分配原则等核心议题；辅线则聚焦中国传统思想流派，包括儒家、道家、佛家、法家、兵家等，深入挖掘其管理智慧。

实践篇的篇章结构如下：第一章聚焦领导理论，第二章探讨人才观。第三章和第四章介绍道家无为而治的管理思想，以及法家、兵家、佛家、中医等流派的管理智慧。第五章从民主与公平的角度探讨分配原则。第六章介绍具有中国特色的管理工具。第七章和第八章通过具体案例展示中国管理理论的实践应用。第九章对中国管理学的发展方向进行思考。在具体阐述过程中，本书整合了具有中国文化特色的管理思想与本土管理实践，涵盖一元整体观、天人合一的宇宙观、人皆可以为圣贤的人性观、德才兼备的人才观、内圣外王的领导理论、德政的管理思想、以和为贵的人际观等核心理念。各章具体内容如下：

第一章：通过量化研究验证“内圣外王”领导力思想，介绍自我修养之道及其具体方法。

第二章：阐述中国传统管理思想中“德才兼备”的人才观，强调举贤任能、赛马机制、动机考量、人才培养方法及人才使用的授权原则。

第三章：分析道家的辩证思维与“无为而治”理念，指出其管理思想体系的内在逻辑与评价标准。

第四章：分别介绍法家、兵家、佛家、中医等流派的管理思想及其启示。

第五章：区分形式民主与实质民主，阐述中国传统管理思想中的实质民主理念及其在社会公平中的体现。

第六章：探讨会议、仪式、活动、口号与标语、工会、标兵与榜样、运动、礼乐等特色管理方式在中国管理实践中的作用。

第七章与第八章：分别以海底捞、胖东来等管理案例为切入点，分析其与中国传统管理思想的契合之处，说明中国传统管理思想在当代的实践价值。

第九章：探讨中国管理学的发展方向，强调其应融合中华优秀传统文化与现代精神，同时指出西方研究方法的局限性，呼吁在发展中保持独立性与科学性。

中国的发展成就举世瞩目，然而，许多学者仍以西方的理论、视角和标准来解读中国，虽有一定解释力，但往往难以触及本质，甚至削足适履。例如，中国的扶贫攻坚、航空航天、沙漠治理、红旗渠建设等重大成就，以及教育领域的“立德树人”理念和人才选拔中的“德才兼备”标准，都无法在西方管理学中找到合理解释。这些具有鲜明中国特色的管理方法，正是中国管理学的独特价值所在。

本书虽以中华传统文化为根基，但并非主张回归过去，而是倡导在认清自身的基础上，有机融合其他管理思想，避免盲目照搬他国经验。现代中国管理学应兼具时代特征与现代精神，融合人类所有先进管理方法，回应现代社会需求。

尽管笔者有十余年中华传统文化的学习经历，但缺乏系统的正式教育背景，对传统文化资料的掌握难免不全面、不系统。因此，在部分内容的论述中，未追求文献的穷尽性，而是基于自身实践感悟分享见解，虽有原创性，但也可能存在主观性。本书写作视角独特，参考资料有限，许多观点源于对传统经典著作的研读、社会实践的观察以及自身实践的体悟。由于作者学术水平与认知能力的限制，书中观点难免有偏颇之处。作为一本探索性著作，本书远非完善，但愿能起到抛砖引玉的作用，引发更多人关注中国管理学，挖掘中华传统文化中的管理智慧。在对本书的批评与探讨中，真理将逐渐显现。

目录

第一章 “内圣外王”与领导者的自我修养

在西方管理学的研究历程中，曾有学者研究领导力是否可以被培养，有部分学者认为，卓越的领导力都是天生的，不是后天可培养的。从中国文化角度来看，我们不大可能进行这样的研究，也不可能产生领导者只能是天生的认识。因为中国文化相信“人皆可以为圣贤”，在中国的文化思维中，每个人经过适当的培养与自我修为，都具有成为领导的可能。

“内圣外王”是古老的中国传统思想，“内圣”可以理解为个体的内在道德修养，“外王”可以理解为个体的外在影响力。从管理学角度来看，“内圣外王”可以理解为一个人的道德修养越高，越可能成为一个好的领导者。从领导力研究领域来看，道德相关因素一直被看作领导的重要特质。儒家的“内圣外王”思想与领导力研究领域提出的“道德相关因素有助于个体获得领导职位及取得高领导绩效”有不谋而合之处。本书将使用实证研究方法，检验儒家意义上的“内圣”与领导职位获得及管理绩效的关系。当前关于“内圣外王”现代意义的探讨，多局限于理论层面，很少有研究进行过实证检验，这里我们将进行一定的尝试。

从领导力理论角度来看，“内圣”可以看作一种领导特质，本书相当于把中国传统管理思想中的“内圣”作为一种领导特质，检验其与管理职位获得及管理绩效的关系，有助于丰富领导力理论。比如，相关研究结果可以为领导特质理论认识领导的核心特质、领导特质能否被培养等问题提供参考。儒家思想是对中国文化影响最大的思想之一，而“内圣外王”思想贯穿整个儒家思想文化[①]，对中国文化有深刻影响，这种影响在当今的中国社会是否仍然发挥着作用，认识这个问题对于我们今天如何弘扬中华传统文化，弘扬什么样的中华传统文化具有重要的参考价值。研究结果表明，个体儒家意义上的道德水平越高，获得领导职位的可能性越大，道德水平越高的领导者，其管理绩效越高，说明儒家意义上的道德在当今社会实践中可能仍被认可，发挥着社会调节功能。我们的研究结论对于领导者选拔与培养等管理实践具有参考价值，也可以丰富现有领导力理论。人究竟应该如何培养自己的品格？中华传统文化中也有丰富可供参考的资源，本章将从自我修养的道、法、术三个角度进行介绍。

第一节　儒家“内圣外王”管理思想与研究假设

“内圣外王”语出《庄子·天下》，对于原文的内涵，学术领域有不同的看法[②]，但是，长期以来很多儒家学者借用“内圣外王”来形容儒家“内以成圣，外以成王”的人格理想与政治主张（程潮、钱耕森，1998）。有研究指出，“内圣外王”的理想贯穿整个儒家思想文化，可以将它视作儒家哲学与文化的基本精神或命脉（田勤耘、罗家祥，2006）。本书的“内圣外王”，在本意上主要是指“内以成圣，外以成王”的儒家思想，具体内涵根据研究目的有所引申。本书拟探讨“内圣外王”思想对现代领导力理论的启示，因此，对“内圣外王”的理解，侧重领导力相关理论的视角。领导力理论认为，领导力是一种对他人及所从事工作的影响力[③]，我们主要探讨个体儒家意义上的道德品质与管理职位获得及管理绩

---

① “内圣外王”思想贯穿了先秦、秦汉、唐代、宋明、清代整个儒家文化，因而可以将其视作儒家哲学与文化的基本精神或命脉（田勤耘、罗家祥，2006）。

② 关于其内涵的详细介绍，参见梁涛（2013）的研究。

③ 韦里克和孔茨（2004）指出，“领导是影响人们心甘情愿地和满怀热情地为实现群体的目标而努力的艺术或过程”。[美] 韦里克，孔茨．管理学：全球化视角（第十一版）[M]．马春光，译．北京：经济科学出版社，2004：305.

效的关系，实际上是探讨个体的这种道德品质对其领导力的作用，这是“内圣外王”在本书中的引申内涵。

从领导力角度来看，“内圣”可以被看作一种领导特质。在领导特质的相关研究中，有很多与道德密切相关的特质被关注，如诚实、正直、品德高尚、道德习惯等，这些特质影响着领导职位获得及领导绩效。20世纪初，管理学家法约尔在《工业管理与一般管理》一书中提出承担管理职能的员工应具备的若干素质，道德素质是其中之一，包括毅力、坚强、承担责任的勇气、创新精神、献身精神、机智、自尊。[①]Baumol（1989）等根据美国企业界的实际情况，提出了企业领导者应具备的10项特质，其中包含品德高尚。Kouzes（1990）的研究发现，在20项主要特质中，诚实是排在第一位的领导特质，接下来才是能力、远见等特质。Kirkpatrick和Locke（1991）的研究发现，有效领导者与无效领导者在几个方面有明显区别，其中之一是诚实正直。Northouse（1997）归纳了几项主要领导特质，其中包含正直。Zaccaro（2007）提出，从领导者特质的组合来认识领导特质的有效性，价值观是其中的一个方面。Hoffman（2011）使用3123项研究进行的元分析表明，诚实正直与管理绩效之间具有显著的正向关系，这背后的逻辑可能是下属不会乐于接受自己不信任的人的领导，除非领导者被下属信任，否则他很难赢得下属的忠诚。Nichols和Cottrell（2014）在一项关于下属期待领导有什么样的特质的研究中，调查参与者对任何级别的领导都有较高的可信性（trustworthiness）期待，而可信性与道德密切相关。综上所述，在领导特质研究领域，道德相关因素长期以来一直备受关注。此外，责任心、价值观、奉献精神等与道德密切相关的特质，也是领导特质理论非常关注的特质。

在管理学发展的历程中，道德相关因素一直被看作领导的重要特质。实证检验的结果也表明，道德相关因素对领导职位获得及领导绩效有积

① ［法］法约尔．工业管理与一般管理［M］．迟力耕，张璇，译．北京：机械工业出版社，2007：7.

极影响。本书关于“内圣”的测量，尽量遵循传统儒家思想，使用实证方法检验传统管理思想，并且会考察其在当今社会的适用性。在研究领域普遍存在的一个现象是，研究中国管理思想的学者，大多使用思辨研究方法，而不使用实证研究方法。实证研究方法是西方管理科学研究的常用方法，但使用实证研究方法的学者，大多尚未关注中国管理思想。这使得基于中国文化的管理学研究与源自西方学术体系的管理科学研究难以实现对话，本书尝试通过实证研究方法检验中国管理思想，进而实现中西方管理思想在某种程度上的对话。

通过对儒家经典的梳理，我们也可以找到很多“内圣”与“外王”之间因果联系的线索。《大学》中说“一家仁，一国兴仁；一家让，一国兴让；一人贪戾，一国作乱；其机如此。此谓一言偾事，一人定国。尧舜率天下以仁，而民从之；桀纣率天下以暴，而民从之；其所令反其所好，而民不从。是故君子有诸己而后求诸人；无诸己而后非诸人。所藏乎身不恕，而能喻诸人者，未之有也”。[①] 据此可以认为，“内圣”的领导者可以通过表率作用影响被领导者，进而实现管理目标，达到“外王”的目地。《论语》中也有相关介绍，可以为我们认识“内圣外王”的作用机制提供参考。“子欲善，而民善矣”[②]，“子帅以正，孰敢不正”[③]，可见，在儒家思想中，领导者自身的道德品质会影响被领导者的道德品质。“其身正，不令而行；其身不正，虽令不从”[④]，通俗来说，“身教胜于言传”，领导者自身的行为方式比其语言或者命令更有影响力。《中庸》中说“知、仁、勇三者，天下之达德也，……知斯三者，则知所以修身；知所以修身，则知所以治人；知所以治人，则知所以治天下国家矣”。[⑤] 由此可见，道德品质高的人，既懂得如何修身，又懂得如何“治人”“治天下国家”，因而更可能成为管理者。

---

① 孟子，等．四书五经［M］．北京：中华书局，2009：48.
② 孟子，等．四书五经［M］．北京：中华书局，2009：28.
③ 孟子，等．四书五经［M］．北京：中华书局，2009：28.
④ 孟子，等．四书五经［M］．北京：中华书局，2009：29.
⑤ 孟子，等．四书五经［M］．北京：中华书局，2009：55.

综上所述，我们提出以下两个研究假设。

研究假设 1：道德水平越高，越容易获得领导职位。

研究假设 2：具有领导职位的人，道德水平越高，管理绩效越高。

在领导者选拔过程中，一般特别注重德才兼备，由此可以推测，“道德”与“领导职位”对于绩效来说可能具有互补性。于是，我们提出以下假设：相对于非领导者来说，领导者的道德水平对绩效的影响更大。

第二节 道德水平与管理绩效关系的实证检验

一、模型设定与变量测量

我们首先要确定计量模型，其次对相关变量进行测量，进而对变量关系进行统计分析。

1. 道德水平与领导职位获得

我们将使用 logit 估计方法及全部样本，分析道德水平对能否获得领导职位的影响，模型设定如下。

$$pos=\alpha_0+\alpha_1 mor+\alpha_2 gen+\alpha_3 edu+\alpha_4 age+\alpha_5^T wor+\alpha_6^T reg+\varepsilon \tag{1-2-1}$$

其中，α 为待估计系数，ε 为残差项，*pos* 为是否具有领导职位（有领导职位 =1，无领导职位 =0），*mor* 为道德水平，*gen* 为性别（女性 =1，男性 =0），*edu* 为所受的教育年限，*age* 为年龄，*wor* 为工作单位类型虚拟变量，*reg* 为所在省份的地区虚拟变量。在获得领导职位的难易程度上可能有性别差异，在道德水平上也可能存在性别差异，如果不控制性别，则可能使估计结果有偏；教育水平越高的个体获得领导职位的可能性越大，同时，教育水平越高的个体其道德水平也可能越高，如果不控制教育水平，则可能使估计结果有偏；个体获得领导职位的可能性与年龄可能存在关联，道德水平也可能与年龄有关，如果不控制年龄，则可能使估计结果有偏。在不同类型的工作单位以及不同地区，道德水平、获得领导职位的概率等可能存在系统差异，为了控制这种差异对估计结果的影响，我们控制了工作单位类型虚拟变量及地区虚拟变量。如果道德水平越高，越可能获得领导职位，那么道德水平的估计系数将显著为正。

2. 道德水平与领导绩效

我们将使用普通最小二乘（OLS）估计方法及具有领导职位个体的子样本，分析道德水平对领导绩效的影响，模型设定如下。

$$per=\beta_0+\beta_1 mor+\beta_2 gen+\beta_3 edu+\beta_4 age+\beta_5{}^T wor+\beta_6{}^T reg+\delta \tag{1-2-2}$$

其中，β 为待估计系数；δ 为残差项；per 为管理绩效，本书将使用个体的工资水平来测量；其他变量的含义与式（1–2–1）同。工资水平与工作绩效之间一般存在正向关系，因此，本书使用个体的工资水平作为管理绩效的代理变量。如果道德水平越高，管理绩效越高，那么道德水平的估计系数将显著为正。

3. 道德水平与领导职位对绩效的交叉影响

我们将使用 OLS 估计方法及全部样本，分析道德水平与领导职位对工作绩效的交叉影响，模型设定如下。

$$per=\gamma_0+\gamma_1 mor+\gamma_2 pos+\gamma_3 mor\times pos+\gamma_4 gen+\gamma_5 edu+\gamma_6 age+\gamma_7{}^T wor+\gamma_8{}^T reg+\upsilon \tag{1-2-3}$$

其中，γ 为待估计系数，υ 为残差项，其他变量的含义与式（1–2–1）同。如果领导职位与道德水平之间具有交叉影响，即相对于非领导者来说，领导者的道德水平对绩效的影响更大，那么道德水平与领导职位的交叉项（$mor\times pos$）的估计系数将显著为正。

二、数据调查与统计描述

道德水平测量量表信度检验的 α 系数为 0.846，说明题目的内部一致性较好，其验证性因子分析的结果如表 1–2–1 所示，相关指标都达到了研究领域的公认标准。可见，道德测量量表的信度与效度都比较好，能够满足本书的分析需要。

表 1–2–1 道德量表验证性影响因子分析拟合指标

χ^2	df	TLI	CFI	RMSEA	SRMR
221.9	54	0.924	0.938	0.058	0.037

不同背景的领导者与非领导者道德水平的统计描述如表 1–2–2 所示，总体来说，领导者的道德水平显著高于非领导者。从单位类型来看，在国有企业、集体企业和三资企业中，领导者的道德水平都显著高于非领导者。在政府机关、国有事业单位和民营个体企业中，领导者与非领导者的道德水平没有显著差异。从性别角度来看，男性领导者与非领导者的道德水平没有显著差异；女性领导者的道德水平显著高于非领导者。

表 1–2–2 不同背景的领导者与非领导者道德水平的统计描述

	领导者（A）			非领导者（B）			合计			差异检验
	样本量	均值	标准差	样本量	均值	标准差	样本量	均值	标准差	P（A>B）
政府机关	23	4.094	0.455	22	3.973	0.368	45	4.035	0.414	0.167
国有事业单位	26	4.042	0.471	124	4.061	0.421	150	4.058	0.428	0.583
国有企业	56	4.162	0.529	174	4.023	0.453	230	4.057	0.475	0.029
集体企业	6	4.389	0.180	31	3.855	0.543	37	3.941	0.539	0.012
民营个体企业	93	3.936	0.471	270	3.961	0.463	363	3.955	0.464	0.671
三资企业	29	4.223	0.435	55	3.980	0.446	83	4.062	0.455	0.010
男性	146	4.017	0.500	323	3.978	0.474	469	3.990	0.482	0.212
女性	87	4.148	0.451	367	3.997	0.440	454	4.026	0.446	0.002
合计	233	4.065	0.485	690	3.988	0.456	923	4.008	0.465	0.014

变量统计描述及变量间的相关矩阵如表 1–2–3 所示。

表 1-2-3 变量统计描述及变量间的相关矩阵

变量	样本量	均值	标准差	1	2	3	4	5
领导地位	923	0.252	0.435	1.000				
道德水平	923	4.008	0.465	0.072*	1.000			
受教育年限	923	15.785	1.595	0.066*	0.096*	1.000		
年龄	923	33.813	7.325	0.059	0.057	–0.087*	1.000	
性别（女 =1）	923	0.492	0.500	–0.138*	0.039	0.041	–0.102*	1.000
管理绩效	923	6.853	1.679	0.186*	0.151*	0.343*	0.070*	–0.118*

注："*" 表示以 5% 的水平显著。

三、估计结果

1. 道德水平与领导职位获得

式（1–2–1）的估计结果如表 1–2–4 所示。第（1）列是仅道德水平进入回归方程的估计结果，可以看到道德水平的估计系数显著为正，说明道德水平越高越可能获得领导职位。第（2）列在第（1）列基础上引入了性别虚拟变量（女性 =1，男性 =0），其估计系数显著为负，说明在获得领导职位方面女性相对于男性来说，处于不利地位，此时道德水平的估计系数仍然显著为正，并且有所上升，说明性别虚拟变量与道德水平呈正相关，女性的道德水平高于男性。第（3）列在第（2）列基础上引入了受教育年限变量，其估计系数显著为正，说明教育水平越高获得领导职位的可能性越大，此时道德水平的估计系数仍然显著为正，但有所下降，说明教育水平与道德水平呈正相关，教育水平越高道德水平越高。第（4）列在第（3）列基础上引入了年龄变量，其估计系数为正，但是不显著，此时，道德水平的估计系数有所下降，说明年龄与道德水平之间可能具有正向关系，年龄越大道德水平越高。第（5）列在第（4）列基础上引入了单位类型虚拟变量，道德水平的估计系数有所上升，说明从业者的道德水平在单位类型间有一定差异。此时，受教育年限的估计系数变得不显著，可能的原因是个体进入的单位与教育水平密切相关，单位内部成员的教育水平比较相近，单位内部教育水平不是获得领导职位的主要影响因素。第（6）列在第（5）列基础上引入了地区虚拟变量，道德水平的估计系数有所上升，说明不同地区干部的道德结构有一定差异。年龄变量的估计系数变得显著为正，一方面说明在地区内部，年龄越大获得领导职位的可能性越大；另一方面说明在不同地区，干部队伍的年龄结构可能有所差异。

表 1-2-4 道德水平与领导职位获得

自变量	因变量：是否具有领导职位（有 =1，没有 =0）					
	（1）	（2）	（3）	（4）	（5）	（6）
道德水平	0.364** （0.174）	0.394** （0.174）	0.361** （0.174）	0.345** （0.174）	0.351** （0.179）	0.354* （0.182）
性别（女 =1）		−0.662*** （0.155）	−0.672*** （0.156）	−0.649*** （0.156）	−0.649*** （0.158）	−0.645*** （0.162）
受教育年限			0.102* （0.061）	0.108* （0.062）	0.110 （0.067）	0.121* （0.068）
年龄				0.015 （0.010）	0.016 （0.011）	0.019* （0.011）
单位类型	否	否	否	否	是	是
地区	否	否	否	否	否	是
样本量	923	923	923	923	918	905

注：“*”表示以10%的水平显著，“**”表示以5%的水平显著，“***”表示以1%的水平显著。

2. 道德水平与领导绩效

为了分析在同样具有领导职位的群体中，个体的道德水平与领导绩效的关系，我们使用个体的工资水平作为领导绩效的代理变量，使用具有领导职位的个体样本进行回归，式（1-2-2）的估计结果如表 1-2-5 所示。第（1）列是仅道德水平进入回归方程的估计结果，可以看到道德水平的估计系数显著为正，说明道德水平越高，管理绩效可能越高。第（2）列在第（1）列基础上引入了性别虚拟变量（女性 =1，男性 =0），其估计系数显著为负，这背后有两种可能，一是女性领导者的管理绩效低于男性，二是女性在工资水平上受到了歧视。此时，道德水平的估计系数仍然显著为正，但有所提高，说明在同样具有领导职位的人群中，女性的道德水平可能更高，背后的原因可能是女性不易获得领导职位，在其他条件相似的情况下，女性要比男性具有更高的道德水平才能获得相似的领导职位。第（3）列在第（2）列基础上引入了受教育年限变量，其估计系数显著为正，说明教育水平越高管理绩效越高，此时道德水平的估计系数仍然显著为正，但有所下降，说明教育水平与道德水平呈正相关，教育水平越高道德水平越高。第（4）列在第（3）列基础上引入了年龄变量，其估计系数为正，但是不显著，此时，道德水平的估计系数仍然显著为正。第（5）列在第（4）列基础上引入了单位类型虚拟变量，道德水平的估计系数有所下降，可能在一些类型的单位中，既有较高的平均道德水平，也有较高的绩效工资水平。第（6）列在第（5）列基础上引入了地区虚拟变量，道德水平的估计系数有所上升，说明可能在一些产出绩效相对较高的地区，平均道德水平不一定相对较高。

表 1-2-5　道德水平与领导绩效

自变量	因变量：ln（工资水平）					
	（1）	（2）	（3）	（4）	（5）	（6）
道德水平	0.583** （0.288）	0.746** （0.295）	0.625** （0.285）	0.625** （0.285）	0.542* （0.309）	0.667* （0.373）
性别（女 =1）		−1.004*** （0.246）	−1.162*** （0.255）	−1.159*** （0.269）	−1.114*** （0.277）	−1.207*** （0.318）
受教育年限			0.531*** （0.108）	0.532*** （0.112）	0.531*** （0.110）	0.573*** （0.123）
年龄				0.001 （0.018）	0.004 （0.019）	0.011 （0.022）
单位类型	否	否	否	否	是	是
地区	否	否	否	否	否	是
样本量	233	233	233	233	233	233

注："*" 表示以 10% 的水平显著，"**" 表示以 5% 的水平显著，"***" 表示以 1% 的水平显著。

3. 道德水平与领导职位对绩效的交叉影响

式（1-2-3）的估计结果如表 1-2-6 所示。道德水平与领导职位的交叉项系数显著为正，说明具有同样道德水平的人，其拥有领导职位对绩效的影响更大。反过来说，具有领导职位的个体，其道德水平对产出绩效影响更大。这也从侧面说明了，为什么中国文化中在选拔人才时，向来注重德才兼备。从估计结果来看，不管是否具有领导职位，道德水平对工作绩效的影响都显著为正，说明道德水平不仅影响着管理者的管理绩效，也影响着普通员工的产出绩效。

表 1-2-6 道德水平与领导职位对工作绩效的交叉影响

自变量	（1）	（2）	（3）	（4）	（5）	（6）	（7）
道德水平	0.648*** （0.150）	0.502*** （0.151）	0.545*** （0.150）	0.467*** （0.148）	0.450*** （0.148）	0.438*** （0.151）	0.569*** （0.162）
道德水平 × 领导职位		0.287*** （0.039）	0.272*** （0.039）	0.257*** （0.039）	0.253*** （0.039）	0.247*** （0.040）	0.266*** （0.042）
性别（女 =1）			−0.559*** （0.122）	−0.632*** （0.123）	−0.606*** （0.124）	−0.613*** （0.125）	−0.649*** （0.131）
受教育年限				0.434*** （0.041）	0.444*** （0.042）	0.441*** （0.043）	0.462*** （0.045）
年龄					0.017** （0.008）	0.017** （0.008）	0.023** （0.009）
单位类型	否	否	否	否	否	是	是
地区	否	否	否	否	否	否	是
样本量	923	923	923	923	923	923	923

注：“**”表示以 5% 的水平显著，“***”表示以 1% 的水平显著。

估计结果支持了我们的研究假设，表明个体道德水平越高，获得领导职位的可能性越大，道德水平越高的领导相对来说管理绩效越高，这与中国古老的“内圣外王”思想具有内在的契合性。

四、"内圣外王"管理思想对领导理论的启示

在管理学研究领域，领导特质理论是长期以来被关注的主题，但是，在其发展过程中曾受到一定的质疑，比如，领导特质种类繁多，很难有人完全具备，领导特质能否被培养存在一定分歧，等等。"内圣外王"管理思想可为这些问题提供一定的参考。

1. 领导的核心特质

随着研究的不断深入，学术领域提出了越来越多的优秀领导者的特质，甚至有 100 多项，Zaccaro（2018）总结了元分析中被关注的领导特质就有 60 多项。很难有人完全具备这些特质，这降低了领导特质理论的有效性，使其对管理实践的指导意义下降。在众多的领导特质中，是否存在着核心特质，当核心特质具备以后，其他非核心特质会根据管理情境的需要而自然出现。非核心特质可能会随着环境而发生改变，但是核心特质发挥着稳定的作用。如果核心特质真的存在，在众多的领导特质中，分辨出哪些是核心特质对于领导者的选拔与培养具有重要意义。在领导者培养的过程中，应把有限的时间与资源投入回报最大的方面，即使有充分的时间与资源，优先培养哪些特质也存在一个顺序问题，在这种情况下，了解领导者的核心特质也具有重要意义。根据中国"内圣外王"的管理思想，道德品质可能是领导者的核心特征，在领导者的选拔与培养过程中，处于核心位置。在中国传统的教育与管理思想中讲究"道明法自生"，认为一个人一旦明白了"道"，就可以根据自己所面对的环境采取最恰当的"法"，所以中国管理思想比较注重"形而上"的"道"，而不太注重"形而下"的"法"。

2. 领导特质能否被培养

领导特质理论一直强调寻找领导者区别于被领导者的特质，这具有"二元对立"的思维倾向，而从中国"内圣外王"的管理思想来看，领

导者与被领导者的区别，不在于是否具有某种“质”的差别，而在于某种品质程度上“量”的差别，这具有“一元统一”的思维倾向，下属经过领导特质的适当培养也可以成为领导，而且这些特质可能存在一定的阈值，只有达到这个阈值，该特质才能有效影响职位及绩效。我们的实证研究结果得到的是统计规律，并不一定适用于每一个具体情境，可能有人会有这样的疑惑，即观察到实践中有些案例并不是“内圣外王”，比如，不择手段的人取得了胜利，好人容易吃亏，等等。对于这个问题的理解，《孟子》中的一段论述可以作为参考。“梁惠王曰：‘寡人之于国也，尽心焉耳矣。河内凶，则移其民于河东，移其粟于河内。河东凶亦然。察邻国之政，无如寡人之用心者。邻国之民不加少，寡人之民不加多，何也？’孟子对曰：‘王好战，请以战喻。填然鼓之，兵刃既接，弃甲曳兵而走。或百步而后止，或五十步而后止。以五十步笑百步，则何如？’曰：‘不可，直不百步耳，是亦走也。’”[①] 由此可见，领导者的道德水平只有达到一定的阈值才能有效发挥作用。从中国传统文化的视角来看，领导者与其下属处在同一发展过程的不同发展阶段，当下属发展到较高阶段时就可以成为领导者。

“内圣外王”的管理思想，除了对领导特质理论有参考价值，对其他领导理论也具有较高的借鉴意义，比如，也可以为魅力型领导、道德领导、诚信领导等提供一定的参考。

五、总结与展望

中国的“内圣外王”管理思想，对丰富领导力理论具有重要意义，“内圣外王”的作用机制是管理领域需要继续探讨的问题。在西方的领导特质理论中，一般都会包含一些直接指向管理绩效的特质；但在中国的“内圣外王”管理思想中，并没有类似的明确特征，只是强调领导者的道德特征。Zaccaro（2007）把领导特质分为近端特质（proximal

---

① 孟子，等. 四书五经［M］. 北京：中华书局，2009：63.

attributes）与远端特质（distal attributes），近端特质可以直接影响领导绩效，远端特质不直接影响领导绩效，而需要通过近端特质起作用。道德通过怎样的作用机制发挥作用，与其他领导特征之间具有什么样的关系，都是值得探讨的问题。一方面，根据儒家思想，我们可以获得一些理论上的认识，这些认识需要研究领域进一步进行实证检验；另一方面，研究者需要根据现实中的管理实践进行总结。

中国的传统管理智慧也是可以用实证检验的。一方面，我们可以参考中国的管理思想来丰富现有的主要产生自西方的管理学；另一方面，我们可以使用实证研究的方法来检验中国传统的管理思想。由于西方管理学在当今学术领域与实践领域处于强势地位，在对中国管理思想进行研究时，如果能与西方管理思想进行对话，则有助于加强对相关问题的理解。但需要注意的是，不能对中西方管理思想进行脱离文化背景的简单比较，两者在管理目标、管理方式、社会环境、人生旨趣等方面都是有差异的，必须深入认识这些区别背后的文化因素，基于中华传统文化与本土文化来认识中国的管理思想，只有这样我们才能有效借鉴西方的管理思想，有效发展基于中国本土文化的管理方式。

第三节　自我修养之道

在自我修养方面，我个人的成长主要是通过学习其他个体的经验。在学术研究领域，我们总想获得普遍规律，但当我回顾自己的自我修养之路时发现，所有的重要成长，都不是通过统计规律学习得来的，而是向某个有经验的个体学习获得的。这也促使我思考在个人修养面前统计规律与个人经验的意义。孔子、老子、释迦牟尼等人为我们提供的智慧，并不是通过统计规律得到的，而是他们个人的实证经验，这些经验被无数人验证是有效的。在管理学、教育学等与人的培养发展相关的学术领域里，我们要避免掉入统计规律的陷阱，更不能用统计规律否定卓越者的个人经验。我们应该向卓越者学习，研究卓越标准是什么，以及如何帮助人接近卓越标准。

《大学》中提出了“格物、致知、诚意、正心、修身、齐家、治国、平天下”八个条目[①]，这是管理者培养的过程。通过这八个条目可以看到，自我修养与管理过程具有统一性，教育过程与管理过程具有统一性。

“格物、致知、诚意、正心、修身”是“明明德”的过程，通过自我修养而“内圣”；“齐家、治国、平天下”是“亲民”的过程，通过影响他人而“外王”；整体过程达到“止于至善”。“内圣外王”的管理思想，可以作为现有管理理论的一种补充，当发生管理问题时，很多领导者的第一反应是如何管理员工，如何设计制度，但很多管理问题并不是由员工造成的，还有一些即使与员工有关，其根源也在管理者身上，中国传统管理思想为管理者提供了一个新的审视与解决问题的视角，就是从“自我”开始，首先审视与解决自己存在的问题，其次考虑解决被管理者的问题。不仅领导要进行自我修养，下属也要进行自我修养，所有人的自我修养过程都是相似的，因为本书是讲管理思想，就把自我修养的内容放到领导者部分。由于篇幅的限制，本书主要介绍自我修养之道，在《中国教育管理学与中华传统文化》一书中，我们会进一步介绍自我修养之法与自我修养之术。自我修养之法包括反求诸己，非礼勿动，定静安虑得，好学、力行、知耻等；自我修养之术包括文武医艺耕等，感兴趣的读者可以参考。

一、格物

对“格物”有多种解释，其中一个就是“去除物欲”，这种解释从管理学角度来看，对认识管理实践具有较好的适用性，这里我们以这种认识为基础来阐释“格物”。人应该革除自己过分的物欲，对任何事物的过分贪求都会影响自己的正确认知。比如，中国有句古话叫“情人眼里出西施”，一旦喜欢一个人就觉得这个人怎么看都美，难以对其外貌作出客

① 孟子，等．四书五经［M］．北京：中华书局，2009：47.

观的判断。还有“当局者迷，旁观者清”“酒不醉人人自醉，色不迷人人自迷”“孩子总是自己的好”，都蕴含了相似的道理。革除物欲之后，才能真正明白“真实”与“至善”的境界在哪里，进而改进自己的不足，并向着“至善”的境界努力完善自己。

在网络支付还未普及的年代，人们购物时常常使用纸币。记得有一次在超市收银台，就发生了一件让我印象深刻的事情。

当时，我手里攥着一张100元纸币，准备付款。收银员在一边给商品扫码，我在另一边忙着把东西装进塑料袋。东西太多，装满了三个袋子，再加上我自己的手提包，费了好大劲才把所有东西整理好，提在手上。

收银员问我：“有会员卡吗？”

我回答：“有。”

收银员扫完商品后说：“一共100元零3毛。”

我随口说：“3毛在会员卡里扣吧。”

收银员却说：“不行，扣钱需要出示会员卡。”

我顿时感到很不高兴，很不情愿地又从钱包里找出1元钱付了款。

收银员接着问：“找零的7毛钱要不要存到会员卡里？”

我有些生气地说：“不存！只让存，不让花，那会员卡还有什么用？”

离开收银台时，我突然意识到，手机号码是公开信息，如果仅凭手机号码就能扣会员卡里的钱，那岂不是谁知道我的手机号，谁就能随意动用会员卡里的钱？从这个角度看，还是不能这么操作比较好。不过，当时我手里提着那么多东西，实在不想放下重新整理一遍。就是这种小小的期待，让我在那一刻失去了理智。

这让我联想到，当人们心里有所期待、有所贪恋或有所希求时，往往会变得不理性。很多人之所以会上当受骗，是因为他们一旦陷入“想得到”的情境中，眼里就只有自己想要的东西，而忽略了其他潜在的风险。

还有一次，在旅行中，我遇到了一位朋友。她多年来一直照顾一位在深山里独居的老人。她定期去看望老人，帮忙打扫卫生、洗衣服、挑水、运柴、种地等。老人没有收入来源，有时候需要花钱的地方，她就自己掏腰包帮忙。我对老人敢于在猛兽出没的深山独居感到钦佩，也对这位朋友的助人为乐精神深感赞叹。于是，我和同行者也萌生了帮忙的念头。我们决定拿出一些钱，通过这位朋友资助老人，并特别嘱咐她用其中 100 元钱买花送给老人。这位朋友自己开了一家花店，收入并不高。我想，这样既能帮助老人，又能减轻朋友的负担，还能照顾一下她花店的生意，一举多得。

然而，过了一段时间，我接到了朋友的电话，她问我捐给老人的钱能不能不买花，而是用于老人更需要的其他用途。我本身没什么意见，但在聊天过程中，我感觉朋友对我的委托理解有误。她误以为我要用 1000 元全部买花送给老人，而实际上，我只希望用其中的 100 元来买花，其余的钱根据老人的实际需要使用。

在这个问题上，朋友可能是听错了或者记错了我的委托。从主观上说，她完全没有故意用错的意图，否则她也不会事后打电话来询问。但客观上，她确实弄错了。我想，她之所以会出错，或许与她希望自己花店的生意更好有关。像她这样乐于助人、无私奉献、全心全意照顾老人的人，也可能会因为这种期待而出现误解。这说明，利益格局不仅会影响人的判断力，还可能影响一个人的认知。

一般来说，优秀的医生都不会亲自给自己的亲人做手术，因为涉及切身的利害关系，很难保持心理上的镇定。在金融危机来临前，有人能看清大势，及时抛售有风险的资产，而有人却还在加紧买入，期待获利。为什么有些人看不清前景？一旦特别期待获利，他们眼中看到的就全是“机会”。

在旁观者看来很明显的骗局，当事人却很容易上当。这并不是因为旁观者更明智，而是因为他们没有置身于那个利益格局中。一个人一旦陷入某种利益格局，内心的期待和渴望就会不自觉地带来“致知”危机。因为一旦进入这种格局，就不再是主观意愿所能左右的。人们会不自觉地认为，有利于自己的决策才是最优的，从而失去客观公正的判断能力。

作为领导者，手中掌握着权力，即使主观上不想利用权力为自己谋取利益，也可能会不由自主地认为，对自己最有利的方案就是对组织最好的，更不用说那些想以权谋私的情况了。如果一位领导者想要作出正确、公正的判断，就必须放下自己的利益，或者尽量减少个人利益与公共利益的对立性“纠缠”，因为这很可能会影响决策的客观性。

当人们不饿或自己有食物时，往往会认为未经允许去吃别人的食物是不妥的；然而，当处于饥饿且无食物的状态时，人们可能会觉得吃几口无关紧要，甚至根本不会去考虑是否合适，直接就付诸行动。作为领导者，由于手中握有权力，便有了更大的空间将利益划归自己。如果不能很好地把握这种利益划归的界限，不仅会使工作难以顺利开展，甚至可能犯下错误。

人们对利益的贪念有时是极其微妙的，甚至难以察觉。我在单位也曾承担过一定的管理工作，我的职务听起来似乎有些领导的意味，但实际上，除了完成工作任务，我并无其他权力。这个职位是在领导多次动员下，由我这位资历最浅的年轻教师担任的。学院的其他教师几乎都是我的前辈，我所拥有的只是为大家服务的职责，而没有任何支配他人的权力。这样一个没有任何财务支配权的岗位，本应没有什么可贪图的，但我在其中仍看到了自己的私心。

我负责本科生的培养工作，但实际上我的任务只是按照通知完成既定工作，几乎没有自主决策权。有一次，教务处通知我组织学生的实习工作。刚接到任务时，我感到一筹莫展，觉得这件事很棘手。然而，半天之后，我又觉得这件事其实很容易解决。当我沉浸在问题被解决后的轻松愉悦中时，突然想起上午那个一筹莫展的自己，不禁惊讶于为什么自己当时会觉得这么简单的事情如此难办。于是，我对整个过程进行了反思。

刚接到实习任务时，我不自觉地想到，指导实习可以核算工作量，相当于一门课程。加上这门实习课，我当年的工作量差不多就够了。接着，我想到需要安排实习学校，但自己并没有合适的人脉，还需要找同事帮忙。由于一些人事变动，我也不太好意思开口，于是就觉得事情很难办。这实际上就是想“把利益归自己，让困难由他人克服”。然而，过了半天，我为什么又觉得事情好办了呢？因为我决定将实习工作全权委托给某位教师，让他负责联系实习学校并担任实习指导教师，实习工作量及相关奖励也都归他。这样一来，应该就会有教师愿意承担这项工作了。

我们单位对教师的年度考核有基本的教学工作量要求，这一要求并不高，完成起来也并不困难。当时，仅过了一个学期，我就已经上了一门课，而下个学期我还有固定的课程要上，足以满足工作量要求。然而，就是在这样的情境下，我仍不自觉地将实习工作量算到了自己头上。这让我深刻感受到，无论事情大小，哪怕是最微不足道的利益，人们都会不自觉地为自己考虑。而我所贪图的，不过是一些并非真正需要的微小利益。如果利益再大一些，且又是自己真正需要的，那么要保持清醒和自律就更加困难了。这种“利益”的诱惑不仅体现在外在可见的物质上，有时还隐藏在个人内心的偏好中，这就更难以察觉了。

1. 吾日三省吾身

人对利益的贪取有时候是非常细微而不自觉的，如果人想做到“格物”，就需要很强的反省能力，并要经常反省。《论语》中说“吾日三省吾身”[①]。有效的自省首先是认识问题，如果觉得自己人品足够好，没什么可反省的，可能就无法做到自省。如果不是圣人，就一定有需要反省之处。

如何找到“反省点”，情绪是一个抓手。负面情绪背后，往往有贪心的踪迹，过分极端的正面情绪，可能也有问题。可以分析自己的负面情绪或极端情绪产生的原因，找到自己贪取的到底是什么，正面认识这个贪取的对象，然后问问自己是否真的需要，要不要为获得这个东西付出代价。恐惧、担心、焦虑、不满、抱怨、嫉恨、幸灾乐祸等，往往都是因为自己有贪念，贪念没有得到满足时就容易产生负面情绪。

---

① 孟子，等. 四书五经［M］. 北京：中华书局，2009：47.

找到“反省点”的另一个方法是“见贤思齐焉，见不贤而内自省也”[①]。在发现别人的错误、缺陷、问题时，马上反省自己有没有类似的情况。看到别人犯的错误自己也要诚惶诚恐，提醒自己也可能有这些贪欲，也可能会犯类似的错误。看到别人犯了错误，自己却嗤之以鼻，觉得别人人品低下，这样自己就失去了成长的机会。要带着自己也会犯类似错误的心理看待别人的错误，这样别人犯的错就成了自己成长的资源。相反，藐视、嘲讽别人的错误并不能使自己成长。还有一些人，也想犯同样的错误，看到别人犯了这样的错误，就给了自己犯相似错误的理由，这更是不可取的。如果看到别人做了自己做不到的贤能的事，也是反省自己不足的机会。如果因为自己做不到，对能做到的人嫉妒或嗤之以鼻，就失去了成长的机会。

2. 谦虚听取意见

要想做到“格物”，把自己从利益格局里拉出来，除反省外，还可以借助外在的力量，即听取其他人的意见。“三人行，必有我师焉！择其善者而从之，其不善者而改之”[②]，哪怕提意见的人只是一个普通人，因为他不在自己的利益格局里，就可能比自己有更清醒的判断。所谓“当局者迷，旁观者清”，我们经常可以看到，一些非常明显的骗局，居然可以骗到人。因为作为没有利益关系的旁观者，我们可以有清醒的判断；但是，被拉入利益格局里，被利益诱惑的当事人，就很难看清真相。一个人如果掉进了陷阱里，即使力气再大，也不可能揪着自己的脑袋把自己从陷阱里提出来，而其他人即使力气没有自己大，也可能把自己救出陷阱。在中国传统文化里，一直把谦虚作为重要品质，认为“谦虚使人进步，骄傲使人落后”，《周易·谦》中提到一谦而四益：“天道亏盈而益谦，地道变盈而流谦，鬼神害盈而福谦，人道恶盈而好谦。谦，尊而光，卑而不可逾，君子之终也”[③]，天、地、鬼、神、人都

① 孟子，等. 四书五经［M］. 北京：中华书局，2009：28.
② 孟子，等. 四书五经［M］. 北京：中华书局，2009：18.
③ 李申，等. 周易经传译注［M］. 北京：中华书局，2018：61.

喜欢谦虚的人。谦虚之所以如此重要，是因为它是克服人性固有弱点的捷径，一个谦逊的人，才能听取别人的意见，才能从自己的局限里超脱出来。

古代朝廷上会专门设置谏官的职位，一些君主与谏官的故事被传为佳话，如唐太宗李世民与魏徵。并不是说谏官比君主高明，而是谏官不在那个利益格局里。比如，君主想修建豪华的宫殿，修好了以后自己享用，就会认为有修建的条件与必要；但是，谏官不享受这个豪华的宫殿，就可能从客观的形势出发来判断。善于纳谏的君主，是主动把自己的欲望装到笼子里，使其在可控范围内，而不是在被动听取谏官的意见。谏官有多少以及有多好，归根结底还是要取决于君主有多圣明。一个领导者周围，如果没有提不同意见的人，而完全是鼓掌赞同的人，就非常危险。一方面说明自己不是一个能听取不同意见的人，另一方面说明自己身边已经被阿谀奉承者占满，对于领导者来说这是非常不利的。相当于没有人帮助自己弥补缺陷，可能还都是助力把缺陷放大的人。

要想在组织中形成畅言的氛围，就要建立正式的与非正式的建言渠道。只要不是无理取闹，只要是真实想法，就有参考价值。

每个人的经历都是有限的，难免会有思维的盲点。如果一个人能够虚心且耐心地倾听他人的意见，那么他人往往更愿意毫无保留地向他倾诉。倘若一个人能带着感恩之心去听取他人的意见，对方就可能对他产生一种责任感，觉得若未能提供帮助，便是自己没有尽到责任。同样地，如果领导者愿意倾听员工的意见，就能激发员工的主人翁意识，让他们更加积极地为组织贡献力量。

在中国文化中，善于倾听他人的意见一直被视为领导者的重要品质，对管理有着深远的意义。即使领导者再智慧过人，精力也是有限的。但如果能够通过纳谏调动起所有人的责任心，整合所有人的智慧，那么对组织的发展来说，可能会产生不可估量的积极作用。一些组织通过设立奖励机制来鼓励员工提出建设性意见，这也不失为一种获取建议的有效方法。

3. 自我修养与防微杜渐

一个人面对事情时的处理方式，在平日的修养中早已形成。比如，在听取他人意见时，一个人若自视甚高，认为无人能及，那么他早已在内心拒绝了他人的建议；反之，若一个人谦逊自持，意识到自己的不足，认为他人的意见可能对自己大有裨益，那么他早已在内心做好了倾听的准备。得与失往往在瞬间决定，甚至来不及细想。若平日里没有足够的修养，关键时刻便难以做出正确决定。

《中庸》有云："是故君子戒慎乎其所不睹，恐惧乎其所不闻。莫见乎隐，莫显乎微，故君子慎其独也。"这表明，要想在关键时刻作出正确选择，必须从日常的一点一滴做起，防微杜渐。

在克制贪欲方面，道理亦然。克制贪欲并非等到诱惑摆在眼前时才开始，而应在诱惑来临之前，就通过修养形成抵制诱惑的能力。一个人若等到洪水猛兽来袭时才开始筑坝，显然为时已晚。真正的"反腐"第一责任人，不是别人，而是自己。与其等待外界的监督、法律和纪律的约束，不如从自身做起，从点滴小事开始防微杜渐。

每个人都有荀子所说的"禀性之恶"，即对自身利益的不自觉追求，但同时也有孟子所说的"天性之善"，即利他奉献的精神。若想获得拒绝诱惑的自由，享受做一个有道德的人的快乐，就必须正视人性的复杂性。即使自己尚未做出不道德的事，也要警惕潜在的诱惑。

有这样一个人，她的原则是绝不占任何不属于自己的便宜。下班后，她常需在家处理工作，为此特意购置了一台性能更好的电脑。她完全可以将单位的电脑带回家使用，但她宁愿用自己的电脑处理公事，也不愿用公家的电脑办私事。尽管她的工作并无保密性，用私人电脑也不违反规定，但她依然坚持这一原则。

更令人称奇的是，她随身携带充电宝，从不在单位用公用电给手机充电，理由是"这是占单位的便宜"。她还坚持在公共交通工具上只占用自己购买的座位，即使旁边有空座，也不会将背包放在上面。她认为，既然只买了一张票，就只能占用一个座位，多占就是越界。这些看似

“迂腐”的行为，实则是她对人格修养的坚持。如果一个人能在每一件小事上严格要求自己，那么在面对大事时，就更有可能经受住考验。

一个人的习惯和态度，往往是在处理小事中逐渐养成的。若能从不私用单位的一支笔、一张纸做起，那么在面对更大的诱惑时，就更有可能保持自律。那些不去侵占的东西，正是为自己划定的安全界限。有些人贪污了巨额财富，却因恐惧而不敢享用，这并非理性选择，而是无法战胜贪欲的无奈。就像生病，谁都希望康复，但病情严重时难以治愈。与其事后治疗，不如提前预防。面对诱惑，提前做好准备至关重要。否则，即使不想贪腐，也可能在欲望面前一败涂地。

贪欲是一种秉性与习惯。若平时不培养自律的品格，关键时刻就可能不假思索地随性而为。而这种培养必须从小事做起。孔融让梨的故事在中国家喻户晓。在我看来，这个故事的价值在于，一个四岁的孩子，面对美味的梨子，本可据为己有，但他却能克制自己的贪欲。在物质丰富的今天，幸福并非源于获得多少，而是拒绝了多少诱惑。贪欲是人性的一部分，但必须在诱惑来临之前做好准备。

无论一个人的人生理想是成为高官还是富豪，都应在实现目标之前就做好拒绝诱惑的准备。否则，权力和财富可能反噬其身。历史上，因权力或金钱而自毁的例子不胜枚举。在诱惑面前，即使提前准备也难以保证经受住考验，更何况毫无准备或准备不足。不仅思想上要有正确的准备，生活习惯上也应向正确的价值观靠拢。只有这样，才能在面对诱惑时经受住考验，获得内心的自由与安宁，否则便可能沦为欲望的奴隶，一招不慎，满盘皆输。

4. “毋意毋必毋固毋我”与权力欲

《论语》中说“子绝四：毋意，毋必，毋固，毋我”。[①] 朱熹在《四书章句集注》中解释说“意，私意也。必，期必也。固，执滞也。我，私己也。四者相为终始，起于意，遂于必，留于固，而成于我也。盖

① 孟子，等．四书五经［M］．北京：中华书局，2009：21.

意必常在事前，固我常在事后，至于我又生意，则物欲牵引，循环不穷矣”。[①]

很多人似乎天生就具有一种支配欲，对自我的正确支配近似自由，对他人的合理支配近似权力。很多人虽然想支配他人，但是没有权力，而领导者可以更自然地获得这种支配权。如果这种由支配欲牵引的权力欲无限扩大，可能导致灾难性后果。因为有作用力，就有相应的反作用力，作用力越大，反作用力越大。好的领导不应该“按领导的意愿去支配下属”，而应“按下属的意愿去引导下属”。对于领导来说，适度地控制自己的权力欲是非常重要的。只有控制住自己不当的权力欲，才能实现真正的掌控。

5. 关于格物的理解

在学术领域，“格物”这一概念存在着多种不同的理解，如“革除物欲”“即物穷理”等。其中，持“革除物欲”观点的有司马光，他认为“格”是“扞”“御”的意思，只有能够抵御外物的诱惑，才能领悟至道。王阳明也持类似观点，他指出“格”是“正”的意思，即纠正那些不正之处，使其回归正道，而纠正“不正”就是“去恶”，回归“正”就是“为善”，“为善去恶”便是格物。而主张“即物穷理”的有朱熹，他强调要穷究事物的道理，达到极致。程颐也认为“格”是“穷”的意思，“物”是“理”的意思，即穷究事物的道理，只有穷尽了道理，才能真正达到目的。

“格物”的内涵无疑是丰富的，不同的认识都有其合理之处，在不同领域和情境下也可以有不同的理解。例如，顾随在对诗词的理解中就采用了朱熹“穷至事物之理”的解释。每个人都有贪欲，但很多人因条件限制无法肆意满足自己的贪欲。而领导者拥有诸多权力，如人事权、财政权等，有更多满足贪欲的机会，若不能妥善处理，就可能引发不良后果。结合“格物”本身可能具有的内涵以及领导与管理的特

① 朱熹. 四书章句集注［M］. 北京：中华书局，1983：109–110.

点，我们选择了“革除物欲”的解释，但这并非意味着“格物”只能如此解释。传统经典内涵丰富，本就仁者见仁、智者见智，任何僵化的认识都可能是有害无益的。因此，在写作过程中，除非必要，我一般不会对古文进行解释。一方面，担心简单的解释会局限其内涵，而充分、多方位的解释既非必要，也非我能力所及；另一方面，如今网络信息发达，读者可根据自身需要查询感兴趣的内容。即使在管理领域，也不能排除“格物”的其他解释可能对管理实践有贴切的指导意义，只是以我个人的水平来看，“革除物欲”的解释能为管理实践提供切实可行的参考。

由于我个人水平有限，难以理解万事万物的道理，也不清楚这些道理如何应用于管理。过去，我曾觉得万事万物众多，根本无法穷尽其道理，感觉这是不可能完成的任务。后来，通过对中医全息整体观的理解，我对这一问题有了更深入的认识。在中医理论中，人体的每一个局部并非孤立分散的，而是整体的全息，能够反映整体的全部信息。如果事物的每一个局部都能反映整体信息，把宇宙视为一个整体，万事万物都是宇宙的一部分，那么把握了任何一个局部，就可能把握万事万物，进而把握整个宇宙。传说王阳明因参悟竹子的奥义而顿悟，“道生一，一生二，二生三，三生万物”，也许把握了“道”、把握了“一”，也就把握了万事万物。其实，“革除物欲”与“即物穷理”之间并非一定是矛盾对立的，“革除物欲”可能就是理解了万事万物的道理，而能“即物穷理”也可能就能革除物欲，两者可能是“一体两面”，是从同一状态的两个不同角度进行描述。对于管理而言，若把组织视为一个整体，每个人都可以是整体的反映，通过任何一个人，都能理解整个组织的情况。管理者作为组织的重要组成部分，如果能认识并管理好自己，也许就能认识并管理好整个组织，这与中国传统的管理思想“内圣外王”从自我修养开始的理念是相契合的。

对传统文化的认识与理解是一个不断深化的过程，是在实践中不断摸索、在具体情境中探索如何运用的过程。希望在后续的研究中，管理学学术领域能对相关问题的认识不断深入。

二、致知

从个人修养来说，致知是对“至善”境界的认识，从管理学角度来说，致知是对“真相”的认识，是“个体的主观认识能够反映客观实际”。致知意味着能够在具体的管理情境下，针对特定问题，对影响决策的相关要素作出正确的判断。影响致知的因素有很多，但个体的“格物”情况可能是最为关键的因素。正确与否都要以一定的标准来进行判断，标准不同，其正确性就会有所不同。对于个人修养来说，人所秉持的做人标准是非常重要的，致知是对“至善”等做人标准的认识。在现实中，做人的标准可能有不同的来源及不同的层次，不同的做人标准可能意味着不同的人生。

《礼记》中说“故礼之教化也微，其止邪也于未形，使人日徙善远罪而不自知也，是以先王隆之也。易曰：‘君子慎始，差若豪厘，谬以千里。’此之谓也”。[①]中医讲究“治未病”[②]，是指在疾病还未发生之前，阻止其发生。而“正确的做人标准”也可以产生这样的作用。比如，一个人如果以奢侈享受为做人标准，就可能穷奢极欲，甚至赚取不义之财，以致身败名裂；一个人如果以勤俭节约、素简健康为做人标准，就可能获得知足自在。人生结果的重大差异，可能是从一个小小的观念差异开始的。

1. 做人的“自然标准”

在成长的过程中，我们常常被他人期待左右，而忽略了自己内心真正渴望的样子。然而，幸福的本质在于成为自己期待的模样，而非迎合他人。如果想要追求幸福，成为更好的自己，或许需要重新审视并修正自己的价值观和为人处世的标准。比如，我的母亲一直希望我衣着光鲜，

① 孟子，等. 四书五经［M］. 北京：中华书局，2009：416.
② 黄帝内经素问［M］. 任廷革，点校. 北京：人民军医出版社，2005：5-6.

这样在亲戚、邻居和乡亲们眼中，她会觉得很有面子。在这样的成长环境中，我潜意识里曾认为“成长就是拥有更多”。但随着对传统文化的接触和学习，我的价值观悄然发生了变化。我开始相信，真正的成长是“拥有更少”，而非“拥有更多”。过去，我热衷于品尝各类美食，如今，一顿简单、清淡的家常素食，少油少盐、纯素无添加，便是我心目中最美的美食。从前，我总是频繁购买新衣服，仿佛陷入了“买衣服的奴役”之中。如今，我却更偏爱那些穿了很久的衣服，因为它们承载着岁月的痕迹和情感的温度。

作为一名大学教师，我深知学生对教师的服饰会有一定的关注。所以在给学生上课时，我会刻意减少衣服的更换频率。满身名牌、打扮精致的教师并不少见，但我更想让学生明白，人生有多种选择，不必被外在的物质束缚。我清楚，并非每个学生都能立刻理解我的用心，也明白在面对物质诱惑时，克制消费往往比盲目购买更难。过去，我总觉得所有物品都应该定期更换，如今，只要能用，我便希望它们能陪伴我一生。有些东西，我甚至觉得一辈子都不需要再购买。

当然，我的价值观并非绝对正确，我只是想强调，价值观需要不断地反思和审视。如果你感到苦恼，想要让自己变得更快乐，那么对价值观和为人处世的“自然标准”进行反思，或许是一条有效的途径。而中国传统文化，或许能为我们建立正确的做人标准提供有益的参考。

2. 做人的至善标准与圣贤标准

从儒家修身的角度来看，做人应该追求的是“大学之道”，《大学》中说“大学之道，在明明德，在亲民，在止于至善”。[①]“至善”应该是做人的最高境界，是一种“无善无恶”的境界。

中国传统文化中的人性观是“人皆可以为圣贤”，个人修养中也以“圣人”与“贤人”为追求目标。《中庸》中说“唯天下至圣，为能聪明睿知，足以有临也；宽裕温柔，足以有容也；发强刚毅，足以有执也；

① 孟子，等．四书五经［M］．北京：中华书局，2009：47.

齐庄中正，足以有敬也；文理密察，足以有别也。溥博渊泉，而时出之。溥博如天，渊泉如渊。见而民莫不敬，言而民莫不信，行而民莫不说。是以声名洋溢乎中国，施及蛮貊。舟车所至，人力所通，天之所覆，地之所载，日月所照，霜露所队，凡有血气者，莫不尊亲，故曰配天”。[①]《大戴礼记·哀公问》中说“所谓圣人者，知通乎大道，应变而不穷，能测万物之情性者也。大道者，所以变化而凝成万物者也。情性也者，所以理然、不然、取、舍者也。故其事大，配乎天地，参乎日月，杂于云蜺，总要万物，穆穆纯纯，其莫之能循；若天之司，莫之能职；百姓淡然，不知其善。若此，则可谓圣人矣”。

3. 做人的君子标准

标准是判断的前提，对于同样的情境，标准不同就会有不同的判断结果。自我修养首先是要确定做人的标准，人在不同角色中可能有不同的标准，但都应该符合“善性”。“为人君，止于仁；为人臣，止于敬；为人子，止于孝；为人父，止于慈；与国人交，止于信”[②]，“仁”是做“君”的标准，“敬”是做“臣”的标准，“孝”是做“子”的标准，“慈”是做“父”的标准，“信”是与人交往的标准。只有知道了做人的标准，才能更好地按照标准来要求自己。一个人如果在任何一个角色上都能按照一定的标准来做人，就算是一个好人了。

《大戴礼记·哀公问》中说“所谓君子者，躬行忠信，其心不买；仁义在己，而不害不志；闻志广博，而色不伐；思虑明达，而辞不争；君子犹然如将可及也，而不可及也。如此，可谓君子矣”。《论语》中说“君子道者三，我无能焉：仁者不忧，知者不惑，勇者不惧”。[③]《中庸》中说“知、仁、勇三者，天下之达德也，所以行之者一也。或生而知之，或学而知之，或困而知之，及其知之一也；或安而行之，或利而行之，或勉强而行之，及其成功一也。子曰：‘好学近乎知，力行近乎仁，知耻近

① 孟子，等．四书五经［M］．北京：中华书局，2009：57.
② 孟子，等．四书五经［M］．北京：中华书局，2009：47.
③ 孟子，等．四书五经［M］．北京：中华书局，2009：32.

乎勇。知斯三者，则知所以修身；知所以修身，则知所以治人；知所以治人，则知所以治天下国家矣'”。[1]君子可能具有很多优秀品质，但是“仁、知、勇”属于比较核心的品质，具备了这三种品质就自然具备了其他很多优秀品质，比如，孝、悌、忠、信、礼、义、廉、耻，恭、宽、信、敏、惠，勤、俭、谦、和，等等。

4. 做人的基本标准——知常

“至善”“圣贤”“君子”都是做人的高标准，可以帮助我们修正“自然标准”。做人要追求高标准，但是，在达到高标准之前，首先要明白基本标准，我称其为知常。对于知常，中国传统文化中也有很多论述，如“知常曰明”“不知常，妄作，凶”“知常达变”，知常是做人的基本标准，也是正常生活的基本保障。

做人首先要知道“常”是什么，比如，“正常作息，食饮有节”是获得健康的“常”，如果自己不改变不正确的生活习惯，却想通过吃药、吃保健品等方式获得健康，是不可能实现的。“提高自己的能力，做好自己的本职工作”是获得职业发展的“常”，如果想通过不正当竞争或非正常手段实现职业发展，就是危险的。“诚实守信，待人真诚”是与人交往的“常”，如果想通过欺骗、花言巧语获得朋友是不会长久的。“知常”本来是做人的基本标准，本该是从现实生活中自然获得的，但是，在现代生活中却面临着各种挑战。现代化的生活方式，家庭规模缩小，亲戚邻居交往减少，人们从真实世界中获得价值观的机会也随之减少，影视与文学作品等虚拟世界对人的价值观有很大的塑造作用。影视剧、小说等为了吸引眼球，往往要进行一定的夸张，突出的人物性格，鲜明的偏好，不同寻常的人际关系，少儿不宜的场面，等等，作为观众，如果没有正确且稳定的价值观，很容易把“反常”当“正常”。

---

① 孟子，等. 四书五经［M］. 北京：中华书局，2009：55.

5. 做人的成见

我们每个人都会有意或无意地形成一些标准，这些标准既指引着我们的行为，也在某种程度上束缚着我们的思维。比如，有些高寿老人去世后发现体内有肿瘤，但他们一生都与肿瘤和谐共存，这说明肿瘤的存在并不一定意味着生命的终结。然而，对于大多数人来说，一旦得知自己体内有肿瘤，往往会陷入极度的恐慌，认为这是一件极其可怕的事情，必须不惜一切代价将其清除，甚至可能在治疗过程中与肿瘤“同归于尽”。

癌症究竟是疾病本身，还是身体的一种异常表现，抑或是身体自我调节机制的一种极端反应？这些问题都值得我们深入思考。然而，一旦人们形成了“身体里不能有肿瘤”的绝对标准，就会本能地排斥其他可能性，将所有精力都集中在对抗肿瘤上，而忽略了与身体和谐共处的其他选择。这种单一的标准，不仅限制了我们的思维方式，也可能让我们错过更多与疾病和平相处的可能性。

“大道”的标准是每个人都应该秉持的，但也有一些标准是“无伤大雅”的。比如，对于卫生的标准，每个人都不一样。有人感觉舒服自然的，在其他人那里可能是难以忍受的。对于“无伤大雅”的事，可以用自己习惯的标准来要求自己，但最好不要用同样的标准去苛责别人。一旦用自己形成的标准去苛责别人，就缩小了自己的心量，看别人都是毛病。

我们往往容易用自己的标准衡量别人，其实每个人都是不一样的，所谓人各有志，不能强求。比如，吃肉对很多人来说是大快朵颐，但对于吃素的人来说避之不及。人与人是不同的，如果自己觉得好的东西，就认为所有人都觉得好，是会闹笑话的。

6. 做人的秉性

中国有句俗语叫“江山易改，秉性难移”。人的秉性习气是不容易改变的，就像要遏止悬崖上的瀑布那样难。很多时候我们即使知道了正确的标准也不一定能做到，更有可能会拒绝做出改变，顽固维护自己的原有习惯。我认识的一个人患有高血压，有人建议他改变生活习惯，他觉得做不到，还找了各种理由证明自己做法的正当性。他看了不少医生，尝试了很多方法血压也没降下来。有一次，他去看一个朋友，朋友夫妇二人的高血压都得到了控制，方法就是改变饮食与作息习惯。从那之后，他也开始慢慢改变自己的生活习惯。有些东西，不是你想不想改的问题，而是不得不改的问题。如果你不改，疾病、困境等就要逼着你改。审视自己的习惯性思维与行为，审视自己的秉性，学会“从善如流”是非常重要的。很多人在面对困境时，不想改变自己，总想改变别人，这是很困难的。

三、诚意

在中国传统文化中，“诚”具有特别重要的意义，《愚公移山》中也提到了“诚”是愚公成功移山的重要影响因素。

1.“诚”是对自我的如实审视与表现

《大学》中说“所谓诚其意者，毋自欺也，如恶恶臭，如好好色，此之谓自谦，故君子必慎其独也。小人闲居为不善，无所不至，见君子而后厌然，掩其不善，而著其善。人之视己，如见其肺肝然，则何益矣？此谓诚于中，形于外，故君子必慎其独也。曾子曰：‘十目所视，十手所指，其严乎！’富润屋，德润身，心广体胖，故君子必诚其意”。[①]“诚”是能够如实评价自己，并能够如实表现真实的自己。即使在没有其他人监督之处，如独处时，内心里不为普通人所知的想法等，都能够按照“诚”的标准来要求自己。

“诚”不仅是如何对待他人，更重要的是如何对待自己。对待别人的“不诚”，自己内心里往往是有认识的，所以，如果下决心改是相对

① 孟子，等．四书五经［M］．北京：中华书局，2009：47.

容易的。难以察觉的是对待自己的“不诚”，在这种情况下，如果不能正确认识，就很难有改正的机会，就可能一直“自欺欺人”下去。比如，有的人知道做人要谦虚，不好夸赞自己，就在他人面前大肆夸赞“我亲戚……”“我朋友……”“我同学……”，看起来是在夸赞别人，实际上是想借此抬高自己。一些家长把孩子的时间安排得满满当当，让孩子不停地学这个学那个，表面看是为了孩子好，不想让孩子输在起跑线上，实际是因为他们自己内心很焦虑。有的人指责别人的不对，实际上是为了掩饰自己的不足。有的人表现得很善良，实际上是为了赢得别人的夸赞。有的人不停谈论他人，其实只是闭不上想说话的嘴。我们往往有很多“微妙”的心理，是我们自己难以察觉到的。一个人内心里的“不诚”会吞噬他的好心情，只有“诚意”，才能“正心”，人只有对自己诚实，才能与自己和解；如果对自己不诚实，就相当于不肯接受真实的自己，而伪装成其他样子，就很难快乐。

2.“诚”是按照“至善”标准对自我的逐渐完善

《中庸》中说“诚者，天之道也；诚之者，人之道也。诚者不勉而中，不思而得，从容中道，圣人也。诚之者择善而固执之者也。博学之，审问之，慎思之，明辨之，笃行之。有弗学，学之弗能，弗措也；有弗问，问之弗知，弗措也；有弗思，思之弗得，弗措也；有弗辨，辨之弗明，弗措也；有弗行，行之弗笃，弗措也；人一能之己百之，人十能之己千之。果能此道矣，虽愚必明，虽柔必强”。[①]“诚之”是普通人达到“至善”标准的方法与过程，在一点一滴中努力完善自己，逐渐达到圆满的诚。“诚之”有两个要点，即“择善”与“固执”，“善”的最高境界是“至善”，诚最终还是要落实到行动中。“博学之，审问之，慎思之，明辨之，笃行之”，是实现“择善”与“固执”的方法。要想做到“诚”，仅靠学、问、思、辨是不够的，必须有“行”做支撑，做到之后才能有新的认识。

① 孟子，等．四书五经［M］．北京：中华书局，2009：56.

3.“诚”是影响世界的力量

“自诚明，谓之性；自明诚，谓之教。诚则明矣，明则诚矣。唯天下至诚，为能尽其性；能尽其性，则能尽人之性；能尽人之性，则能尽物之性；能尽物之性，则可以赞天地之化育；可以赞天地之化育，则可以与天地参矣。其次致曲。曲能有诚，诚则形，形则著，著则明，明则动，动则变，变则化，唯天下至诚为能化。……故至诚如神。诚者自成也，而道自道也。诚者物之终始，不诚无物。是故君子诚之为贵。诚者非自成己而已也，所以成物也。成己，仁也；成物，知也。性之德也，合外内之道也，故时措之宜也。”[①]“诚”不仅是在进行自我完善，也具有影响他人、影响世界的力量。关于“诚”有“诚动天下”“精诚所至，金石为开”“心诚则灵”等说法，都体现了诚具有一种影响力。

4. 至诚如神

在中国传统思想中，特别注重“诚”的品质，领导者的“诚”更是其力量来源。《中庸》中说“故至诚无息。不息则久，久则征，征则悠远，悠远则博厚，博厚则高明。博厚，所以载物也；高明，所以覆物也；悠久，所以成物也。博厚配地，高明配天，悠久无疆。如此者，不见而章，不动而变，无为而成。天地之道，可一言而尽也：其为物不贰，则其生物不测。天地之道，博也，厚也，高也，明也，悠也，久也。今夫天，斯昭昭之多，及其无穷也，日月星辰系焉，万物覆焉。今夫地，一撮土之多，及其广厚，载华岳而不重，振河海而不泄，万物载焉。今夫山，一卷石之多，及其广大，草木生之，禽兽居之，宝藏兴焉。今夫水，一勺之多，及其不测，鼋鼍、蛟龙、鱼鳖生焉，货财殖焉。《诗》曰：‘维天之命，于穆不已。’盖曰天之所以为天也。‘于乎不显，文王之德之纯！’盖曰文王之所以为文也，纯亦不已”。[②]“诚”对

① 孟子，等．四书五经［M］．北京：中华书局，2009：56.
② 孟子，等．四书五经［M］．北京：中华书局，2009：56.

于人来说，就像空气之于天空，土壤之于大地，水滴之于江河，石头之于高山一样，单纯的空气无穷无尽就成了天空，单纯的土壤无穷无尽就成了大地，单纯的水流无穷无尽就成了江河，单纯的石头无穷无尽就成了高山，单纯的“诚”无穷无尽人就成了“圣人”，成了有力量的领导者，就成了“神”——至诚如神。《中庸》中说“唯天下至诚，为能经纶天下之大经，立天下之大本，知天地之化育。夫焉有所倚？肫肫其仁！渊渊其渊！浩浩其天！苟不固聪明圣知达天德者，其孰能知之”？[①]《愚公移山》中提到“帝感其诚，命夸娥氏二子负二山，一厝朔东，一厝雍南”。[②]移山成功看起来靠的是“帝”与“夸娥氏二子”的力量，但归根结底是愚公自己之“诚”所带来的“神力”。“帝”是谁？可以说是一种高高在上的意志，也可以说是愚公自己由诚而致的“神性”。

5. 诚是快乐的必要条件

中国有句古话叫“知足常乐”，不知足的人是很难快乐的。如果一个人对什么事都感到满足，就不会存在说谎的意图；如果企图说谎，就说明不满意。比如，一个人如果对自己的家庭条件、学历等满意，就可以如实地对他人说；如果不满意，在不了解自己的人面前就可能说谎。在这里说谎是不满意的表现，不满意会让人不快乐，说谎意味着不快乐。一旦一个人觉得可以说谎，就可能把事实性的东西捏造成任何一种自己期待的状态，这种捏造会消耗一个人大量的心神，即使成功使别人相信了，但自己对事实的不满仍然是存在的，自己仍然会感到不快乐。如果一个人能把诚实作为做人的原则，就不会有捏造事实的想法，就可能坦然接受事物本来的样子，这种接受就意味着一种满足，就会带来快乐。所谓“诚意正心”，正心是一种良好的情志状态，只有诚意的人才能快乐，越诚实越快乐。

① 孟子，等．四书五经［M］．北京：中华书局，2009：56.
② 杨伯峻．列子集释［M］．北京：中华书局，2016：167-169.

四、正心

《大学》中说“所谓修身在正其心者，身有所忿懥，则不得其正；有所恐惧，则不得其正；有所好乐，则不得其正；有所忧患，则不得其正。心不在焉，视而不见，听而不闻，食而不知其味。此谓修身在正其心”。[①]“正心”与情绪管理密切相关，一个无法管理自己情绪的人，不适合做领导。《孙子兵法》中也有这样的说法“主不可以怒而兴师，将不可以愠而致战；合于利而动，不合于利而止。怒可以复喜，愠可以复悦；亡国不可以复存，死者不可以复生。故明君慎之，良将警之，此安国全军之道也”。[②]其也突出了领导者情绪管理不好的危害，另外，国内外关于领导力的研究也发现，情绪稳定是优秀领导者的重要特质。

传统文化的内涵确实深奥而丰富，理解起来并非易事。就拿“正心”来说，我最初学习时，多次尝试都未能真正领悟其精髓，更谈不上从中受益。直到有一次，当我再次读到关于“正心”的内容时，仿佛被闪电击中，瞬间领悟到“正心”本质上是一种情绪管理。这一认识彻底改变了我做很多事的目标。以往，我做事的唯一目标就是完成任务，而忽略了情绪的管理。但后来，我将目标从单纯完成事务转变为保持良好情绪。无论事情大小，无论他人是否配合，我的目标都是维持内心的平和。如果因为事情琐碎而感到厌烦，或者因为他人不配合而心生怨恨，那我就没有达成目标。日常琐事做得如何，对我来说意义不大，保持良好情绪才是最重要的。这不仅能减少对自己的伤害，还能让我始终保持好心情。例如，通知别人做某件事，对方第一次没做，我就再通知一次；第二次还是没做，我就继续通知。每次通知时，我都不能心生抱怨，而是要保持内心平静，真诚友好地对待他人。不能既浪费了时间，又破坏了心情。过去，我总觉得人生是由未来的成功定义的，认为有权、有钱、有名气，

---

① 孟子，等. 四书五经［M］. 北京：中华书局，2009：48.

② 孙武. 十一家注孙子校理［M］. 曹操，等注. 杨丙安，校理. 北京：中华书局，2016：354-356.

不断提升消费水平才是成功。然而，现在我意识到，人生是由此时此刻的自己定义的。无论做什么事，面对什么人，都能保持良好心情，这才是真正属于自己的人生。用功名利禄来定义人生，是在用外在标准衡量自己，一旦不得志，就只能靠憧憬未来来麻痹自己。而用善心善行、良好情绪来定义人生，是用内在标准来衡量自己，通过此时此刻的实际言行和情绪管理，实现一个圆满的人生。当我调整了做事目标后，不仅情绪好了，工作状态也好了，工作效率更高，与他人的相处也更加和谐。这样的我，或许比那个一心追求功名利禄的我，更有作为。

我曾认为自己是“天生忧郁的人”。如果仅从外在环境来看，我的处境还算不错，但就是莫名地不开心。如果不是小时候有过一段无忧无虑的童年，我可能还会觉得这样的状态是正常的。然而，只要和小时候相比，就知道这种状态并不正常。我以为这可能是很多人所说的“成长的烦恼”，觉得长大后变得不开心是不可避免的。直到接触了中国传统文化后，我才重新获得了接近童年时的状态，能够较长时间地保持良好情绪。我才开始相信，成长的烦恼并非必然。

在一次毕业生座谈会上，我以这一主题给大家做了毕业寄语，旨在说明人生可以越来越快乐。如果你没有越来越快乐，而是越来越痛苦，那可能是因为你走错了路。等我说完后才意识到，之前有位教授发言，忠告大家成长就是有很多烦恼，鼓励大家勇于面对。教授刚说“成长的烦恼是必然的”，我这个小讲师却说人生可以越来越快乐，我并非有意与教授唱反调，而是真心希望大家能有一个正确的认识。如果认为烦恼是必然的，可能就会陷入烦恼的泥潭而不再努力；如果相信烦恼并非必然，也许就能找到摆脱困境的方法。如果不是遇到了中国传统文化，我可能就是那个陷在泥潭里的人。传统文化帮助我获得了第二个童年。

当然，我也不确定自己的这些经验的适用范围到底有多广，但对我来说，效果是显著的。

1. 情绪的“中”与“和”

《中庸》中说“喜怒哀乐之未发，谓之中；发而皆中节，谓之和。中也者，天下之大本也；和也者，天下之达道也”[①]。这里提到了两个方面的情绪管理方法，一个是“未发”，另一个是“发而皆中节”。“未发”是一种“不以物喜，不以己悲”的状态，如果一个人能够达到《大学》中所说的“定”“静”“安”的状态[②]，情绪就可能不受外界因素影响。“发而皆中节”是产生了情绪，这些产生的情绪都要达到“中节”的状态，才不至于对人造成过度的伤害。人在情绪平稳时，是头脑最清醒、智慧最高的时候，一旦产生了喜、怒、哀、乐等情绪，认知能力及行为往往会受到情绪的影响。

在现实中人难免要产生情绪，“和”具有相和相应的意味，情绪反应具有适宜性。比如，对道德高尚的人及其行为产生赞叹的情绪；对道德卑劣的人及其行为产生厌恶的情绪。这样的情绪，不会给人修身造成大的损害。但是，如果产生的是相反的情绪，就会有不良后果。《论语》中说“子在齐闻韶，三月不知肉味。曰：‘不图为乐之至于斯也！’”[③]，“颜渊死，子哭之恸。从者曰：‘子恸矣。’曰：‘有恸乎？非夫人之为恸而谁为？’”[④]，可见，孔子也是会产生情绪的，但是，其情绪都具有适宜性，能够做到“中节”“和”。一个人的情绪状态，往往要以一定的方式来表达，进而会有与其相应的行为。情绪就像是一种作用力，必然要有与其对应的反作用力。人一旦内心里有负面情绪，或者有自己无法克制的情绪波动，就很难把握自己的行为，因此，如果想在行为上做得好，需要先把握自己的情志。

2. 情绪觉知

管理好情绪的前提是对情绪的觉知。如果没有觉知，就很难控制。比如，一个人在发脾气时，把全部精力都指向了让自己生气的对象，很难觉知自己生气了，就难以进行控制。如果自己的情绪平时是比较好且

---

① 孟子，等. 四书五经［M］. 北京：中华书局，2009：53.
② 孟子，等. 四书五经［M］. 北京：中华书局，2009：47.
③ 孟子，等. 四书五经［M］. 北京：中华书局，2009：17.
④ 孟子，等. 四书五经［M］. 北京：中华书局，2009：25.

平稳的，觉察自己的情绪起伏就比较快，不容易被情绪牵着走；否则，就不太容易察觉，可能被情绪牵引或控制。就好像往一盆清水里扔一块泥巴，马上就能发现水混浊了，而往一盆浑水里扔一块泥巴就不容易觉察。为了提高自己的觉察能力，可以平时适当做些训练，比如，安静地感知自己身体的感受与自己头脑中萌生的想法，等等。如果能够在情绪产生时就觉知到，通常能够顺利进入控制与调节环节。但是，很多时候，我们对情绪的觉知不那么敏感，往往是在情绪发作之后才意识到。在这种情况下，可以在事后与自己对话：我刚才产生情绪了，是一种什么情绪？原因是什么？这样，在后续出现相似情景时，就有可能觉知情绪并及时管理情绪。

3. 情绪是一种习惯

情绪的产生，往往有一定的外在诱导因素，让人容易以为是外在因素引发了自己的情绪。外因总是通过内因起作用，面对同样的情境，不同人可能有不同的情绪反应。而每个人都有自己的情绪反应倾向，这种倾向近似于一种情绪习惯。所有外在因素都只是助缘，决定你快不快乐的永远只有你自己。如果想要获得快乐，不能一味从改变外在条件入手，还要从自身找原因，改变自己。如果把原因归咎于外在因素上，那么这个问题就很难解决，因为外在因素是无法控制的。但是，如果从自己身上找原因，改变自己，这个问题也许就可以解决，因为控制自己总比控制别人容易。

如果身上没有伤口，别人往你身上撒盐，你也不会感到疼痛。那些修为达到一定境界的人，面对他人的辱骂、挖苦、讽刺，要么听不懂，要么即使听懂了也毫无影响，因为他们身上没有“伤口”。而我们之所以会因别人的话语感受到疼痛，往往是因为自己身上有“伤口”，一旦碰到别人手中的“盐巴”，就忍不住怪别人往自己身上撒盐。其实，当我们觉得疼痛时，首先应该做的不是去抱怨别人，而是审视自己身上究竟有什么“伤口”。我们感到痛苦的地方，往往正是我们需要成长的地方。

那些经常问自己“幸不幸福”的人，答案可能是“幸福”，也可能是“不幸”，但无论是什么，都不是纯粹的幸福。真正幸福的人，根本不会问自己幸不幸福。一个没有负面情绪的人，很少会关注自己的情绪，而是自然而然地处于一种持续稳定且喜悦的状态。

在某个时刻，人往往只能有一种情绪占上风。如果一个人养成了积极正向的情绪习惯，那么负面情绪就会相对减少。虽然保持积极正向的情绪很多时候并不容易，但保持善意却是相对简单的。《论语》中说“仁者不忧”，能保持善意，就接近保持积极情绪了。当我们把自己的善意培养到一定程度时，自己就不会再有负面情感，这无疑是对自己最大的保护。情绪本质上是一种习惯。比如，有人伤害了你，这种伤害往往只是针对你的外在，相当于伤了表皮。但如果你对对方心怀怨恨，这种恨就会持续伤害你，相当于伤了脏腑。如果你成为一个“不会”恨的人，就摆脱了怨恨给自己带来的二次伤害。

智慧与傻有时看起来相似，却是完全不同的。因智慧而获得的快乐是“坚强”的，而傻则是脆弱的。苏东坡一生不得志，却因心胸宽阔而逍遥一生。如果他是一个郁郁寡欢、对人怀恨在心的人，他的人生及艺术作品可能就会是另一番景象。那些修为达到一定境界的人，是少有负面情绪的，负面情绪伤害最深的，往往是自己。

五、修身

《大学》中说“所谓齐其家在修其身者：人之其所亲爱而辟焉，之其所贱恶而辟焉，之其所畏敬而辟焉，之其所哀矜而辟焉，之其所敖惰而辟焉。故好而知其恶，恶而知其美者，天下鲜矣！故谚有之曰：‘人莫知其子之恶，莫知其苗之硕。’此谓身不修不可以齐其家”。[1] 这里“亲爱”“贱恶”“畏敬”“哀矜”“敖惰”都是针对他人的感情、态度、认知、评价等。从“齐家”才开始发生对他人的影响，但是，从“修身”开始

① 孟子，等. 四书五经［M］. 北京：中华书局，2009：48.

就有了对他人的情感态度。“欲修其身者先正其心”，可见，我们对他人的态度，关键并不在于他人，而在于我们自己。他人是外因，自己是内因，外因要通过内因而起作用。这里的“修身”是一个比较窄的含义，很多时候我们会把八条目的整个过程都称为“修身”。

1. 对他人的感情

人一旦对其他人有了亲疏爱憎等感情，就很容易产生认知错误。比如，如果不道德的行为发生在自己讨厌的人身上，就会觉得“太无耻了”，可同样的行为如果发生在自己亲近的人身上，就会觉得“有情可原”，这样就很难对人作出公正的判断，进而难以公正地对待他人。太爱自己的孩子就看不到其缺点，也就不能帮助其改正缺点。

这种由“感情”引起的偏差，不仅对人如此，对物也是如此。比如，朋友合伙做生意，虽然事业成功了，但最后很多也都分道扬镳，原因往往是“分配不合理”，因为不管怎么分配，每个人都觉得自己拿得少了。

情绪与感情都是一种心理：情绪往往比较强烈，短暂而不持久，不一定有对象；而感情相对情绪来说更和缓长久，往往有对象。当然，这也不绝对，有些情绪也是比较持久的，如有些人的忧郁情绪。自己的情绪会影响自己对他人、他物的感情，一个情绪好的人，更可能对他人有积极感情。而一个情绪不好的人，可能看谁都不顺眼。对他人的感情最好能是“中正平和”的，如果不能够做到，就努力做到“好而知其恶，恶而知其美”。

2. 对他人的认识

领导者不仅要通过自我修养实现自我提升，还要引领下属实现提升，前者是后者的基础。只有自己修身达到一定境界，才能发现他人的缺点，进而帮助其改正缺点。人有时很难看到自己的缺点，所以要善于听取别人的意见。但很多时候，我们也不容易看到别人的缺点，尤其是自己也有同样缺点的时候。

一次，一位传统文化修养很高的前辈在结束一场关于修身的讲座后，与大家进行交流。前辈站在中心位置，大家里三层外三层围了个水泄不通。在交流过程中，一个站在外围的人突然大声说：“你们让一让，让一让，我有问题想向老师请教。”她的声音很洪亮，喊了几声后，就挤到了前排，并向老师提了问题。老师没有直接回答她的问题，而是说：“你是一个性格比较傲慢的人，你觉得我说得对吗？”在场的人都很惊讶，老师接着说：“你站在后排提问我也能听到，但你想到前排，所有人都要给你让路，这是以自我为中心，没有考虑要尊重别人。”提问的人承认自己确实是个傲慢的人，平时什么事都想说了算，也因此造成了与他人的很多矛盾。老师接着告诉她，她的很多困境都是由傲慢导致的。这件事让在场的其他人很是惊诧，老师一眼就看出了她的傲慢，而大家为什么没意识到呢？我当时也在场，也没有看出她的傲慢。我事后仔细想了想，发现自己与她是相似的人，我也可能做出同她一样的事，所以根本不会觉得像她那样做有什么不妥。但老师不是那样的人，老师也不会那样做，所以才能看出那样做的不妥之处，进而看到了她的性格特征。

3. 评价他人的标准

评价他人有不同的标准，标准不同评价结果就会有所不同。我们在“致知”条目提到了做人的至善标准、圣贤标准、君子标准等，总体来说就是以“天道”为标准，符合“天道”就是好，不符合“天道”就是不好。首先自己要对“天道”有正确的认识，才能正确评价别人。

在现实中，评价别人的标准很容易出现偏差，往往变“天道标准”为“自我标准”，是否与自己相似，是否对自己好，是否与自己有关系，等等。有些领导“任人唯亲”，对能为社会作出更大贡献的人弃之不用，而偏偏选用一个无能者，这是公器私用的一种形式。用“自我标准”去替代“公共标准”与“天道标准”，也是一种以权谋私。

4. 如何面对伤害自己的人

去爱那些爱自己的人，这是很自然的事情；去爱与自己无关的人，也相对容易；甚至去原谅伤害自己的陌生人，也并非难事。然而，最难的，莫过于原谅那些伤害自己的“朋友”。很多人在被他人伤害后，往往会陷入憎恨之中难以自拔。但需要明白的是，憎恨无论能否真正伤害到别人，它首先伤害的一定是自己。

有一个成语叫“塞翁失马，焉知非福”。很多事情，只有从长远来看，才能真正判断它是祸是福。不仅如此，我们自身的努力也能够重新定义过去事情的意义。只要你今天对自己满意，只要你能过好自己的生活，那么一切过往都可以被视为助缘。没有努力的隐忍是懦弱，而有努力的隐忍则是坚强与智慧，是一种卧薪尝胆的精神。就像韩信受胯下之辱，如果没有他后来的努力和取得的成就，他的行为或许会被视为懦夫之举，但正是因为他的才智与成功，这一行为被重新定义为大智大勇的表现。

5. 帮助而不是惩罚

我在北大读书时，结识了一对老夫妇。毕业后，我们失去了联系。后来，大伯去世，大妈感到孤独，便想起了我，到学校来找我。恢复联系后，我第一次去她家时，敲门说“大妈我来看您了”，大妈让我等一等，她要先把门口的东西收拾一下。门开后，一股尿骚味扑面而来，地上堆满了厚厚的垃圾，屋里一片狼藉。我踩着垃圾进了屋，大妈又让我等一等，她要给我收拾一个能坐的地方。最后，我找了一个凳子，摆到满是垃圾的地中间，坐在上面和大妈聊起了天。虽然屋里脏乱的环境并没有影响我，但那种气味却让我感到极度不适。当时天气还比较冷，房间估计很久没有开窗通风了。从大妈家出来后，我开始头疼，疼了很久才恢复。从此，我对去大妈家产生了恐惧感。后来两次去看她，一次是邀请她走出家门，在春日的阳光下边走边聊；另一次则是站在门口聊了一会儿，没有进屋。

后来，大妈给我打电话，让我去看她，说她新结识的两位朋友帮她把家里打扫了一遍，垃圾都清理干净了，卫生间的马桶也刷得很干净，家里现在很整洁，让我过去。听到这些，我既惊讶又惭愧，我怎么就没想过给大妈打扫一下房间呢？我只关注自己的头痛，却没有想到去帮助大妈。我才意识到，大妈可能是因为鼻子不灵敏，闻不到屋里的气味，同时，大伯的去世对她打击太大，让她没有精力去打理家务。大伯本来身体还算可以，生活能自理，只是因为年纪大了，心脏有点问题。两个老人商量后，觉得如果能治好病，可以更健康地生活，于是手牵手去了医院。但在住院后，大伯的身体状况越来越差，最后住进了ICU，还生了压疮，他不能轻易见到大妈，十分想家。三个月后，大伯永远地离开了人世。一想到两人手牵手去住院的情景，大妈就悲痛不已。她一直觉得，如果当初不去住院，大伯就不会走得那么快，她后悔当初支持大伯去住院，认为是自己害了大伯。失去大伯的痛苦和悔恨，让大妈心力交瘁，能吃口饭活下来已经很不容易了，打扫室内卫生这样的事，已经超出了她的能力和心力范围。而我，只自私地关注自己的头疼，却没有想到帮助大妈打扫卫生。是大妈的两位新朋友的善举，让我意识到自己的错误。后来我仔细想想，这种情况在我们的生活中其实很常见。我将其称为“当别人需要帮助时，我们给予的却是惩罚”。比如，有人在某些事情上做得不好，让我们感到不满或受到伤害，其实，并不是他们有意伤害我们，而是他们没有能力做得更好。这时，我们需要给予的是帮助，但往往我们被自己的伤痛控制，只想着去控诉甚至惩罚对方。

六、齐家

《周易·家人卦》中说“父父、子子，兄兄、弟弟，夫夫、妇妇，而家道正。正家，而天下定矣”。[①]对于领导者来说，“家”是与自己接触比较密切的群体，或者说直接接触的群体。领导者周围可能会有一些“亲信”，这些“亲信”对组织的管理起到非常关键的作用。《荀子》中说“不知其子视其友，不知其君视其左右”[②]。《论语》中说“益者三友。损者三友。友直，友谅，友多闻，益矣。友便辟，友善柔，友便佞，损

① 孟子，等．四书五经［M］．北京：中华书局，2009：511.

② 荀况．荀子［M］．杨倞，注．耿芸，标校．上海：上海古籍出版社，2014：294.

矣”。[①]“樊迟问仁。子曰：‘爱人。’问知。子曰：‘知人。’樊迟未达。子曰：‘举直错诸枉，能使枉者直。’樊迟退，见子夏。曰：‘乡也吾见于夫子而问知，子曰：“举直错诸枉，能使枉者直”，何谓也？’子夏曰：‘富哉言乎！舜有天下，选于众，举皋陶，不仁者远矣。汤有天下，选于众，举伊尹，不仁者远矣。’”[②]可见，领导者对身边“亲信”的选择与培养是非常重要的。

1. 以身示范与自我复制

中国传统管理思想讲究修己安人，只有自己做得好，才能对身边的人起到良好的示范作用。在示范的过程中，最好能发挥“自我复制”的作用。作为个体来说，自己的示范范围与示范力度毕竟是有限的。如果通过自己的“教化”，自己身边的人都成了与自己“相似”的人，其示范范围与示范力度就都得到了提高。如果领导能做到的事，下属就会觉得这样做是自然而然，也不会觉得自己被约束了。但是，如果领导自己做不到，却要求下属去做，下属就会觉得被压迫了。有些父母天天打游戏、睡懒觉，却要求孩子勤奋学习，孩子也是很难做到的。反之，如果父母很勤奋，有空就看书，孩子自然而然会觉得那是做人该有的样子。

2. 有原则、有理智的爱

颜渊是孔子最得意的弟子，颜渊去世后，夫子“哭之恸”，说“天丧予，天丧予”[③]，感情不可谓不深。但是，《论语》中说“颜渊死，颜路请子之车以为之椁。子曰：‘才不才，亦各言其子也。鲤也死，有棺而无椁。吾不徒行以为之椁。以吾从大夫之后，不可徒行也。’”[④]“颜渊死，门人欲厚葬之。子曰：‘不可。’门人厚葬之。子曰：‘回也视予犹父也，予不得视犹子也。非我也，夫二三子也。’”[⑤]孔子虽然对颜渊有深厚

---

① 孟子，等．四书五经［M］．北京：中华书局，2009：36.
② 孟子，等．四书五经［M］．北京：中华书局，2009：28.
③ 孟子，等．四书五经［M］．北京：中华书局，2009：25.
④ 孟子，等．四书五经［M］．北京：中华书局，2009：25.
⑤ 孟子，等．四书五经［M］．北京：中华书局，2009：25.

的感情，但是在处理与颜渊相关的事情时，仍然是有原则和理智的。《论语》中还说到“陈亢问于伯鱼曰：‘子亦有异闻乎？’对曰：‘未也。尝独立，鲤趋而过庭。曰：“学诗乎？”对曰：“未也。”“不学诗，无以言。”鲤退而学诗。他日，又独立，鲤趋而过庭。曰：“学礼乎？”对曰：“未也。”“不学礼，无以立。”鲤退而学礼。闻斯二者。’陈亢退而喜曰：‘问一得三：闻诗，闻礼，又闻君子之远其子也。’”[①]可见，孔子在处理与自己孩子的关系时，也是保持着理智与原则的。人们往往因为强烈的感情而失去做事的原则与理智。

3. 君子爱人以德

《礼记》中说“君子之爱人也以德，细人之爱人也以姑息”。[②]即以“天道”标准来要求自己所爱的人，才是真正对他好，帮助他成为遵守天道被人爱戴的人。反之，如果是姑息其按照贪婪的秉性做人，看似得到了好处，但是终究要付出代价。在《触龙说赵太后》这个故事里，赵太后因为爱自己的孩子而不想让他去其他国家做人质，而大臣触龙说爱自己的孩子就要让他建功立业为国家作出贡献，这样将来在国家才有立足之地。赵太后觉得有道理，最后同意长安君出质于齐。[③]领导者真正对下属好，就要培养其德行，发挥其能力。

4. 代君行令与身边的陷阱

作为领导者要非常注重对身边人的管理，因为有些人接触不到领导本人，就可能把领导身边的人的意见看成是领导的意见，把他们的作风看成是领导的作风。太监专权、秘书腐败等情况屡见不鲜，如何保证自己身边的人，不冒用自己的名义或者借着自己的权势去胡作非为，是非常重要的。还有一些人完全成了身边人的傀儡，看起来是按自己的意愿在做事，其实，完全是被身边的人控制了想法，自己还不知道。

---

① 孟子，等. 四书五经［M］. 北京：中华书局，2009：37.
② 孟子，等. 四书五经［M］. 北京：中华书局，2009：304.
③ 王延栋. 战国策译注［M］. 北京：中华书局，2017：216-217.

某领域的一位资深教授，他的影响力很大，想通过他办事的人也很多。这就使得一些人，长期围绕在教授身边嘘寒问暖，教授的子女不在他身边，这些人就成了教授最亲密的人。其中，有个人笼络了教授身边所有的人，如果谁想接近教授，必须通过他才能实现。有人想请教授做讲座，要他同意教授才能知道这件事，如果他不同意教授都不会知道。有人想见教授，也需要通过他才能预约上。他如果想做什么事，就以教授的名义去找他的学生，学生们出于对教授的尊敬，大多会帮忙。学生们以为是教授的想法，殊不知是这个人的想法。例如，袁世凯的儿子为了说服其称帝，使自己能成为名正言顺的“太子”，专门印了一份只给袁世凯一个人看的报纸，把所有反对其称帝的声音都换成支持其称帝的声音，导致其对形势作出了误判。①可见，管理好身边的人有多么重要。

七、治国

《大学》中说“所谓治国必先齐其家者，其家不可教而能教人者，无之。故君子不出家而成教于国：孝者，所以事君也；弟者，所以事长也；慈者，所以使众也。康诰曰：‘如保赤子’，心诚求之，虽不中不远矣。未有学养子而后嫁者也！一家仁，一国兴仁；一家让，一国兴让；一人贪戾，一国作乱；其机如此。此谓一言偾事，一人定国。尧舜率天下以仁，而民从之；桀纣率天下以暴，而民从之；其所令反其所好，而民不从。是故君子有诸己而后求诸人；无诸己而后非诸人。所藏乎身不恕，而能喻诸人者，未之有也。故治国在齐其家。诗云：‘桃之夭夭，其叶蓁蓁；之子于归，宜其家人。’宜其家人，而后可以教国人。诗云：‘宜兄宜弟。’宜兄宜弟，而后可以教国人。诗云：‘其仪不忒，正是四国。’其为父子兄弟足法，而后民法之也，此谓治国在齐其家”。②因此，领导者可以通过自己的示范引领下属，下属不是按照领导者的命令行事，而是

① 郭宇宽．从袁世凯的蠢事看“大数据”把每一个人都变成“俘虏”[EB/OL].(2013-12-08)．http://opinion.people.com.cn/n/2013/1208/c1003-23778088.html.

② 孟子，等．四书五经［M］．北京：中华书局，2009：48.

按照领导者的示范行事。从“齐家”到“治国”是一个示范的过程。

1. 个体示范作用

在治国的过程中，领导者自身仍然发挥着修己安人的示范作用。领导者身边的“家人”，也同样发挥着示范作用。比如，一个国家的君主有示范作用，很多有影响力的大臣也同样具有示范作用。

2. “家”的团体示范作用

在“治国”的过程中，要处理很多人与人之间的关系，对于这些关系如何处理，就可以参照“家”的示范。修身是由独立个体来进行的，还看不出人与人之间的关系。“家”就是一个群体，群体成员之间如何处理人与人的关系，这是在修身基础上的进一步扩展。

八、平天下

《大学》中说“所谓平天下在治其国者，上老老而民兴孝，上长长而民兴弟，上恤孤而民不倍，是以君子有絜矩之道也。所恶于上，毋以使下；所恶于下，毋以事上；所恶于前，毋以先后；所恶于后，毋以从前；所恶于右，毋以交于左；所恶于左，毋以交于右。此之谓絜矩之道。诗云：‘乐只君子，民之父母。’民之所好好之，民之所恶恶之，此之谓民之父母。诗云：‘节彼南山，维石岩岩。赫赫师尹，民具尔瞻。’有国者不可以不慎，辟则为天下僇矣。诗云：‘殷之未丧师，克配上帝；仪监于殷，峻命不易。’道得众则得国，失众则失国。是故君子先慎乎德。有德此有人，有人此有土，有土此有财，有财此有用。德者本也，财者末也。外本内末，争民施夺。是故财聚则民散，财散则民聚。是故言悖而出者，亦悖而入；货悖而入者，亦悖而出。康诰曰：‘惟命不于常。’道善则得之，不善则失之矣。楚书曰：‘楚国无以为宝，惟善以为宝。’舅犯曰：‘亡人无以为宝，仁亲以为宝。’秦誓曰：‘若有一介臣，断断兮无他技，其心休休焉，其如有容焉。人之有技，若己有之，人之彦圣，其心好之，不啻若自其口出，寔能容之，以能保我子孙黎民，尚亦有利哉。人之有技，媢疾以恶之，人之彦圣，而违之俾不通，寔不能容，以不能保我子孙黎民，亦曰殆哉！’唯仁人放流之，迸诸四夷，不与同中国。此谓唯仁人为能爱人，能恶人。见贤而不能举，举而不能先，命也；见不善而不能退，退而不能远，过也。好人之所恶，恶人之所好，是谓拂人之性，灾必逮夫身。是故君子有大道，必忠信以得之，骄泰以失之。生财有大道，生之者众，食之者寡，为之者疾，用之者舒，则财恒足矣。仁者以财发身，不仁者以身发财。未有上好仁而下不好义者也，未有好义其事不终者也，未有府库财非其财者也。孟献子曰：‘畜马乘不察于鸡豚，伐冰之家不畜牛羊，百乘之家不畜聚敛之臣，与其有聚敛之臣，宁有盗臣。’此谓国不以利为利，以义为利也。长国家而务财用者，必自小人矣。彼为善之，小人之使为国家，灾害并至。虽有善者，亦无如之何矣！此谓国不以利为利，以义为利也”。[①]可见，在“治国”的阶段，以“令”的方式进行管理，带有一定的强制性。但是，到了“平天下”阶段，已经成为个体的道德人格，从对人的外在要求变成了一种完全内化的自觉。即使没有政令要求，人们也会自愿选择这样做，就成了一种文化。

1. 示范作用的进一步深化

法律与道德是规制社会生活的两种方法，法律发挥作用的范围是有限的，一般只能对人的行为进行规定，无法规定人的道德与内心想法。在“治国”阶段，可以采用“令”的方法直接影响人的行为，到了“平天下”阶段，就深入道德层面与内心层面，使人能够按照“圣贤”的标准进行自我要求，追求“莫见乎隐，莫显乎微”的“慎独”境界。在“治国”阶段也存在道德层面与内心层面的影响，但是，由于有政令的配合，即使这种影响不是很强，也可以实现“治国”；在“平天下”阶段，由于影响范围扩大到了没有直接管辖权的国家，不能够使用“令”来进

① 孟子，等．四书五经［M］．北京：中华书局，2009：48-49.

行管理，完全依靠一种道德示范作用的影响力。

2. 示范作用的进一步扩大

管理的对象一般在自己权力可影响的范围内，但在“平天下”阶段，其影响范围有可能扩大到管辖范围以外。一个国家在某方面的成功示范，可能会有其他国家主动学习借鉴，这是示范作用的进一步扩大。对于某个国家来说，其他国家并不在自己的管辖范围内，也不在其政令可影响的范围内，其他国家完全是自愿自主地学习借鉴。

在中国传统管理思想中，高尚的道德品质是领导的基本特质，只有自身道德高尚，才能通过言传身教影响别人。领导者要达到“齐家治国平天下”的业绩，当然也需要有卓越的能力。这种能力并不是领导者在“业务”上有多少具体的技能，而是具有获得人才、留住人才、发展人才的能力，这是领导者的重点能力。

第四节 领导者的特征

“内圣外王”是领导者最主要的特征之一，且“内圣”与“外王”包含的内容非常广泛，这里我仅介绍“仁、智、勇”三达德，因为三达德可以统摄其他美德。此外，我们将讨论领导者与管理者的区别。

一、“仁、智、勇”三达德

《中庸》中说“知、仁、勇三者，天下之达德也，所以行之者一也。或生而知之，或学而知之，或困而知之，及其知之一也；或安而行之，或利而行之，或勉强而行之，及其成功一也”。① 三达德可以生发出其他优秀品质，就像三原色能调配出其他颜色。“好学”是接近“智”的方法，

① 孟子，等. 四书五经［M］. 北京：中华书局，2009：55.

“力行”是接近“仁”的方法，“知耻”是接近“勇”的方法。

1. 好学近乎智

“大学之道，在明明德，在亲民，在止于至善。知止而后有定，定而后能静，静而后能安，安而后能虑，虑而后能得”[①]，了知“至善”之境是最高的“智”，不同的了知程度，决定了“智”的水平。“学”的就是这“大学之道”，“好学”带有勤奋精进、竭尽全力不断接近的意味，是一种纯一无杂的努力。《中庸》中说“博学之，审问之，慎思之，明辨之，笃行之。有弗学，学之弗能，弗措也；有弗问，问之弗知，弗措也；有弗思，思之弗得，弗措也；有弗辨，辨之弗明，弗措也；有弗行，行之弗笃，弗措也。人一能之己百之，人十能之己千之。果能此道矣。虽愚必明，虽柔必强”。[②]

2. 力行近乎仁

《论语》中也有关于仁的多处论述，举例如下。

颜渊问仁。子曰：“克己复礼为仁。一日克己复礼，天下归仁焉。为仁由己，而由人乎哉？”颜渊曰：“请问其目？”子曰：“非礼勿视，非礼勿听，非礼勿言，非礼勿动。”颜渊曰：“回虽不敏，请事斯语矣。”[③]

仲弓问仁。子曰：“出门如见大宾，使民如承大祭。己所不欲，勿施于人。在邦无怨，在家无怨。”仲弓曰：“雍虽不敏，请事斯语矣。”[④]

司马牛问仁。子曰：“仁者，其言也讱。”曰：“其言也讱，斯谓之仁已乎？”子曰：“为之难，言之得无讱乎？”[⑤]

樊迟问仁。子曰：“居处恭，执事敬，与人忠。虽之夷狄，不可

---

① 孟子，等．四书五经［M］．北京：中华书局，2009：47.
② 孟子，等．四书五经［M］．北京：中华书局，2009：56.
③ 孟子，等．四书五经［M］．北京：中华书局，2009：27.
④ 孟子，等．四书五经［M］．北京：中华书局，2009：27.
⑤ 孟子，等．四书五经［M］．北京：中华书局，2009：27.

弃也。”①

子张问仁于孔子。孔子曰：“能行五者于天下，为仁矣。”请问之。曰：“恭、宽、信、敏、惠。恭则不侮，宽则得众，信则人任焉，敏则有功，惠则足以使人。”②

子曰：“刚、毅、木、讷，近仁。”③

子曰：“苟志于仁矣，无恶也。”④

樊迟……问仁，曰：“仁者先难而后获，可谓仁矣。”⑤

子贡曰：“如有博施于民而能济众，何如？可谓仁乎？”子曰：“何事于仁，必也圣乎！尧、舜其犹病诸！夫仁者，己欲立而立人，己欲达而达人。能近取譬，可谓仁之方也已。”⑥

冉有曰：“夫子为卫君乎？”子贡曰：“诺，吾将问之。”入，曰：“伯夷、叔齐何人也？”曰：“古之贤人也。”曰：“怨乎？”曰：“求仁而得仁，又何怨。”出，曰：“夫子不为也。”⑦

子曰：“富与贵，是人之所欲也，不以其道得之，不处也；贫与贱，是人之所恶也，不以其道得之，不去也。君子去仁，恶乎成名？君子无终食之间违仁，造次必于是，颠沛必于是。”⑧

子曰：“我未见好仁者，恶不仁者。好仁者，无以尚之；恶不仁者，其为仁矣，不使不仁者加乎其身。有能一日用其力于仁矣乎？我未见力不足者。盖有之矣，我未见也。”⑨

《论语》中虽然没有给出一个关于“仁”的明确概念，但是通过理解

① 孟子，等. 四书五经［M］. 北京：中华书局，2009：30.
② 孟子，等. 四书五经［M］. 北京：中华书局，2009：38.
③ 孟子，等. 四书五经［M］. 北京：中华书局，2009：30.
④ 孟子，等. 四书五经［M］. 北京：中华书局，2009：11.
⑤ 孟子，等. 四书五经［M］. 北京：中华书局，2009：16.
⑥ 孟子，等. 四书五经［M］. 北京：中华书局，2009：16.
⑦ 孟子，等. 四书五经［M］. 北京：中华书局，2009：17.
⑧ 孟子，等. 四书五经［M］. 北京：中华书局，2009：11.
⑨ 孟子，等. 四书五经［M］. 北京：中华书局，2009：11.

不同情境下的这些陈述，读者也可形成自己的认识。[①] 朱熹认为，“仁者，天地生物之心，而人得以生者，所谓元者善之长也”。[②]“智”是对“至善”之境的认识，“仁”是“至善”之境的本体，“行”是按照“至善”标准去实践，“力行”就是要竭尽全力去做。“力行近乎仁”就是能够竭尽全力去做正确的事，具有“修一切善”的意味。

3. 知耻近乎勇

“耻”是在做了不正确的事时产生的感受。知耻就是能够认识到不足，并能够产生改正不足的意愿，“勇”带有难行、能行的意味。一个人做到了很容易做到的事，不能称为“勇”，只有做到了不容易做到的事，才能称为“勇”。“知耻近乎勇”就是能够认识到自己的不足，并尽力改正，具有“断一切恶”的意味。能做正确的事就是“仁”，不做错误的事就是“勇”。

4.“仁、智、勇”三达德的管理意义

在努力做到“仁、智、勇”的基础上，管理者要通过修己安人处理好与各类人群的关系，使其感觉舒适并发挥积极作用。《中庸》中说“知斯三者，则知所以修身；知所以修身，则知所以治人；知所以治人，则知所以治天下国家矣。凡为天下国家有九经，曰：修身也，尊贤也，亲亲也，敬大臣也，体群臣也，子庶民也，来百工也，柔远人也，怀诸侯也。修身则道立，尊贤则不惑，亲亲则诸父昆弟不怨，敬大臣则不眩，体群臣则士之报礼重，子庶民则百姓劝，来百工则财用足，柔远人则四方归之，怀诸侯则天下畏之。齐明盛服，非礼不动，所以修身也；去谗远色，贱货而贵德，所以劝贤也；尊其位，重其禄，同其好恶，所以劝亲亲也；官盛任使，所以劝大臣也；忠信重禄，所以劝士也；时使薄敛，

① 列举法与概念法都是认识事物的方式，在现代社会学研究中，非常重视概念界定，在当今的一些学术领域，概念界定是学术研究的基本出发点。概念界定具有一定的局限性，难以完整把握事物的全貌，往往只能从某个视角来认识事物。列举法在中国传统著作中是比较常见的方法。

② 朱熹．四书章句集注［M］．北京：中华书局，1983：28.

所以劝百姓也；日省月试，既禀称事，所以劝百工也；送往迎来，嘉善而矜不能，所以柔远人也；继绝世，举废国，治乱持危，朝聘以时，厚往而薄来，所以怀诸侯也”。[①]

我国在选拔干部时，一直强调德才兼备，不能只考虑一个人的才能，还要考虑其道德水平，这与中国的文化传统密切相关。管理者即便能力再强，如果其人品得不到大家认可，就失去了在员工中的感召力。《礼记》中说“发号出令而民说，谓之和；上下相亲，谓之仁；民不求其所欲而得之，谓之信；除去天地之害，谓之义。义与信，和与仁，霸王之器也。有治民之意而无其器，则不成”。《论语》中说“知及之，仁不能守之，虽得之，必失之。知及之，仁能守之，不庄以莅之，则民不敬。知及之，仁能守之，庄以莅之，动之不以礼，未善也”。可见，管理者的品质是一个系统工程，除关键点要把握好外，其他方面也要配合好。

二、领导者与管理者的区别

本书没有刻意强调领导者与管理者的区别，两者的内涵是相似的。如果要进行刻意划分，两者也是有区别的，在权力来源、管理方式、是否自我成长等几个方面都有所不同。在中国传统文化里，当提到管理者时，大家心目中的真实期待应该是一个领导者，从这个意义上说，中国管理学本质上是中国领导学。我们之所以说成中国管理学，是为了方便与西方管理学对话。

① 孟子，等．四书五经［M］．北京：中华书局，2009：55.

第二章　人才选拔与培养

在中国传统管理思想中，形成了自己的人才观，以及人才选拔、人才培养、人才使用的理念与方法，这些理念与方法和中国传统的人性观、管理目标、管理方式等都具有互补性，是一脉相承的。

第一节　德才兼备的人才观

儒家经典《中庸》中提出了“德必配位”思想[①]，《管子》中提到“德厚而位卑者，谓之过；德薄而位尊者，谓之失。宁过于君子，而毋失于小人。过于君子，其为怨浅；失于小人，其为祸深”[②]，具体论述了任用人才看重道德的原因。中国历史上第一本重要的人才选拔著作《人物志》，使用“兼德”“兼才”等字样来形容人才。[③]司马光《资治通鉴·周纪一》中说：“夫聪察强毅之谓才，正直中和之谓德。才者，德之资也；德者，才之帅也。……是故才德全尽谓之圣人，才德兼亡谓之愚人，德胜才谓之君子，才胜德谓之小人。凡取人之术，苟不得圣人、君子而与之，与其得小人，不若得愚人。何则？君子挟才以为善，小人挟才以为恶。挟才以为善者，善无不至矣；挟才以为恶者，恶亦无不至矣。”也说明了道德之于人才的重要性。新中国成立以后，党和国家在人才选拔上

① 孟子，等. 四书五经［M］. 北京：中华书局，2009：54.
② 管子［M］. 李山，译注. 北京：中华书局，2009：36.
③ 刘邵. 人物志译注［M］. 王晓毅，译注. 北京：中华书局，2019：33.

也经常强调“德才兼备，以德为先”。可见，从古至今，“德才兼备，以德为先”始终是中国人才选拔的重要标准。

中国的人才观特别注重“德”，这与中国的人性观有一定关系，在中国人眼里，只要自己有意愿，能力都是可以培养的。中国人对人才的认识，在“德”与“才”之间更偏重德，只要有“德”，“才”是可以培养的，但如果“德”不够，有再多的“才”也无法发挥正向作用，甚至能力越大，破坏力越大。

前面我们已经介绍过，中国的管理相对于西方来说，不倾向于使用精细化的制度，而是在利益一致的基础上，使用简约的制度，给执行者更大的权力。在这种情况下，个体的道德水平对组织的影响会更大。如果用精细化的制度进行管理，个体只是执行制度的“螺丝钉”，没有按自己意志决策的空间，对道德的要求可能就没那么高。所以，中国的人才观对“德”的重视，与中国的管理思想是一脉相承的。

第二节　人才选拔

一、举贤任能

中国的管理目标就是获得人才与发展人才，人才选拔注重举贤任能，举贤任能是领导者的重要品质。《大学》中说“《秦誓》曰：‘若有一介臣，断断兮无他技，其心休休焉，其如有容焉。人之有技，若已有之，人之彦圣，其心好之，不啻若自其口出，寔能容之，以能保我子孙黎民，尚亦有利哉！人之有技，媢疾以恶之，人之彦圣，而违之俾不通，寔不能容，以不能保我子孙黎民，亦曰殆哉！’唯仁人放流之，迸诸四夷，不与同中国。此谓唯仁人为能爱人，能恶人。见贤而不能举，举而不能先，命也；见不善而不能退，退而不能远，过也。好人之所恶，恶人之所好，是谓拂人之性，灾必逮夫身。是故君子有大道，必忠信以得之，骄泰以失之”。[①]“贤”与“能”是人才选拔的标准。能否做到举贤任能是好领导的重要标准。举贤任能具有示范作用，使其他想要从事某个岗位工作的人，可以按照任职者的标准来自我要求、自我发展。中国古代就有科举制度，任何家庭背景的人都可以通过科举考试获得平等的为官机会，科举考试主要看的是人自身的品质，也是举贤任能的一种途径。“举贤任能”是“德才兼备”的人才观在人才选拔阶段的表现形式。

二、赛马与相马

在中国传统管理思想中，人才的选拔注重考察其实际表现。中国有句古话说“知人知面不知心”，否定“相马”的准确性，还有一句古话是“路遥知马力，日久见人心”，肯定长期观察的重要性。白居易在其《放言》一诗中说“试玉要烧三日满，辨材须待七年期”，也说明了识别人才的困难之处。在论语中，有这样的论述：“仲弓为季氏宰，问政。子曰：‘先有司，赦小过，举贤才。’曰：‘焉知贤才而举之？’曰：‘举尔所知。尔所不知，人其舍诸？’”[②]提倡先为人才安排一定的职务，观察其工作完成得怎么样，再根据其才能为其安排更高或者更适合的职务。

三、动机比行为更重要

以制度方法进行的管理，停留在行为层面，只要员工能够按照组织的要求去行动，就达到了目标。为了促成目标的达成，可能会应用规制、监督、物质激励等手段。而在中国传统管理思想中，不仅应关注一个人怎样做，还应关注他为什么这么做。这既是评价一个人是什么人的重要维度，也是评价管理做得怎么样的重要维度。

《论语》中说“视其所以，观其所由。察其所安，人焉廋哉？人焉廋

① 孟子，等. 四书五经［M］. 北京：中华书局，2009：48-49.
② 孟子，等. 四书五经［M］. 北京：中华书局，2009：29.

哉？”[①]在人才选拔过程中，不能只看行为不看动机。举例来说，有些组织把人才培养起来以后，人才就会跳槽到其他待遇更好的组织。在培养人才的过程中，如果用物质来激励其工作，培养成才以后，其也会因为其他单位给予了更好的物质条件而离开。动机与行为一样重要，甚至比行为更重要。因为行为可见、可监督、可培养，动机却具有隐蔽性，不容易发现。

四、具体识人方法

在中国历史上，也形成了一些识别人才的方法，这里简单列举几种，以供参考。

《庄子·列御寇》中记载的孔子九征识人法：远使之而观其忠，近使之而观其敬，烦使之而观其能，卒然问焉而观其知，急与之期而观其信，委之以财而观其仁，告之以危而观其节，醉之以酒而观其则，杂之以处而观其色。[②]

《吕氏春秋》中记载的八观六验识人法：通则观其所礼，贵则观其所进，富则观其所养，听则观其所行，止则观其所好，习则观其所言，穷则观其所不受，贱则观其所不为。喜之以验其守，乐之以验其僻，怒之以验其节，惧之以验其特，哀之以验其人，苦之以验其志。[③]

《人物志》中记载的八观识人法：一曰，观其夺救，以明间杂。二曰，观其感变，以审常度。三曰，观其志质，以知其名。四曰，观其所由，以辨依似。五曰，观其爱敬，以知通塞。六曰，观其情机，以辨恕惑。七曰，观其所短，以知所长。八曰，观其聪明，以知所达。[④]

综观这些识人方法，其共同特点是通过人的真实表现对人才的

① 孟子，等；四书五经［M］. 北京：中华书局，2009：7.

② 陈鼓应. 庄子今注今译［M］. 北京：中华书局，2009：896.

③ 吕氏春秋［M］. 毕沅，校. 高诱，注. 徐小蛮，标点. 上海：上海古籍出版社，2014：61.

④ 刘邵. 人物志译注［M］. 王晓毅，译注. 北京：中华书局，2019：156-157.

特征进行判断。有些甚至要进行一定的考验。对人才的考察内容既有“能”“智”“识”“勇”等偏向才能方面的内容，也有“忠”“敬”“信”“廉”等偏向道德方面的内容。

第三节　人才培养

儒家经典《大学》提出了八个条目：“格物、致知、诚意、正心、修身、齐家、治国、平天下”，这八个条目是中国传统思想中人才培养的次第。

所“知”是一种理性标准，即在理性上知道什么是对的；在知道什么是正确的行为标准以后，如果在践行这种行为标准时能够获得积极的情志体验，就会自觉地去这样做；如果能够经常这样做，就成了一种行为习惯；在行为习惯的基础上，即使面临挫折与困难，也不会退缩，这一阶段可以认为是“强力不反”；在“强力不反”的基础上，任何情境下都能自发按照标准去做，不会产生内心的挣扎，这就是一种“安而行之”的人格境界。

总结中国传统思想，人才培养有五个相互衔接的阶段：理性标准、情感共鸣、行为习惯、强力不反、安而行之。

一、人才培养的五个阶段

1. 理性标准

所谓理性标准，是个体通过自己的理性判断，在内心里认可的良好行为标准。从管理学角度来看，参与制定规则的过程，是理解其内涵的过程，也是遵守承诺的过程，所以在制定管理规章的过程中，应注重员工的民主参与。从儒家思想角度来看，这是“格物、致知”的环节，是“知止”的过程，知道作为组织的一员，应有的行为规范是什么。

2. 情感共鸣

只有个体在情感上对一种行为方式产生共鸣时，这样的行为方式才会自觉发生。比如，有人宁可牺牲自己的部分利益也要助人为乐，是因为从助人为乐中获得的情志体验超越了个人利益。对于良好行为习惯的养成，理性标准与情感共鸣缺一不可，只知道理性标准而缺乏情感共鸣，就可能造成知行不一；而缺乏理性标准的情感共鸣，与错误的行为规范产生情感共鸣，就可能形成错误的行为。

3. 行为习惯

一个人一旦在理性上知道了良好行为的标准，并对按照标准去做有情感共鸣，在适宜的情境下，良好的行为方式就会自动出现。比如，认为帮助他人是正确的行为方式，并觉得帮助他人是一件愉快的事，那么自己就会克服一些困难，作出一些牺牲，去帮助他人。如果适宜的情境经常出现，个体不断重复这种行为方式，就会成为一种自觉的行为习惯。

4. 强力不反

自觉的行为习惯一旦养成，在没有外力作用下，一般不会改变。但在一些特殊情况下，客观环境可能会挑战个体的行为习惯。如果个体在任何情况下都能按照良好的行为规范去做，即使别人不遵守规则，自己也会遵守；即使经济困窘，自己也会拾金不昧；即使被威逼利诱，自己也会忠于组织，就可称为“强力不反”。

5. 安而行之

在强力不反的基础上，行为方式与情感体验有机统一，就能达到安而行之的境界。安而行之阶段有两个特点：一是能够愉快地按照正确的行为标准去做；二是内心平静安宁，不受负面环境影响。即行为与心情都不受不良环境影响，愉快的心情与正确的行为之间相互加强。强力不反主要是在行为层面，而安而行之已经达到了心理层面。

二、情感共鸣对管理的重要性

在管理过程中，“知”与“行”往往成为管理的重点，而“情”很容易被忽略。但是，“情”在人才培养过程中，可发挥关键的作用。中国有句古话叫“江山易改，禀性难移”，可见要改变人的习惯有多难。我有一个改变旧习惯养成新习惯的经历，“情”就在其中发挥了重要作用。我从前爱睡懒觉，睡到八九点都是常事。后来，我接触了中国传统文化，特别喜欢，便如饥似渴地学习。由于之前身体不好，我晚上必须按时睡觉。每晚到了睡觉时间，我就有种恋恋不舍的感觉，希望第二天快点儿到来，我可以继续学习。第二天我只要一醒来，不管是几点，我都马上继续投入学习。这样过了一段时间以后，我完全改变了过去睡懒觉的习惯。之后我才意识到，习惯的改变关键在于“情感共鸣”，从前觉得睡懒觉是一件美事，感觉起床后要做的事没有睡懒觉令人开心，如果有比睡懒觉更开心的事要做，就不愿意睡懒觉了。后来，在情感与心理上，我觉得早起安静地做自己喜欢的事，是一件非常美好的事，比睡懒觉美好多了，所以就再也不想睡懒觉了，也养成了早起的习惯。当然，也有人认为，这可能是年纪大了，觉变少的自然现象。

第四节　人才使用

在中国传统管理思想中，一般不依赖详尽的规定去约束人，而是给人较大的自由度，让其充分发挥聪明才智。用管理学的术语来说，就是充分授权。

一、用人不疑，疑人不用

一旦任用了人才，就相当于把相应资源匹配给了人才，就要让其应用相应资源，发挥出最大的价值。如果怀疑人才，无论是怀疑其动机，还是怀疑其能力，处处予以牵制，那么人才的能力便无法发挥，其所匹配的资源也浪费了。所以，中国的管理讲究“用人不疑，疑人不用”，任用人才就不要怀疑，怀疑还不如不用。在管理的过程中，有些情况是不明朗的，如果双方能够保持信任，共同克服困难，问题可能就解决了，最终得到理想的结果。如果双方相互猜忌，即便本来能成功的事，可能最终也无法实现。这两种情况下，都可能造成“预期的自我实现”。

二、将在外君命有所不受

不仅要相信人才的品格和动机，还要相信人才的能力，相信人才在特定情境下，有超越他人的决策优势。不是用自己的大脑去支配人才，而是相信人才所具有的创造性。《孙子兵法》中有“君命有所不受”[①]的说法，领导的指令并不一定是最优的，需要把权力交给最了解情况的人，交给最优决策者。

三、道明法自生

在中华传统文化中，有“道明法自生”的说法，即一旦一个人明白了“道”自然就会有智慧升起“法”，不需要特别详细的规则。所以，在中国几千年的历史上，都没有产生类似于西方科学管理的管理思维，详尽统一的管理方式虽然可以提高效率，但限制了人的主动性、能动性与创造性，也泯灭了人的灵性。

在人才使用上，有两种不同的思路。一是以人作为雇用对象，二是以技能作为雇用对象。以人作为雇用对象，即认可了一个人的道德与能力，作为组织的长期合作者，组织需要什么样的技能就培养其相应技能，

---

① 孙武．十一家注孙子校理［M］．曹操，等注．杨丙安，校理．北京：中华书局，2016：216.

技能需求是不断变化的，但都是由内部人员来学习掌握的。对于个体来说，就是拥有基本素质与综合能力，随时学习新的东西为同一个组织服务。技能是随时变动的，但是组织不变。以技能作为雇用对象，即当个体拥有某项组织需要的技能时，就可能被组织雇用；当组织不再需要这种技能时，就会解除雇用关系，再寻找其他拥有自己所需技能的人。对个体来说，就是不断提高自己在专业领域的能力，并将其售卖给需要的组织。组织是随时变动的，但是技能不变。这两种人才雇用模式，各有利弊，有各自更适宜的情境。在技术变动非常迅速的情况下，组织培养相应人才可能就存在一定困难，雇用技能可能比雇用人更容易取得短期效益。在技术比较稳定的情况下，雇用人可能比雇用技能更具组织稳定性。如果技能具有组织专用性，或者文化一致性比较重要，且在技术变化不是特别迅速的情况下，雇用人可能比雇用技术更适合。

第五节　多元评价标准

社会的发展归根结底是人的发展，如何尽力让每个人都能充分发挥其潜能，是管理的重要任务。《中庸》中说“万物并育而不相害，道并行而不相悖，小德川流，大德敦化，此天地之所以为大也”[①]。对于人应该如何发展，人的潜能如何发挥，还有很多问题需要管理学思考。人尽其才不仅是人技能方面的工具化能力的充分发展，也包括品格上的完善。比如，有奉献精神的人，给他们奉献才智的平台，不是道德绑架，不是对好人的压榨，而是基于对个人理想与追求的支持。

在西方管理思想中，人归根结底是实现组织目标的工具。在这种文化里，人是工具，是螺丝钉，工具和螺丝钉可能有用不上的时候，人就成了社会的负担。而中国管理思想是“以人观人”，人的存在本身就是价值。所以，我们要跳出西方的管理思维，努力挖掘每个人的价值。西

---

① 孟子，等．四书五经［M］．北京：中华书局，2009：57．

方的管理思想逻辑是从生产出发，以生产为核心，不能在生产中发挥作用的人就是缺乏价值的。中国传统思维的逻辑是从人出发，以人为核心，相信每个人都有独特的价值，所谓“天生我材必有用”。社会管理应该以充分发挥每个人的才华为指向，每个人的充分发展就是社会的充分发展。我们的人才观要跳出经济思维与工具化思维，赋予人本身以价值。

人本身即是一种价值，而非仅仅体现在他们所创造的物品、所做的事情或所表现出的样子。例如，一个人努力提升自己的人格修养，这本身就是对社会的贡献，是在为社会增添正气。在评价一个人的价值时，应具备多元化的视角。价值不应仅仅局限于能否创造经济价值，而应从整体价值去考量。这不仅包括对组织生产与效率的价值，更应涵盖对社会的全部价值。甚至，不一定非要是对社会的价值，因为每个人的存在本身就是一种价值。他的存在、他的坚韧、他的幸福、他的美德……这些本身就具有价值，无须依赖任何外在的东西来体现。

物质财富固然由人创造，但无论是对于个人还是对于社会而言，人所具有的能力与精神才是最根本的财富。以新冠疫情期间为例，中国仅用 10 天时间便建成了可容纳上千张床位的医院。在疫情尚未发生之前，这种强大的建设能力、拼搏精神与奉献精神就已经存在，它们是社会的宝贵财富。这些床位直接帮助了患者，这种精神则激励了亿万中国人。即使这种精神与能力没有遭遇考验、没有机会表现出来，它们依然是社会的财富。如果劳动与资本之间存在着对立，劳动者的劳动能力只有转化为外在的物质，才能被资本占有。然而，如果是自己人给自己人做事，这种对立就不存在。人的能力即使没有转化为外显的物质，只要在组织与社会需要时能够奉献出来，这就足够了。也就是说，“财富”的储备可以储备在“人”身上，而不仅仅局限于外显的物质上。人才的价值在于其本身，而不在于他们正在做什么，更不在于他们生产了什么，这才是最根本的藏富于民。

第三章　道家无为而治的管理思想

在前面的章节中，我们从管理哲学的基本问题入手，探讨了中国传统文化思想是如何回答这些问题的。在这一过程中，我们综合运用了不同流派的思想，但以儒家思想为主。然而，中华传统文化中蕴含着极为丰富的管理思想，这些思想的内涵远超出了管理哲学基本问题所能完全涵盖的范围。对于那些在前文中难以涵盖的内容，我们将以中国历史上不同的思想流派为线索，进行进一步的补充和阐释。本章，我们将主要依据道家经典《道德经》，深入介绍道家的“无为而治”管理思想。道家管理思想具有鲜明的特点，同时也蕴含着独特的管理价值。

第一节　“道”及其管理价值

一、什么是道

《道德经》中多次提到了“道”，到底什么是“道”呢？我们先看一下《道德经》中与“道”相关的内容。

> 道，可道也，非常道也。名，可名也，非常名也。“无”，名天地之始；“有”，名万物之母。故，常“无”，欲以观其妙；常“有”，欲以观其徼。此两者，同出而异名，同谓之玄。玄之又玄，众妙之门。[①]

① 陈鼓应．老子注释及评介［M］．北京：中华书局，2009：53.

有物混成，先天地生。寂兮寥兮，独立而不改，周行而不殆，可以为天地母。吾不知其名，字之曰道，强为之，名曰大。大曰逝，逝曰远，远曰反。故道大，天大，地大，人亦大。域中有四大，而人居其一焉。人法地，地法天，天法道，道法自然。①

道生一，一生二，二生三，三生万物。万物负阴而抱阳，冲气以为和。人之所恶，唯孤、寡、不榖，而王公以为称。故物或损之而益，或益之而损。人之所教，我亦教之。强梁者不得其死，吾将以为教父。②

道者万物之奥。善人之宝，不善人之所保。美言可以市尊，美行可以加人。人之不善，何弃之有？故立天子，置三公，虽有拱璧以先驷马，不如坐进此道。古之所以贵此道者何？不曰：求以得，有罪以免邪？故为天下贵。③

道生之，德畜之，物形之，势成之。是以万物莫不尊道而贵德。道之尊，德之贵，夫莫之命而常自然。故道生之，德畜之，长之育之，亭之毒之，养之覆之。生而不有，为而不恃，长而不宰，是谓“玄德”。④

不同的人对“道”可能有不同理解，认识“道”的角度也会千差万别。这里我们只从一个角度来讨论“道”：对于管理实践来说，“道”是客观存在的，还是主观建构的？从《道德经》字面的论述来看，“道”至少有不以人的意志为转移的成分。如果是这样的话，那么在管理中遵循“道”就是一种必然要求。

二、道家的人性观

《道德经》中没有直接阐述人性，但通过相关论述，我们可作如下推断，举例如下。

---

① 陈鼓应．老子注释及评介［M］．北京：中华书局，2009：159.
② 陈鼓应．老子注释及评介［M］．北京：中华书局，2009：225.
③ 陈鼓应．老子注释及评介［M］．北京：中华书局，2009：290.
④ 陈鼓应．老子注释及评介［M］．北京：中华书局，2009：254.

故善人者，不善人之师；不善人者，善人之资。不贵其师，不爱其资，虽智大迷，是谓要妙。

圣人无常心，以百姓心为心。善者，吾善之；不善者，吾亦善之；德善。信者，吾信之；不信者，吾亦信之；德信。圣人在天下，歙歙焉，为天下浑其心，百姓皆注其耳目，圣人皆孩之。

为无为，事无事，味无味。大小多少，报怨以德。

夫慈，以战则胜，以守则固。天将救之，以慈卫之。

天道无亲常与善人。

圣人不积：既以为人，己愈有；既以与人，己愈多。天之道，利而不害；人之道，为而不争。

上善若水。水善利万物而不争，处众人之所恶，故几于道。居善地，心善渊，与善仁，言善信，正善治，事善能，动善时。夫唯不争，故无尤。

各种论述表明，道家主张人要向善，甚至主张要“以德报怨”。我们知道正统儒家主张性善论，《论语》中有这样的论述“或曰：‘以德报怨，何如？’子曰：‘何以报德？以直报怨，以德报德。’”如果在性善与性恶之间做一个选择，相关论述则更多指向性善论。但根据道家的辩证法来看，“无善无恶”才是最高境界，有了善就有了善的对立面，无善无恶才是至善之境。道家也主张利他奉献，并且辩证地认为利他与利己是一体的，“既以为人己愈有，既以与人己愈多”。

三、“道”的管理价值

在管理中，什么是“道”呢？应该是一种相对客观的规律，管理过程必须遵循客观规律才能取得理想的效果。有很多客观规律还有待人类去认识，通过“梓庆削木为鐻”的故事可以看出，有些工作业绩的达成，并不是靠金钱、名誉等外在的激励，也不是靠员工的脑力、体力、情绪等，而是靠一种“斋以静心”“以天合天”的内在力量。如果管理不能发挥出员工的这种力量，业绩就无法企及那种高度。而这样的力量如何发挥，需要领导者自身“悟道”，深刻洞察人性。

第二节　有无相生的辩证思想

一、《道德经》中的辩证思想

《道德经》中有明显的辩证思想，如“天下皆知美之为美，斯恶已；皆知善之为善，斯不善已。故有无相生，难易相成，长短相形，高下相盈，音声相和，前后相随”。[①]这种辩证思想告诉我们，事物总是具有两面性，想要获得“美”，就要承受“恶”；想要获得“善”，就要承受“不善”，这是《道德经》中的辩证思想。“现象界的一切事物都是相对的、变动的”，“一切事物及其称谓、概念与价值判断都是在对立的关系中产生的”。[②]

《道德经》中与辩证思维相关的论述还有很多，举例如下。

故建言有之：明道若昧；进道若退；夷道若颣；上德若谷；大白若辱；广德若不足；建德若偷；质真若渝；大方无隅；大器晚成；大音希声；大象无形。道隐无名。夫唯道，善贷且成。[③]

曲则全，枉则直，洼则盈，敝则新，少则得，多则惑。[④]

反者道之动，弱者道之用。天下万物生于有，有生于无。[⑤]

三十辐共一毂，当其无，有车之用。埏埴以为器，当其无，有器之用。凿户牖以为室，当其无，有室之用。故有之以为利，无之以为用。[⑥]

---

① 陈鼓应．老子注释及评介［M］．北京：中华书局，2009：60.
② 陈鼓应．老子注释及评介［M］．北京：中华书局，2009：65.
③ 陈鼓应．老子注释及评介［M］．北京：中华书局，2009：221–222.
④ 陈鼓应．老子注释及评介［M］．北京：中华书局，2009：150.
⑤ 陈鼓应．老子注释及评介［M］．北京：中华书局，2009：217.
⑥ 陈鼓应．老子注释及评介［M］．北京：中华书局，2009：100.

甚爱必大费；多藏必厚亡。故知足不辱，知止不殆，可以长久。[①]

大成若缺，其用不弊。大盈若冲，其用不穷。大直若屈，大巧若拙，大辩若讷。躁胜寒，静胜热。清静为天下正。[②]

在管理领域，同样存在着这种辩证关系，举例如下。

大道废，有仁义；智慧出，有大伪，六亲不和，有孝慈；国家昏乱，有忠臣。[③]

不尚贤，使民不争；不贵难得之货，使民不为盗；不见可欲，使民心不乱。[④]

上德不德，是以有德；下德不失德，是以无德。上德无为而无以为；下德无为而有以为。上仁为之而无以为；上义为之而有以为。上礼为之而莫之应，则攘臂而扔之。故失道而后德，失德而后仁，失仁而后义，失义而后礼。夫礼者，忠信之薄，而乱之首。前识者，道之华，而愚之始。是以大丈夫处其厚，不居其薄；处其实，不居其华。故去彼取此。[⑤]

在这种对立中，只有消弭对差异的分别，才能超越分别，到达一个更高的境界。

天地不仁，以万物为刍狗；圣人不仁，以百姓为刍狗。天地之间，其犹橐籥乎！虚而不屈，动而愈出。多闻数穷，不如守中。[⑥]

是以圣人处无为之事，行不言之教。万物作焉不为辞，生而不有，为而不恃，功成而弗居。夫惟弗居，是以不去。[⑦]

---

① 陈鼓应．老子注释及评介［M］．北京：中华书局，2009：234.
② 陈鼓应．老子注释及评介［M］．北京：中华书局，2009：236.
③ 陈鼓应．老子注释及评介［M］．北京：中华书局，2009：132.
④ 陈鼓应．老子注释及评介［M］．北京：中华书局，2009：67.
⑤ 陈鼓应．老子注释及评介［M］．北京：中华书局，2009：206.
⑥ 陈鼓应．老子注释及评介［M］．北京：中华书局，2009：74.
⑦ 陈鼓应．老子注释及评介［M］．北京：中华书局，2009：60.

二、辩证思想的管理启示

尼斯贝特提到“中国的知识传统中根本不存在A与非A之间的对抗。相反，以道家的精神或阴阳学说来看，A实际上也暗含了非A的情况，或者很快就会向非A转化。辩证思维某种意义上是逻辑思维的反面。辩证思维不是寻求脱离背景而是在适当的背景下看待事物：事件的发生不是孤立的，而总是包含在有意义的整体当中，在这个整体当中各种因素不断变化，不断地重组。孤立地思考一个物体或事件，把抽象的规则运用到这些物体或事件当中，就会走极端，得出错误的结论。中庸之道才是其论证的目标”。①

这种辩证思想警示我们，在管理中既要看到管理的积极作用，也应该警惕其消极影响。我们应该认识到，任何一项管理方面的政策措施，都是“利”与“弊”相对相生的，不存在只有“利”而没有“弊”的政策。在准备采取一项有利政策时，一定要充分考虑其可能的弊端。

在制定一项管理措施时，我们往往只看到其积极意义，而忽略了其可能带来的消极影响。也就是说，我们往往只看到了“有”的一面，而忽略了“无”的一面；只看到了“利”的一面，而忽略了“弊”的一面。每一项政策措施无疑都具有其积极意义，但肯定也都有其局限性。

“有无相生”的辩证思想告诉我们，在管理过程中，一定要充分考虑积极的管理方式可能带来的潜在“意外后果”，管理可能并不是找到一种“完美”的解决方案，而是在各种利弊之间实现一种统筹全局的权衡。有了这样的认识，在管理实践中，就会更加小心，随时准备面对“意外后果”。在产生“意外后果”时，也不至于对管理实践的意义进行全盘否定，所有收获都需要付出代价，管理也是一样。管理者要运用管理智慧认识每一项管理制度与管理行为可能产生的消极影响，并采取积极措施避免或者减缓这种消极影响。

---

①［美］尼斯贝特．思维的版图［M］．李秀霞，译．北京：中信出版社，2006：18.

第三节　无为而治的管理思想

按照道家的辩证思想，“有为”的管理难免会带来不良影响，为了避免这种不良影响，道家提出了“无为而治”的管理思想。我们根据《道德经》把无为而治的管理思想归纳为五个方面的管理要素：“无为而治”“其民自治”“以柔克刚”“功成身退”“太上不知有之”。各要素之间相互支撑，构建了其管理思想体系。

一、无为而治

1.《道德经》中的“无为而治”思想

《道德经》中有一些与无为而治相关的论述，举例如下。

绝圣弃智，民利百倍；绝仁弃义，民复孝慈；绝巧弃利，盗贼无有。此三者，以为文不足。故令有所属，见素抱朴，少思寡欲。[①]

不尚贤，使民不争；不贵难得之货，使民不为盗；不见可欲，使民心不乱。是以圣人之治，虚其心，实其腹，弱其志，强其骨。常使民无知无欲。使夫智者不敢为也。为无为，则无不治。[②]

将欲取天下而为之，吾见其不得已。天下神器，不可为也，不可执也。为者败之，执者失之。故物或行或随；或嘘或吹；或强或羸；或载或隳。是以圣人去甚，去奢，去泰。[③]

以正治国，以奇用兵，以无事取天下。吾何以知其然哉？以此：天下多忌讳，而民弥贫；民多利器，国家滋昏；人多伎巧，奇物滋起；法

① 陈鼓应．老子注释及评介［M］．北京：中华书局，2009：134.
② 陈鼓应．老子注释及评介［M］．北京：中华书局，2009：67.
③ 陈鼓应．老子注释及评介［M］．北京：中华书局，2009：178.

令滋彰，盗贼多有。故圣人云："我无为，而民自化；我好静，而民自正；我无事，而民自富；我无欲，而民自朴。"①

治大国，若烹小鲜。以道莅天下，其鬼不神；非其鬼不神，其神不伤人；非其神不伤人，圣人亦不伤人。夫两不相伤，故德交归焉。②

民之饥，以其上食税之多，是以饥。民之难治，以其上之有为，是以难治。民之轻死，以其上求生之厚，是以轻死。

其政闷闷，其民淳淳；其政察察，其民缺缺。③

这些论述隐含了管理可能带来的负面影响。下面我们将列举一些例子，来阐释管理措施可能造成的潜在危害，论述无为而治的管理意义。

2. 过度激励的危害

在高校管理中，激励机制往往只能针对容易测量的因素进行设计，这可能会导致难以量化的工作被忽视。例如，科研成果在教师的考核中占据重要地位，许多高校在评定职称和发放绩效奖励时，都将科研成果视为关键因素。原因在于科研成果相对容易计算，而教学质量却难以衡量，因此常常被简化为只要满足一定教学工作量即可。此外，科研成果的质量同样难以评估，于是考核往往就简化为论文篇数。这种做法容易让人们忽略教学工作的重要性，也容易让人们只关注研究成果的数量，而忽视其质量。

过度激励还会导致一系列问题。首先，它可能造成资源错配，使得不擅长从事该领域工作的人以及在其他领域可以发挥更大效益的资源都集中到过度激励的领域。其次，过度激励可能引发风险规避行为。为了获得成果，人们往往不愿意承担较大的风险，而是倾向于从事那些容易获得可见成果的工作。如果考核周期较短，人们就只能专注于短期内容易出成果的事情。此外，对非重要因素的激励还会挤占重要工作的时间。

① 陈鼓应．老子注释及评介［M］．北京：中华书局，2009：275.
② 陈鼓应．老子注释及评介［M］．北京：中华书局，2009：286.
③ 陈鼓应．老子注释及评介［M］．北京：中华书局，2009：279.

在这种情况下，人们往往只做有回报的事情，而不一定是有意义的事情。

更严重的是，过度激励还会导致目标替代。一旦目标替代完成，就会取代原有的实质目标。例如，高校科研的终极目标本应是以创新推动社会进步，但创新水平和创新程度难以测量，进而难以评估。因此，考核论文数量就成了替代方案。一旦这种制度形成，“发表论文”的目标就会取代“以创新推动社会进步”的目标。即使是对社会毫无价值的研究，只要能发表论文，就会有人去做；而即使是对社会很有价值的研究，只要不容易发表论文，就少有人愿意去做。

3. 规定太多的危害

规定是对所有人的无形绳索，即便对那些不大可能违反规定的人来说也是如此。一条规定看似让所有人都满足了要求，似乎是一种“成就”，但实际上可能会带来无形的成本。因此，如果能通过文化来解决问题，就尽量不要依赖制度；如果能通过与个别人员的沟通来解决问题，就不要轻易制定约束所有人的制度。然而，从目前的情况来看，许多管理者过于热衷于随意出台各种制度。一个看似效果显著的严厉惩罚，虽然在短期内可能看起来更有效，但其带来的无形损失往往更大。

在管理过程中，有些领导者常常认为这项工作要做，那项工作也要做，似乎任何工作都比不做要好。这种想法实际上忽略了机会成本和替代效应。当不重要的事情被要求得过多时，重要的事情就会被忽视，做得少了。《孙子兵法》中有一段话可以很好地反映这种情况：“识众寡之用者胜：故备前则后寡，备后则前寡，备左则右寡，备右则左寡，无所不备，则无所不寡。寡者，备人者也；众者，使人备己者也。”如果管理者对太多事情都提出要求，大家可能会缩短做重要事情的时间，转而去处理那些并不重要的事务。

二、其民自治

无为而治并不是不为，而是把行动的主导权交给最优主体，更好地实现管理目标。《道德经》中相关论述如下。

我无为，而民自化；我好静，而民自正；我无事，而民自富；我无欲，而民自朴。[①]

治人事天，莫若啬。夫唯啬，是谓早服；早服谓之重积德；重积德则无不克；无不克则莫知其极；莫知其极，可以有国；有国之母，可以长久；是谓深根固柢，长生久视之道。[②]

不欲以静，天下将自定。[③]

在理解了道家“有无相生”的辩证思想以后，我们应该知道，管理是一把“双刃剑”，过度管理的负面作用有可能超过其正面作用。管理者应该深刻理解过度管理所具有的破坏作用。如何避免这种负面作用，道家提出了“无为而治”的管理思想。无为不是不为，而是要通过尊重事物本身的规律，实现无所不为。无为是让最合适的人成为“有为”者，发挥每个人的优势，把事情做得更好，而不是领导者包办一切。

每一项工作规定都会占用员工的时间和精力，从而挤占他们去做更重要的事情的时间。一旦对员工提出过多要求，员工往往只能将时间和精力集中在那些显而易见、容易被看到的工作上。然而，有些重要的工作往往是难以观测的，进而难以评价，也很容易因此被挤占时间。虽然规定可能避免了最差结果的产生，但也可能扼杀了最优结果的出现。事无巨细的管理，否定了客观环境的不可预测性，也否定了人的主观能动性与创造性。

三、以柔克刚

在管理过程中，涉及管理方式问题，即以什么样的方式影响人，使

① 陈鼓应．老子注释及评介［M］．北京：中华书局，2009：275.
② 陈鼓应．老子注释及评介［M］．北京：中华书局，2009：283.
③ 陈鼓应．老子注释及评介［M］．北京：中华书局，2009：203.

其按照组织期待的方式行事。比如，在道家管理思想中，提倡以柔克刚的方式，《道德经》中有相关论述如下。

天下莫柔弱于水，而攻坚强者莫之能胜，以其无以易之。弱之胜强，柔之胜刚，天下莫不知，莫能行。是以圣人云："受国之垢，是谓社稷主；受国不祥，是为天下王。"正言若反。①

人之生也柔弱，其死也坚强。草木之生也柔脆，其死也枯槁。故坚强者死之徒，柔弱者生之徒。是以兵强则灭，木强则折。强大处下，柔弱处上。②

将欲歙之，必固张之；将欲弱之，必固强之；将欲废之，必固举之；将欲取之，必固与之，是谓微明。柔弱胜刚强。鱼不可脱于渊，国之利器不可以示人。③

天下之至柔，驰骋天下之至坚。无有入无间，吾是以知无为之有益。不言之教，无为之益，天下希及之。④

江海之所以能为百谷王者，以其善下之，故能为百谷王。是以圣人欲上民，必以言下之；欲先民，必以身后之。是以圣人处上而民不重，处前而民不害。是以天下乐推而不厌。以其不争，故天下莫能与之争。⑤

是以圣人后其身而身先，外其身而身存。非以其无私邪？故能成其私。⑥

善为士者，不武；善战者，不怒；善胜敌者，不与；善用人者，为之下。是谓不争之德，是谓用人之力，是谓配天，古之极也。⑦

从管理角度来看，管理者要采取柔性的管理方式。每一项让员工感

---

① 陈鼓应．老子注释及评介［M］．北京：中华书局，2009：337.
② 陈鼓应．老子注释及评介［M］．北京：中华书局，2009：330.
③ 陈鼓应．老子注释及评介［M］．北京：中华书局，2009：198.
④ 陈鼓应．老子注释及评介［M］．北京：中华书局，2009：232.
⑤ 陈鼓应．老子注释及评介［M］．北京：中华书局，2009：303.
⑥ 陈鼓应．老子注释及评介［M］．北京：中华书局，2009：83.
⑦ 陈鼓应．老子注释及评介［M］．北京：中华书局，2009：309.

觉被“管理”的制度，都是在提醒他们：你不是组织的主人翁，你没有自治权。如果管理制度中有太多生硬的棱角刺伤员工的心，也就无法实现“无为而治”，以柔克刚的柔性管理，才是“无为而治”的保障。在矛盾面前，管理者应该少用权威解决问题，而应该站在平等对话的立场上处理问题，甚至可以把主动权交给下属。以柔克刚的表现，包括善于听取与采纳下属的意见，当自己的利益与下属的利益发生冲突时，优先考虑下属的利益。

四、功成身退

“其民自治”相当于“生产”过程，在做事的过程中，领导者无为，而让员工成为有为者。业绩被“生产”出来以后，还涉及一个分配的过程。功劳与利益，鲜花与荣誉应该属于谁？是给在“暗中”引领的领导，还是给在“明处”努力的员工？

如果在“生产劳动”阶段采取“无为而治”的管理方式，但在成果产出后，劳动者享受不到自己创造的成果，那么这种“无为而治”是难以持续的。举例来说，当一个组织通过努力取得了某项成果，在总结大会上，领导的表达方式会产生截然不同的效果：如果领导说是员工努力工作的结果，员工可能会觉得这是自己分内的事，今后还会继续努力；但如果领导说是自己领导有方的结果，员工可能会觉得这是领导的事，自己付出了也不一定有回报，今后可能就不会那么积极了。因此，要想实现有效的“无为而治”，还需要“功成身退”来配合。

五、太上不知有之

管理哲学的基本问题中，还涉及管理的评价标准。当被问及好的管理与好的管理者是什么样子时，很多人都有自己的认知。比如，能够有效达到管理目的，激发下属的工作热情，乐于听取下属意见，能够带领下属成长，等等。最好的管理是被管理者没有感觉到自己被管理，没有感觉到自己是在按照领导的意愿在工作。如何达到“不知有之”呢？需要几个条件，即包括管理目标的一致性、双方利益的一致性、管理方式的认可度，等等。要满足这几个条件，既需要领导者的智慧，也需要领导者的修养。

为什么“不知有之”是一种很高的管理境界呢？试想两种情境：一种是员工在领导的指挥下，按照领导的意愿做事；另一种是员工按照自己的意愿，为自己做事。在第一种情况下，员工的工作积极性和主动性通常会受到限制，因为他们只是在执行领导的指令，缺乏自主性和对工作的真正投入。而在第二种情况下，员工会更加积极、主动和认真，因为他们是在为自己做事，有更强的内在动力。

一般来说，即使给再好的领导干活，也不如给自己干活来得积极、主动、认真。因此，那些被大家评价很高、能够被“亲而誉之”的领导，虽然已经很不错了，但只能算是二流水平的领导。因为他们仍然需要通过一定的手段和方式来赢得下属的认可和赞誉。而真正一流的领导，是能够让下属在工作中感觉不到领导的存在，即“不知有之”。这种领导境界下，下属能够主动地、积极地开展工作，因为他们感受到的是工作的意义和价值，而不是领导的权威或指令。

相比之下，让下属因害怕而听从的领导，只能算是三流水平的领导。而那些下属不但不听从其指挥反而被指责的领导，就更差了。

“太上不知有之”的管理评价标准，与“无为而治”“其民自治”“功成身退”“以柔克刚”等理念之间，都具有支持关系与互补关系。管理者要“无为而治”，给予下属充分的权力；被管理者要“其民自治”，发挥工作积极性与主动性；管理者影响被管理者的方式是“以柔克刚”，通过民主、平等的沟通，而不是生硬的规定来管理；成果的分配方式是“功成身退”，让下属能够享有自己的劳动成果；最终达到的管理效果是“不知有之”。

此外，不同的管理境界之间也可能是交叠的。比如，在某些方面可能达到“不知有之”的境界，而在某些方面可能只是“亲而誉之”，甚至在某些方面还存在“畏之”的情况。对于不同的下属，情况也可能不同，有的下属可能处于“不知有之”的状态，有的处于“亲而誉之”的状态，有的则处于“畏之”的状态。在管理实践中，这些划分往往是模糊的，而且在不同的情境下也会有所差异。

六、道家管理思想的体系性

道家的管理思想以无为而治为特色，也有相互支持的管理要素。“无为而治”“其民自治”“功成身退”“以柔克刚”“不知有之”这几个方面是相互支撑的。依据道家“有无相生”的辩证思想，管理是一把“双刃剑”，所有管理行为，在产生积极意义的同时，也会带来消极影响。为了消弭这种消极影响，最好的方式是“无为而治”。“无为”不是“不为”，而是把作为的权力授权给“最优行动人”，即被管理者，从而实现“其民自治”。“无为而治”“其民自治”是管理方式，通过给予员工充分的权力，充分发挥其聪明才智，充分利用其掌握的信息，充分激发其工作的积极性。如果想在作为阶段或者生产阶段实现“无为而治”与“其民自治”，在分配阶段，管理者就需要“功成身退”。“功成身退”是分配方案，让被管理者享受其创造的成果。在成绩与荣誉面前，在奖励与工资面前，充分肯定劳动者的付出，不抢他人之功。在引导被管理者时，要采取“以柔克刚”的方式，进行平等的沟通对话，而不能强制要求，否则会打击被管理者的主动性与积极性。在以上几点都能满足的情况下，就有可能达到“不知有之”的管理境界，被管理者虽然在按照管理者的意愿行事，却感觉这是出于自己的意愿，而不是管理者的要求，“太上不知有之”可以认为是管理的评价标准。只有“无为而治”“其民自治”“功成身退”“以柔克刚”四个方面都满足，才能达到“不知有之”的管理境界。可见，道家管理思想也有一套自己的完整体系，体系内部各要素是相互支撑的，具有互补性。

第四节　无为而治的内涵解读

西方管理学多以制度为核心，许多管理者因此形成制度思维，习惯用制度解决各种问题。然而，无为而治蕴含着深刻的管理智慧，能帮助管理者摆脱“制度依赖症”。

一、作用力与反作用力

在管理过程中，管理者对被管理者的管理行为是一种作用力，而根据物理学原理，作用力必然伴随着反作用力。在管理者与被管理者的关系中，这种原理也适用。当管理者指挥下属时，作用力与反作用力相互抵制，会削弱双方的力量。无为而治则能化解这种抵制。在这种管理模式下，表面上只有下属的作用力，而上级的作用力隐藏在幕后，且两者不存在抵触，从而形成完美的合力。原因在于下属未察觉到上级的作用力，因而不会产生反作用力。当双方必须正面对峙时，道家采用“以柔克刚”的方式。管理者不是凭借权力指挥下属，而是以退为进，将下属的需求和福祉置于首位，以此增强下属的主人翁责任感和能动性。

二、机会成本

经济学中的“机会成本”概念在管理实践中也有所体现。管理者通常只关注工作要求及其成果，却忽略了为达成这些成果所付出的成本代价，包括时间成本以及由此被挤占的更有价值的事情。在无为而治的模式下，下属能根据自身对情况的了解，对时间和精力进行最优安排，将最多的时间投入最重要的事情上。但如果外界要求过多，尤其是当这些要求不符合工作优先次序时，下属的工作重心就会偏向优先完成上级布置的任务，尤其是紧急任务。一旦上级规定与实际工作需求不一致，就会导致工作重心偏离。

三、授权

无为而治本质上是一种授权，它体现了对人性的信任，相信每个人的能力和品格。“授权”是现代管理学中的常用概念，涉及治理结构，有助于激发员工的工作积极性和创造力。如果每次都是领导做决策，时间久了，下属就会放弃思考，等待领导发送指令，这相当于用领导一个人的头脑代替全体员工思考，就像用一个火车头带动整列车厢，员工也就失去了工作的主动性和创造性。相反，如果给予员工充分的授权，让他们有权决定自己的工作，他们就会积极地用自己的头脑思考如何更好地完成工作，相当于每一节车厢都有自己的火车头。

四、制度的局限性

规则总有不完善之处，它可能在一定范围内有效，但也可能限制最优结果的产生。以诗词创作为例，顾随曾说：“宋人对诗用功最深，而诗之衰亦自宋始。凡一种学说成为一种学说时，已即其衰落时期。上古无所谓诗学反多好诗，既有诗学则真诗渐少，伪诗渐多。”“所谓伪诗，字面似诗，皆合格律，而内容空虚。”格律学形成后，格律诗有了明确规范，如律诗的首联、颔联、颈联、尾联各有格式要求，颔联和颈联一般对仗，首联和尾联一般不对仗。格律规则出现后，不符合规则的诗词就少有人写，像李白那样的好诗也难以出现。有了格律规则，不懂作诗的人也能据此写出看似像诗的作品，但这些作品缺乏诗的美感和内涵，宋之后也没有像唐朝那样在没有严格格律规则时出现那么多好诗。格律虽保障了诗词创作者的基本水平，但也限制了其创造性。在管理领域，制度也有类似效果，有时制度越多，创新空间越小。

五、实现无为而治的必要条件

无为而治在管理领域具有重要价值，但要实现它需要满足一定的条件。

首先，统一思想至关重要。一旦实现思想统一，每个人的想法都与领导者一致，就会像领导者那样去决策和行动，即使没有监督，下属也会为组织利益而工作。要使个体目标与组织目标一致，需要在管理过程中全面把握人才选拔、组织文化、同事关系、管理方式等发挥的作用。组织要尊重员工个人目标，适当为其实现目标提供支持。很多时候，个人成长与组织发展利益一致。目标一致不仅包括员工目标与组织目标一致，还包括在适宜情况下，组织有意识地成全员工，满足其非组织相关目标。这看似组织吃亏，实则不然。一旦员工形成对组织的认同感，就会更努力工作，更乐于做对组织有利的事。

其次，组织要给予员工足够的权力。员工有足够的权力才能发挥智慧完成工作。若组织所有决定都由领导者完成，员工只是执行命令，就相当于组织成员行动都由一个大脑带动。一方面，领导者智慧有限；另一方面，具体工作有特定情境，只有执行人最清楚，领导不一定能深刻理解。若赋予员工足够的权力，让每个人都发挥能动性，就相当于用整体智慧指导行动，同时也能利用员工的隐性知识。隐性知识是默会的，不易被他人了解和传达。在这种情况下，授权是最佳方式。授权能发挥多元主体作用，大家从不同视角看待问题，能提高解决问题的可能性。

再次，劳动成果要能被创造者共享，包括物质成果和精神荣誉。劳动成果必须在创造者之间公平分享，才能实现“无为而治”“不知有之”。如果领导者在工作时给予员工充分的自主权，让他们积极创造成果，但在成果分享阶段，他们却无法公平享有，那么就无法实现“不知有之”。如果员工预期成果产出后自己无法分享，那么在工作阶段，即使有授权，他们也不会有积极性，也就无法实现“无为而治”。

最后，组织要营造宽松环境，不能让员工感觉受到束缚。每一项束缚都在提醒员工，他们不是组织的主人，因为主人在自己家里才能随心所欲。曾有人在访谈中说，每天在单位工作完特别累，回到家整个人都瘫了，没有心情再充电学习。主持人问她单位工作多吗，为什么会这么累，她说工作多只是原因之一，主要是心累，因为要时刻警惕别违反单位规定。一些规则制定者，没有充分理由，仅凭个人偏好或似是而非的理由，就制定“违背人性”的规则。这些规则可能让员工失去心理安全感，还可能引发抵触情绪，而处理抵触情绪也会占用员工精力。因此，没有充分理由，不应随意出台限制性或惩罚性规定。

第五节　管理中的“无为”与“有为”

一、工作岗位与工作职责的相互创造

通常情况下，工作内容决定了工作岗位的设置，然而现实情况并非总是如此。在某些组织中，岗位的设立反而催生了相应的工作内容，甚至导致工作量超出合理范围。这种现象在高校行政工作中表现得尤为明显。以一个规模较小的学院为例，一位行政教师能够高效地完成教务、科研、人事、学生、外事等多方面的工作，且工作成果得到了全院师生的认可。而在一些规模较大、机构臃肿的单位，这些工作往往需要多个办公室、众多工作人员以及学生助理共同承担，即便如此，大家仍感觉工作繁重。这种差异的根源在于岗位本身会创造其存在的价值，即使某些工作并非必要，也会被赋予意义，从而导致机构不断扩张、人员不断增加。

以学生实习为例，其“简易版”方案仅包括通知学生实习和收集实习证明，而“高配版”方案则涉及实习手册编制、实习计划制订、实习单位确定、实习指导教师配备、实习动员大会、实习过程记录、实习指导记录、实习评分表、实习报告、研究报告、实习总结大会、优秀实习生评选以及优秀实习工作者评选等一系列复杂环节。这些环节不仅创造

了多个岗位，还增加了学生和教师的工作负担，但其对学生成长的实际帮助却难以衡量。在考虑工作意义的同时，还需关注“机会成本”，即学生是否能将时间用在更有价值的地方。不同专业对实习的要求存在差异，应根据实际情况选择合理的实习方案。

二、官僚主义与形式主义的可能根源

当工作人员数量超过实际需求时，为了体现工作业绩，上级可能采取官僚主义手段，下级则通过形式主义完成任务。形式主义的存在表明，这些工作并非不可或缺，其背后的原因在于对业绩的过度追求。在一些机构臃肿的组织中，为了创造出看似超越能力范围的业绩，往往需要加班加点、征用或聘用更多人员。而像那位独立完成多项工作的行政教师所在的学院，由于工作量饱满且业绩得到认可，既没有时间和精力搞官僚主义，也无须通过形式主义来证明自己。人员过剩会导致无事生非，管理部门为了创造业绩，利用手中的权力调动下级部门和人员，使得大家陷入忙碌之中。然而，这种忙碌往往没有实际意义，甚至让人感到疲惫和沮丧。相比之下，那些真正为人民、为社会做实事的人，即使辛苦也能获得价值感的支撑。

三、接纳不确定性

根据统计规律，当样本数量达到一定规模时，样本的某项指标通常呈现正态分布。组织成员的工作绩效也是如此，整齐划一是不现实的。管理者应认识到这一点，关注整体绩效，而不是过度关注个别绩效低下的员工，并以“一刀切”的方式提出统一要求。在人才培养方面，尤其是高校的创新型人才培养，需要容忍不确定性，为学生创造宽松的环境，让他们有更多兴趣和精力进行创新性探索。不同学校、专业和学生素质存在差异，适宜的激励方式也不尽相同。在某些情况下，弱激励可能更为合适，避免将学生的所有精力都集中在获取高学分上，从而失去更广阔的探索空间。虽然弱激励可能导致部分学生不努力学习，甚至出现成绩不佳的情况，但不能因此对所有学生采取严格的激励措施。对于创新型人才培养而言，重要的是培养顶尖人才，而不是让每个人在每个领域都达到及格水平。将经济激励与个人兴趣相结合是最佳选择，否则可能导致资源错配。有些学生在被考核的领域没有取得成绩，但在其他领域可能有出色表现。应相信大学生能够为自己的人生负责，而不是依赖外部激励来推动。在“简版”实习方案下，一些准备考研的同学选择不参加实习，这是他们在既定人生目标下的理性选择。即使实习结果存在差异，收获本身也包含了公平的结果，无须通过外在评价分数来体现。

在读博士研究生期间，我深刻体会到了这种自由与宽容的价值。我的导师都是在研究领域取得显著成就的学者，但他们从未对我提出过严苛的要求。尽管我很少参加每周的研讨班，但导师始终给予我支持。当时，我因身体原因选择专注于处理身体和情绪问题，而非努力学习“显学”。依当时的标准来看，我似乎不务正业，但从长远来看，这段经历为我在传统文化方面的积累奠定了基础。这说明，在宽容的环境下，个体有更大的发展空间和可能性。

四、从无为而治看管理的动态均衡

从无为而治的理论视角出发，任何制度都存在副作用，管理实践中常常出现“一管就紧，一放就松”的现象。基于此，我们可以提出一种动态调整的管理思路：当一种管理方法的弊端积累到一定程度时，切换到另一种方法来缓解；待后者的弊端也积累到一定程度时，再换回原方法或尝试其他方法。不存在一种永远适用的完美制度，管理的关键在于动态调整能力。这种动态均衡在某些情况下可能是最优的，体现了“一张一弛之谓道”的智慧。权变理论虽然强调管理方法依赖于情境，但未明确提出有效管理可能是一种动态平衡。从儒家“情境理性”和道家“无为而治”的管理思想来看，整齐划一的明确制度存在一定副作用，但制定制度时又必须明确且在一定范围内保持相似性。无为而治更适合规模较小的组织，而当管理规模扩大到一定程度时，明确的制度就显得十分必要。以中国为例，依法治国是国家治理的基本原则，但在一些非必要环节，如职业资格证方面，应适当放松。对于医生、教师等专业性较强的职业，任职资格要求是必要的，而对于保姆、保安等职业，则无须强加任职资格要求，以免增加就业难度和成本。

总之，管理中的“无为”与“有为”需要根据具体情况灵活运用，在动态中寻求均衡，以实现组织的高效运作和长远发展。

第四章　中国历史上其他流派的管理启示

前文主要介绍了儒家与道家两个流派的管理思想，其他流派虽也有一定涉猎，但都不够系统。中国历史上还有一些其他流派，也都有一些自己的管理思想，这里我们对其他几个流派做一些简单介绍。

第一节　法家

法家也是中华传统文化中比较重要的管理流派。东汉班固《汉书·艺文志·诸子略》中说“法家者流，盖出于理官。信赏必罚，以辅礼制。《易》曰：‘先王以明罚饬法。’此其所长也。及刻者为之，则无教化，去仁爱，专任刑法，而欲以致治。至于残害至亲，伤恩薄厚”。[①] 法家具有丰富的管理思想，其代表人物有管仲、商鞅、韩非等，代表作有《管子》《商君书》《韩非子》等。

一、法家的人性观

法家认为，人会趋利避害，只要以正确的法制引导，百姓就能作出正确的行为选择。《管子·禁藏》中说“凡人之情，得所欲则乐，逢所恶则忧，此贵贱之所同有也。近之不能勿欲，远之不能勿忘，人情皆

① 班固. 宋本汉书：九［M］. 颜师古，注. 北京：国家图书馆出版社，2017：90.

然”。[①]“夫凡人之情，见利莫能勿就，见害莫能勿避。其商人通贾，倍道兼行，夜以续日，千里而不远者，利在前也。渔人之入海，海深万仞，就波逆流，乘危百里，宿夜不出者，利在水也。故利之所在，虽千仞之山，无所不上；深渊之下，无所不入焉。故善者执利之在，而民自美安，不推而往，不引而来，不烦不扰，而民自富。如鸟之覆卵，无形无声，而唯见其成。”[②]人这种趋利避害的特点，会使人对“利”做出反应，因此，可以用利益来引导人，用惩罚性规则来威慑人。

二、法家的管理方法——立法与执法

法家主张以制定适宜的法制并严格执行来管理国家。《管子·禁藏》中说“夫法法则治。法者，天下之仪也，所以决疑而明是非也，百姓所悬命也”。[③]基于法的重要性，管子主张公平、严格地执法。“夫施功而不钧，位虽高，为用者少；赦罪而不一，德虽厚，不誉者多；举事而不时，力虽尽，其功不成；刑赏不当，断斩虽多，其暴不禁。夫公之所加，罪虽重，下无怨气；私之所加，赏虽多，士不为欢。”[④]“故明主慎之，不为亲戚故贵易其法，吏不敢以长官威严危其命，民不以珠玉重宝犯其禁。故主上视法严于亲戚，吏之举令敬于师长，民之承教重于神宝。”[⑤]《韩非子·五蠹》对立法与执法也有论述，“圣人不期修古，不法常可，论世之事，因为之备”。[⑥]“赏莫如厚而信，使民利之；罚莫如重而必，使民畏之；法莫如一而固，使民知之。”[⑦]

总体来说，法家主张根据时代特征与需要制定明确的法，并严格而公平地执行。这样的法才能真正发挥效果。

---

① 管子［M］. 李山，译注. 北京：中华书局，2009：296.
② 管子［M］. 李山，译注. 北京：中华书局，2009：298.
③ 管子［M］. 李山，译注. 北京：中华书局，2009：294.
④ 管子［M］. 李山，译注. 北京：中华书局，2009：295.
⑤ 管子［M］. 李山，译注. 北京：中华书局，2009：294-295.
⑥ 韩非子［M］. 高华平，王齐洲，张三夕，译注. 北京：中华书局，2010：698.
⑦ 韩非子［M］. 高华平，王齐洲，张三夕，译注. 北京：中华书局，2010：707.

三、法家的管理目标——法立而不用

法制的建立，其目的不是惩罚人，而是威慑人。《管子·禁藏》中说“故法立而不用，刑设而不行也”[①]，即使人受法的威慑而不敢犯法。《商君书》中说“故以刑治，则民威；民威，则无奸；无奸，则民安其所乐。以义教，则民纵；民纵，则乱；乱，则民伤其所恶。吾所谓刑者，义之本也；而世所谓义者，暴之道也。夫正民者，以其所恶，必终其所好；以其所好，必败其所恶”。[②]

法家立法的目的不是惩罚违法者，而是让人不犯法，起到威慑作用。此外，法家也有“教民”思想，管子提出了以“德、义、礼、法、权”来教化民众的思想。[③]法家还提出了“惠民”思想，所谓“仓廪实则知礼节，衣食足而知荣辱”。[④]

在儒家的管理思想中，很少以利益去激励人，而偏向于以“义”去激励人。法家则明确提出了以“利”来引导人做统治者期待的事。究其原因可能与管理的目标和形式不同有关，儒家以伦理为目标，法家“以霸王之业教君”，法家管理者所管理的国家规模往往大于儒家所处的时代背景。随着国家规模的不断扩大，统一的法律规则显得越发重要。其实，儒家并非没有意识到“利”对人的诱惑，法家也并非不理解儒家所倡导的“义”的管理思想。然而，两者在追求的目标以及所面临的形势上存在显著差异，这使得他们主张不同的管理方式。

第二节　兵家

兵家也是中国历史上的重要流派，其代表人物有春秋时期的孙武、

① 管子［M］. 李山，译注. 北京：中华书局，2009：295.
② 商君书［M］. 石磊，译注. 北京：中华书局，2009：82.
③ 管子［M］. 李山，译注. 北京：中华书局，2009：68.
④ 管子［M］. 李山，译注. 北京：中华书局，2009：2.

司马穰苴等，战国时期的孙膑、吴起、尉缭、赵奢、白起等，汉初的张良、韩信等。兵家代表著作有《孙子兵法》《孙膑兵法》《三十六计》《吴子》《六韬》等。

《孙子兵法》中有言“道者，令民与上同意也，故可以与之死，可以与之生，而不畏危”[①]，也就是说，要上下一心，勇往直前。为了实现这个目标，君与将之间，将与兵之间，都要处理好关系。

关于君与将之间，《孙子兵法》中有一句名言是“君命有所不受”[②]，即在战场上情况瞬息万变，将领是最了解实际情况的，所以是最佳决策者，不一定要听从君主的命令。将领有能力，又得到了国君的授权，不受到国君的牵制，就容易打胜仗，所谓“将能而君不御者胜”[③]，反之，如果君主不能正确处理授权，对将领牵制过多，就会导致失败的结果，所谓“故君之所以患于军者三：不知军之不可以进，而谓之进；不知军之不可以退，而谓之退，是谓縻军。不知三军之事，而同三军之政者，则军士惑矣；不知三军之权，而同三军之任者，则军士疑矣。三军既惑且疑，则诸侯之难至矣，是谓乱军引胜”。[④]

关于将与兵的关系，《孙子兵法》中有这样的论述：“视卒如婴儿，故可与之赴深溪；视卒如爱子，故可与之俱死。厚而不能使，爱而不能令，乱而不能治，譬若骄子，不可用也。”[⑤]“卒未亲附而罚之，则不服；不服，则难用也。卒已亲附而罚不行，则不可用也。”[⑥]即将领只有关心下属，下属才能拥护他，以死相搏。但如果将领对下属好，下属却没有

---

① 孙武．十一家注孙子校理［M］．曹操，等注．杨丙安，校理．北京：中华书局，2016：4.

② 孙武．十一家注孙子校理［M］．曹操，等注．杨丙安，校理．北京：中华书局，2016：216.

③ 孙武．十一家注孙子校理［M］．曹操，等注．杨丙安，校理．北京：中华书局，2016：77.

④ 孙武．十一家注孙子校理［M］．曹操，等注．杨丙安，校理．北京：中华书局，2016：72–74.

⑤ 孙武．十一家注孙子校理［M］．曹操，等注．杨丙安，校理．北京：中华书局，2016：284.

⑥ 孙武．十一家注孙子校理［M］．曹操，等注．杨丙安，校理．北京：中华书局，2016：256–257.

感恩之心，没有以死相搏的义气，也就不能用。

第三节　佛家

佛，即“佛陀耶”的简称，意为“觉者”。佛教的代表人物是释迦牟尼，其经典以《大藏经》最为全面，有多个版本，包括不同语言的藏语、巴利语等版本。其中,《心经》《金刚经》《阿弥陀经》《楞严经》《法华经》《华严经》《六祖坛经》等佛经流传度较高。中国历史上著名的佛经翻译者有玄奘、鸠摩罗什等。佛学文化能成为中华文化的重要组成部分，是众多前贤艰苦卓绝努力的结果。中华文化能延续至今，也是无数中华儿女浴血奋战的成果，我们应倍加珍惜。

佛家在中国有禅、净、密、律、教等宗派，各宗派长期和平共存，体现了中华文化和谐共处的传统。佛家有八万四千法门，旨在度化众生的八万四千烦恼，每个法门都能契入如来德相。修行者可选择一门深入，最终达到彰显自性（佛性）的相同境界。因此，佛家思想可为管理学提供借鉴，管理学也需建立在对宇宙人生的认识之上。

儒释道虽有相似点，但也存在差异。三家都主张人向善，但目标不同：儒家注重立功立言、建功立业；道家追求长生不老、得道成仙；佛家则以寂静涅槃、了生脱死为根本目标，不追求世间福报或长生不老。佛家认为长生不老是“不正见”，人本不生不灭、自性具足。儒释道能融合，是因为有相似之处，但也有各自独特价值，否则无需三家并存。佛家的管理思想与世俗管理有鲜明差异，值得深入研究，尤其在大同社会背景下，寺院管理方法可能具参考价值。

一、佛家的人性观

佛家认为“一切众生皆具如来智慧德相，只因妄想执着不能证得”。这与儒家“人皆可以为圣贤”的观点有共通之处，也是佛家融入中国文化的原因之一。佛家不仅认为人类有佛性，动物等众生同样具有佛性。

佛家讲究“理则顿悟，事要渐修”，在“理”上，每个人都有佛性，但在“事”上需从点滴做起，最终彰显佛性。佛家在“理”上把所有人视为“好人”，相信“众生皆具佛性”，但在行为上，要严持戒律，把“自己”当“坏人”来防备。例如，出家师父不能与异性独处，要保持一定距离，避免身体接触，递东西时要放在某个地方，对方再拿起来。

二、佛法智慧如何运用于管理

佛法中蕴含丰富的人生智慧，管理中很多时候也在应用人生智慧，这为管理中应用佛法智慧提供了可能。《大藏经》内容浩瀚，但管理学中对如何应用佛法智慧的研究有限，以下仅做浅显探讨。

1.“苦集灭道”四圣谛思想在管理中的运用

潘宗光提出用佛家“苦集灭道”四圣谛思想解决管理问题。在面临管理困境时，首先确定问题所在（苦），其次考虑造成问题的原因（集），再次确定解决问题应达到的目标（灭），最后制定实现目标的方案并严格执行（道）。例如，某学校面临经费不足、学科可能被迫取消、教员面临失业的困境（苦），原因是学校经费主要靠政府拨款和学生学费，经济下滑导致投入减少（集）。目标是提高办学质量，保障教职员就业（灭）。解决方案是节流、提高效率、精简开支，同时开源，运用学科应用性优势服务工商界，支持老师开展自负盈亏的培训课程，加强筹款文化等（道）。

2. 因果思想及归因倾向讨论

因果思想是佛家的重要思想之一，有“一饮一啄，莫非前定”“万法皆空，因果不空”等说法。现代科学也在探寻因果关系。在管理实践中，大家容易有几种错误的归因倾向。

归因给他人：例如，领导指责下属没有责任心、没有组织认同感，却未考虑自己在管理上的不足。责任心与认同感是需要组织向员工争取的，不会自然发生。很多人有“别人有问题”的归因倾向，而不愿从自己身上找原因。问题的产生可能双方都有责任，从他人身上找原因难，问题可能很难解决；从自己身上找原因，改变自己，或许问题就容易解决了。

归因给自己：例如，某人在家里为办公电脑安装单位购买的正版软件，激活过程中遇到问题，认为是通过 VPN 激活导致联网出现问题。当他到单位激活软件时，出现同样的问题，他这才意识到是之前的激活方法不对。归因往往受自己的“弱点”影响，人们倾向于把原因归结为自己不擅长、不具备的方面。例如，一个人平时因自己的长相自卑，当恋人提出分手时，就会下意识地以为是自己不够好看。但整体来说不是根据实际情况来归因，而是在事前就准备好了，这样的归因很难是正确的。

归因表面化：例如，两个互不相识的人早晨同路赶公交车上班，走到十字路口时，一个人闯红灯过了马路，另一个人停下来等红灯，结果闯红灯者赶上了车，等红灯者没赶上。等红灯者该如何为自己没赶上车归因？很多人会说是因为遵守了交通规则，但正确的归因方式是出发晚了。如果把没赶上车归因为遵守交通规则，要么继续遵守继续赶不上，要么闯红灯，都不是理想状态。不如归因为出发晚了，下次早点出发，问题就解决了。《圆觉经》中说“知幻即离，不假方便。离幻即觉，亦无渐次”，《楞严经》中说“我说佛法从因缘生，非取世间和合粗相”。在心理学治疗中，通过催眠等方法找到心理问题的原因，问题自然就解决了，不需要再进行额外的治疗。

3.“色不异空，空不异色”的思维方式在管理中的运用

每个人都有惯性思维，遇到问题时总是用惯性思维思考，而问题本身可能就与惯性思维有关。佛法“空”的思想可以为我们提供启示。《金刚经》中说“一切有为法，如梦幻泡影，如露亦如电，应作如是观”，《心

经》里说“色不异空，空不异色，色即是空，空即是色，受、想、行、识，亦复如是”，《六祖坛经》中说“菩提本无树，明镜亦非台。本来无一物，何处惹尘埃”。从管理角度来看，放下“我见”，才能听取意见；放下贪取，才能平衡利益，公正决定；放下已有，才能轻装前行，促进组织长远发展。一些曾经非常成功的经济组织，如手机行业中的某些领导品牌，在智能手机兴起后很快失去竞争优势，原因可能是这些成功企业历史包袱太重，难以轻易改变。当自己面临困难时，最好向解决了这些困难或没有这些困难的人请教，不应再执着于“我见”，否则难以解决问题。没有一个难题是所有人都在面对的，必然有人有解决这个问题的答案，重要的是自己有没有放下“我见”的智慧与勇气。

4. 佛法对领导力理论的启示

佛法对领导力理论也有借鉴意义。例如，菩萨的六度精神，即布施（对人慷慨）、持戒（自身遵守法纪）、忍辱（坚毅地面对困难）、精进（坚持不懈地努力）、禅定（坚定地追求目标）、般若（远见卓识的智慧）。又如，普贤菩萨十大愿：一者礼敬诸佛（对贤能者的尊重），二者称赞如来（对正确作为者的肯定），三者广修供养（惠及大众的分配），四者忏悔业障（改正过错），五者随喜功德（资助善行），六者请转法轮（弘扬正气），七者请佛住世（举贤任能），八者常随佛学（树立正确的榜样），九者恒顺众生（团结大众），十者普皆回向（心存善意）。如果领导者能具备这些品质，就更可能成为一个成功的领导者。

三、寺院管理成就的启示

中国历史上有许多寺院僧团管理的规则与经验，如《百丈清规》。有些古老寺院传承上千年，大的寺院有上百人，甚至上千人。规模如此大的寺院，有很多管理事务，但寺院里没有物质激励，管理是如何进行的？这背后的管理经验值得我们借鉴。以下列举的两点与我们的一般思维有所不同，或许能够开拓我们管理思维，更深入的研究还需要在学术领域继续加强。

1. 六和敬法

在僧团中，讲究六和敬法，即见和同解、戒和同修、利和同均、意和同悦、口和无诤、身和同住。见和同解主要是统一思想，建立共识，形成共同愿景。戒和同修，每个人按照共同的原则限制自己的欲望与妄想，遵守共同的规则。戒律在佛教中具有重要地位，是佛教划分四众弟子的依据。最基础的是五戒，即不杀生、不偷盗、不邪淫、不妄语、不饮酒，每一条戒律都有丰富的内涵，从粗到精都有深化。例如，杀生戒从不杀人到不杀动物到不吃肉，再到不起杀的念头，没有嗔恨心；邪淫戒从没有邪淫的行为到避免勾引别人的欲望，再到没有邪淫的念头；饮酒戒不仅包括戒酒，还包括戒毒品、戒烟、戒葱蒜等。五戒是最基础的，上面还有八戒、沙弥戒、沙弥尼戒、比丘戒、比丘尼戒、菩萨戒等。这些戒律是大家共同遵守的行为规范，有了共同的规范就容易和谐。利和同均，在经济上实行均衡分配，衣食住行等方面的物质资源大家都平均分配，所有人都一样。意和同悦，口和无诤，身和同住，是从身、口、意三个方面提出具体要求，保证大众和合。寺院对言行的管理可以深入到很细微的程度，例如，《威仪门》中说“擦牙吐水，须低头引水下，不得喷水溅人。不得高声鼻涕、呕吐”。

在寺院里实行平均分配（利和同均），在因果等思想的约束下，每个人在为僧团做贡献的同时，也是在为自己积累“福报资粮”，因此，讲究自我发心、自我约束、自我管理，而不是采用物质激励的方式。平均分配其实是激发每个人都尽自己的努力为集体奉献的一种方式，既然获得了与他人平等的待遇，在付出上也不应该比别人少。如果自己付出少了，就相当于自己在因果上“欠债”。有两类组织不采用竞争激励方式，一个是家庭，另一个是寺院。对于和睦的家庭来说，每个人虽然能力不同，但都会愿意尽自己最大的努力为家庭做贡献。在很多寺院里，基本也是这样的情况，每个人虽然能力有不同，贡献有差异，但基本都能尽心尽力。在社会组织中，我们虽然不会采取家庭与寺院的那种管理方式，但我们需要意识到，和谐也具有激励作用。

寺院管理中，在物质分配上追求绝对的平等，但在地位上又是绝对不平等的。地位以什么来划分呢？一般有两个维度，一个是外在维度，即所行持的戒律；另一个是内在维度，即内在的修证。例如，过斋排班时，受戒高的人在前面，受戒低的人在后面，受戒相同时，受戒时间长的人在前面，受戒时间相同时，年龄大的人在前面。受戒是要通过相应的仪式获得戒体，只有通过行持相应的戒律才能保持戒体，受戒仪式与相应的行持都是可见的，所以我们称之为外在硬性维度。地位划分的内在维度是一个人的内在修证及由其导致的外在行为所赢得的大家的尊重，受戒相同的人在行持上也是有区别的，一个人行持得越好，越会受到大家的尊重，可能被大家委以重任，在处理很多事情上有更大的发言权。这种发言权看起来是给予个人，其实是给予更能遵守佛陀教法的人，也是在按照佛陀的旨意分配权力。总结起来，寺院的物质分配追求绝对的平等，但地位的分配按照个人的德行来划分，体现出对法的恭敬。有时候地位是无法平等的，例如，排班顺序必然要有前后，如果大家随便站，把受戒高的人挤到了后面，就体现不出对法的尊重。佛家讲究“法从恭敬中来”，只有恭敬才能得法。物质的分配是相对容易平等的，毕竟东西是可分的，但地位的分配有时候是难以平等的，必须有一定的规则。例如，世俗间大家一起圆桌吃饭，桌上的东西是相同的，每个人都有相同的机会选取自己想吃的东西，但在座位排布上，就只有一个主位，必须按照一定的规则来分配。做一件事情，既可以向东也可以向西，都能成功，但如果大家不能形成统一意见，就无法成功，通过一定的规则把权力分配给一定的人，由他汇总大家的意见，事情可能就成功了。

2. 僧伽摩羯——民主会议

羯磨制度是僧侣“僧事共决”的最高行政中心，主要目的在于增进僧伽的和合。每月十五日定期开会行羯磨，凡有平日违犯戒律者，即于此时针对其所犯的错误加以审议、判决、处置。依羯磨的类别，可分为两种：诤事羯磨和非诤事羯磨。诤事是指僧侣间发生诤论之事及发生破坏僧伽和合的事情，属于是非问题的裁判案件。非诤事是关于僧侣的日常生活及一般行事是否合法的处理指导，或新僧侣加入团体的裁决许可等种种生活上的议决案件。诤事羯磨要解决一些意见不一致的事项。在诤事羯磨中，并不是按照个体或者某一方的利益来考量，而是按照佛陀的教诲来考量。也就是说，虽然双方在具体问题上的意见不一致，但都要以能否弘扬佛法、遵从佛的教诲为目标。双方在根本目标上是一致的，或者在决策标准上是一致的。这样才能有真正的民主。民主应该是在共同的目标与理想下，本着协商一致的精神进行的。

在寺院中，总体来说大家有共同的价值标准，而这个价值标准来源于佛陀的教诲，来源于佛法的要求。所以，一种行为是对是错，一般来说是有判断标准的。正确的行为总是能够得到大家的认可，而不正确的行为也总是会受到大家的抵制。如果大家做人的标准不一致，也就很难达成一致意见，榜样也就不那么容易树立。大家都是按照佛法的标准要求自己，相信其他人也是在这样要求自己，人与人之间有较强的信任关系。弟子对待师父的态度，就像孩子看待父母，父母给予的是肉身，而有修为的师父给予的是法身慧命，戒律中也要求有孝顺心，很多弟子对师父的情感及孝敬行为，不亚于孩子对待父母。同辈人之间是同参道友，是一起走向解脱之路的法侣，一般也都会互爱互助。整体来说，寺院是一个建立在共同理想追求上的，充满信任与真诚情感的给予型管理系统。有奉献精神、有能力的人，经过羯磨会议被委任为执事人，看起来成了这个管理系统的“领导”，但这种“领导”主要是服务大众，并没有额外的经济回报。越是“领导”，奉献得越多。

四、寺院的教化管理

在寺院内部，人以自我管理为主，没有强的外部激励机制，一般也没有太多强制的硬性规定，都是大家自觉自愿在做，大部分人做事都是尽心尽力又开心愉快。这里我们来看看这种没有物质激励的管理是怎么达成目标的。“无我”是重要的修行境界，而“无我”要怎么修？要在放下自我利益服务大众利益中来修。佛家讲因果，一个人要想在修行上有所成就，就需要“福德”，而服务大众也是培养自己善根福德的机会。所以，整体来说，寺院中的每个人，无论是出家师父还是护持居士，都有一种很强烈的做好自己本职工作的愿望，都希望能够服务好大众。在寺院生活中，每个人都被委派一定的工作，很多人都把这当成了服务大众培养善根福德修“无我”的机会。

1. 修己安人——粥里哪有沙

一次过斋之后，一位出家师父气势汹汹地去找当家师父，说粥里都是沙子。按照世俗间通常的管理思路，可能会对这个问题置之不理，或者积极改进，改进的办法可能是对米的来源进行把控，对做事的人进行筛选与培训，对煮粥的流程进行规定，如要求淘米，对盛粥的流程进行规定，对洗碗的流程、碗筷的存放等进行规定，甚至可能出现动员大会、计划制订、预算申请、中期检查、满意度调查、意外事故处理、总结表彰大会等内容。总之，是把可能与粥里有沙相关的事情从头到尾规定一遍，以“全面的精细化”管理，严格杜绝粥里沙子的出现。但这种制度一旦制定出来，就失去了灵活性。可能有一些米沙子多，需要淘沙，但有些米质量高并没有什么沙，流程一旦制定出来就必须按照流程走，对于那些没有沙的米，这个流程只会徒增负担，不能减省。在现实中，我们可能看到很多办事流程不过是“走个形式”，徒增工作量及办事时间，这些流程可能在特殊时期针对特殊情况产生，一旦产生之后就固定下来，当情况变化时也难以改变。做相关事务的人，成为制度的被动接受者，成为被制度束缚的没有自由的人，做着自己觉得没有意义的事，可能会产生被压迫感，甚至产生抵触情绪。

我们再来看看，当家师父是如何处理这个粥里有沙的案例的。当家师父不急不恼地说：“我看看哪有沙子。”那位“告状”的师父就把当家师父领到自己过斋的位置，端起喝粥的碗，给当家师父看碗底的沙子。当家师父接过碗，端起来一饮而尽，然后微笑着把碗递给生气的师父，说：“你看哪里有沙？”那位师父被当家师父突如其来的举动惊呆了，气势一下子就没有了，这件事情就这样过去了。我们试想当家师父这样“管理”的效果。做粥相关的人会想：“因为我没有做好自己的工作，导致粥里有沙，有人去找当家师父告状，当家师父没有责备我，而是自己喝了那口沙子。作为师父的弟子，我会怎么想？要不要努力做好自己的工作，不再让师父为自己背锅？”作为告状的师父：“当家师父资历比自己高，年龄比自己长，能喝下一口沙子，自己为什么不能忍粥里的沙子。‘六度’之法就包含忍辱，师父能忍，自己为什么不能忍。”当家师父这个简单的举动，让所有人都能够自我反省，进而自我改进，这种反省与改进都是主动的，让所有人都成为自我道德成长的自由人。这件事在僧团中长期广为流传，发挥着持续而广泛的教育作用和管理作用。不仅熬粥相关的人会勉励自己熬好粥，做其他工作的人也会勉励自己努力做好自己的工作，服务好大众。所有其他对粥里有沙不满的人，也会改变对粥的态度，甚至会消解自己对其他事情的不满。这种教育效果与管理效果，不仅在当事人心里产生作用，也在其他很多人心里产生着作用。“做粥详细流程”没有产生，但是，不仅粥可以做好，其他很多事情也都可能有所改进。如果出一个“做粥详细流程”，其影响范围可能仅限于做粥这件事，以及与做粥、吃粥相关的人。

在严苛的制度管理方式中，领导像是“狱警”，用制度的铁栏杆把人圈起来，而物质激励是其手中的“电棍”，而人被矮化为了劳动的“工具”、制度的“囚徒”，没有德行成长的机会。在教化管理中，领导像是“精神导师”，用自己的德行引领人在精神上自觉自愿地主动成长，人是自我激励的有幸福感的“自由人”，成为“圣贤”是其自觉目标，成为自性具足的“佛”，是其终极目标。做好自己的工作，服务好大众，是其自觉自愿尽心尽力的追求。

2. 榜样的力量——以“惜福”教育为例

寺院里吃饭叫“过斋”，吃饭的地方叫“斋堂”，给人盛饭叫“行堂”。过斋时不允许说话，行堂者把饭打到用餐者的餐具里，用餐者用手势表明要或不要、要多少。在某个寺院的某次过斋时，其中一位行堂者在瓷砖地面上滑了一下，一个趔趄，不小心把蔬菜炖豆腐撒了出来，撒到了一位用餐居士的餐桌上和地面上。这位行堂者小声说自己先行堂，一会儿再过来收拾。大家都在等着吃饭，先把饭菜给大家分发下去是当务之急。过了一会儿，那个行堂者过来了，手里并没有拿撮子，这时只见对面用餐的居士，把自己的餐盆交给行堂者，用动作示意他把菜捡到自己餐盆里。当行堂者把桌子上的菜收到其餐盆里递给他时，他又示意把地上的也捡起来，行堂者又把地上的菜捡起来放进了他的餐盆。他吃这些食物的样子，仿佛食物不是从地上捡起来的，而是从盆里打的。

在寺院里，“惜福”是非常受到重视的，任何东西都尽量不浪费，都要物尽其用。对于这件事，我们的着眼点不在于掉在地上的食物应不应该捡起来吃，而是“惜福”这个在佛教领域被认可的理念是如何贯彻的。按照佛教的说法，寺院是众生的福田，接受十方供养，供养者通过自己的供养为自己培福，如果寺院把这些东西浪费了，或没有充分利用，就不能充分增加供养者的福报，对不起供养者。这些供养并不是针对某个人或者某些人的，而是面向十方僧众的，浪费三宝物，实际上是在侵害十方常住僧的利益。不小心撒了菜的那位行堂者，也有过失在里面。那位居士把撒了的菜捡起来吃了，就解决了所有问题，大家都不再需要为那些自己的智慧范围内无法了知的因果而烦恼了。居士的行为让把菜洒在其桌面上的那位行堂者马上心生忏悔，觉得自己应该捡起来吃了，自己却没做到。过斋结束后他说的第一句话就是：“忏悔，我应该把食物捡起来吃了。”还有一些人，从来没有想到过，这样掉到地上的食物还能捡起来吃了，原来这完全不在他们的认知范围内，现在进入了他们的认知范围。在场的很多人，都对这位女居士的行为表示赞叹。

寺院的管理是怎么进行的？依靠榜样树立标杆，标杆就成了所有人做人的标准。能做到的就要像女居士那样去做，不能完全做到的可以做到一部分，做不到的内心里也会升起惭愧心，这种惭愧心就是引领他们逐渐做到的路标，没机会做的人，会对做的人表示赞叹，而这赞叹就是在自己有机会时也会这样做的基础。不仅在面对食物时会这样珍惜，面对其他任何东西时，都会产生更加珍惜的心态。如果是寺院做规定，能规定洒了的菜饭必须捡起来吃了吗？恐怕不能这么规定，尤其是在卫生理论者面前，就显得非常不人道。寺院没有规定，但是，女居士的行为超越了寺院所能规定的。这样的行为也为其他所有人树立了标杆，会感召所有人尽心尽力地珍惜三宝物。吃饭是如此，做饭的人在择菜时也会持同样的态度。所有做其他事的人，在自己工作过程中，也都会产生更加珍惜三宝物的心态与行为。制度一般只能影响其所规定的事情本身及相关的人，而教化的作用可以发生迁移与外溢，可以迁移做其他事，可以外溢到其他人。一般来说，制度不能以最高标准来规定，而只能以平均标准来要求，制度只会把人矮化在其可以规定的范围内，榜样力量却可以帮助每个人超越自己，超越制度所能规定的界限。

寺院的很多管理都没有制度，但是，榜样的行为为大家树立了标杆，而这个标杆很多时候甚至超越了制度所能进行的规定。很多祖师大德的言行，跨越时空一直在做人们的行为标准。戒律是行为标准，菩萨道是行为标准，但有时候戒律条文与菩萨精神摆在那里，人们并不知道要如何去行持，这样身边看得见的人的行为就可以成为现成的示范。在佛教里，传统上是在寺院里进行僧团教育，后来又发展出了佛学院，采取了学院式教育的模式。通过上面的两个案例，我们可以看出僧团教育的特殊价值，在真实的生活中解决问题，发展品格，增长智慧，有真实的榜样可作为自己言行的参考。

寺院采取这种教化管理方式，是否会遇到“顽固不化”的人使管理难以进行呢？对于那些不符合自己期待的人，寺院有“清单”权，会要求其离开。寺院的“清单”制度，基本上能保证在寺院内部，人与人之间的平等与和谐，齐心协力奔向共同的目标。有些寺院在人员“选拔”时也是非常严格的，需要僧团内每一个人都同意，才会接纳一个人在此出家。在选拔环节要求比较高，接纳了以后就比较宽容。

寺院管理在管理对象及管理制度上都与世俗社会有很大差别，这也正是研究寺院管理的价值所在，可以深化我们对管理要素的认识，相当于提供了可供观察的“实验”。寺院里没有物质激励，做什么事情一般也没有强制规定，基本都是大家自愿自觉、尽心尽力在做，而且人们基本都做得很开心。寺院的管理方式可以为人文管理实践提供有价值的参考。在国际化的洪流下，伴随资本主义发展起来的科学管理理论已经畅行了很多年，虽然发挥了促进经济发展的作用，但也在一定程度上压抑了人性，如何克服其弊端，我们可以学习的资源并不多。有志于进行人文管理实践的管理者、人文管理理论的研究者，或许可以从寺院管理中获得启发。只可惜我个人了解的比较有限，也缺乏足够的接触机会，不能更深入、更全面地研究，希望将来学术领域能够弥补这一遗憾。从发展中国管理学的角度来看，我觉得正法寺院是我们的重要文化资源，是认识与理解中华优秀传统文化的一个窗口。

第四节　从中医看管理

一些中医理论的阐释，是以管理为譬喻。比如，中医经典著作《黄帝内经》中有这样的论述："心者，君主之官也，神明出焉；肺者，相傅之官，治节出焉；肝者，将军之官，谋虑出焉；胆者，中正之官，决断出焉；膻中者，臣使之官，喜乐出焉；脾胃者，食廪之官，五味出焉；大肠者，传道之官，变化出焉；小肠者，受盛之官，化物出焉；肾者，作强之官，伎巧出焉；三焦者，决渎之官，水道出焉；膀胱者，州都之官，津液藏焉，气化则能出矣。凡此十二官者，不得相失也。故主明则下安，以此养生则寿，殁世不殆，以为天下则大昌。主不明则十二官危，使道闭塞而不通，形乃大伤，以此养生则殃，以为天下者，其宗大危，戒之戒之。"这里把五脏六腑比喻成不同的管理职务。在中医方剂学中也用"君""臣""佐""使"等来形容药物的作用。既然中医的原理能够用管理来做譬喻，那么反过来思考，管理原理的阐释，能否以中医为譬喻。这背后也可能是共通的哲学思想，既影响中医又影响管理，使中医理论与管理理论之间可以相互借鉴。

一、预防观

中医讲究“治未病”，《黄帝内经》中有这样的论述：“是故圣人不治已病治未病，不治已乱治未乱，此之谓也。夫病已成而后药之，乱已成而后治之，譬犹渴而穿井，斗而铸锥，不亦晚乎。”在疾病还没有发生，或者还没有严重之前，就断绝其加重的可能。对于管理者来说，也应该这样做，比如，如果组织中的一种不良风气能够及时得到遏制，就不会给组织带来大的损失；如果风气已经形成再想挽回，就很困难，对组织的伤害也在所难免。

《韩非子·喻老》中记载了一个与中医预防观相关的例子。扁鹊见蔡桓公，立有间。扁鹊曰：“君有疾在腠理，不治将恐深。”桓侯曰：“寡人无疾。”扁鹊出，桓侯曰：“医之好治不病以为功。”居十日，扁鹊复见，曰：“君之病在肌肤，不治将益深。”桓侯不应。扁鹊出。桓侯又不悦。居十日，扁鹊复见，曰：“君之病在肠胃，不治将益深。”桓侯又不应。扁鹊出。桓侯又不悦。居十日，扁鹊望桓侯而还走，桓侯故使人问之，扁鹊曰：“疾在腠理，汤熨之所及也；在肌肤，针石之所及也；在肠胃，火齐之所及也；在骨髓，司命之所属，无奈何也。今在骨髓，臣是以无请也。”居五日，桓侯体痛，使人索扁鹊，已逃秦矣。桓侯遂死。

《太平御览》中记载了张仲景为建安七子王粲面诊的故事。张仲景过山阳王仲宣，谓曰：“君体有病，后年三十当眉落。”仲宣时年十七，以其言贯远，不治。后至三十，疾，果眉落。

这些故事一方面说明了预防的重要性；另一方面说明了预防的思路就是见微知著，根据细微的线索，预测其发展趋势。《黄帝内经》中有这样的论述：“是故百病之始生也，必先于皮毛，邪中之则腠理开，开则入客于络脉，留而不去，传入于经，留而不去，传入于府，廪于肠胃。”所有严重的疾病都是从细微处开始的，管理问题也具有类似的特征。比如，一位领导苦恼于自己的员工有爱打小报告的风气，让自己不堪其扰，也破坏了同事关系，影响了组织氛围。组织风气的形成，必然有其肇端，一开始有人找领导打小报告时，如果领导不听，或者不让打小报告的人获得好处，那么以后可能就没有人打小报告了。如果领导对打小报告的人表示赞赏，甚至给予一定形式的奖励，其他人就会争相效仿，以至成为风气。

《吕氏春秋·先识览·察微篇》有这样一个故事。鲁国之法，鲁人为人臣妾于诸侯，有能赎之者，取其金于府。子贡赎鲁人于诸侯，来而让，不取其金。孔子曰："赐失之矣。自今以往，鲁人不赎人矣。取其金则无损于行，不取其金则不复赎人矣。"子路拯溺者，其人拜之以牛，子路受之。孔子曰："鲁人必拯溺者矣。"孔子见之以细，观化远也。

在这两个故事中，也有一种见微知著的思想，如果做了好事得不到奖励，甚至"赔本"，就没有人愿意做好事了。都是个人行为引领一种社会风气的例子。所以对于知名人士来说，一定要注意自己的言行对社会的影响。

在《鹖冠子·卷下·世贤第十六》中，有这样一个与中医相关的故事。暖曰："王独不闻魏文王之问扁鹊耶？曰：'子昆弟三人其孰最善为医？'扁鹊曰：'长兄最善，中兄次之，扁鹊最为下。'魏文侯曰：'可得闻邪？'扁鹊曰：'长兄于病视神，未有形而除之，故名不出于家。中兄治病，其在毫毛，故名不出于闾。若扁鹊者，镵血脉，投毒药，副肌肤，闲而名出闻于诸侯。'魏文侯曰：'善。使管子行医术以扁鹊之道，曰桓公几能成其霸乎！'凡此者不病病，治之无名，使之无形，至功之成，其下谓之自然。故良医化之，拙医败之，虽幸不死，创伸股维。"卓襄王曰："善，寡人虽不能无创，孰能加秋毫寡人之上哉？"

这个故事对于管理来说有很大的借鉴意义。就像人只有在生病时才能感受到某个器官的存在。如果一名员工或者一位领导，把自己的工作做得挺好，一切正常，就很容易得不到认可。所以，"新官上任三把火"，是要用"火"让大家感知到自己的存在。中国有一句古话"无过便是功"，对于一个人胜任情况的考察，首先应该看其有没有"过"，如果一切工作正常运转，就已经是功劳了，说明每个环节都没大问题，否则也难以正常运转。尤其是对于领导者来说，出一个"幺蛾子"就可能有很大的负面影响，如果大家评价一个领导时认为“没感觉有什么突出作为”，就算是好领导了，当然，如果大家能有真心的正面评价更好。把权力往自己手里抓，为了享受权力感妄加作为，为正常运转的工作制造困难的领导不乏其人。

某单位的一位副职领导，大家觉得他很普通，没见他做出什么突出业绩，工作都是按部就班。后来这位领导退休了，换了一位新领导接任他的工作，折腾得大家没法正常工作，大家才想起老领导的好。某学院一位看起来很普通的老师，做着普通的排课工作。后来单位换了领导，想对人事进行重新安排，就把她调到了其他岗位，将排课工作交给了其他老师。结果整个排课工作都无法正常进行，最后没办法又把这位老师请回来，此时大家才意识到她的重要性。一家媒体公司，因为每天都要报道新闻，常常会被人起诉侵犯权益，经常会有一些法律纠纷，因此，法务部门成了公司最繁忙的部门。法务部门的负责人是公司的“超级明星”，他帮助公司不同部门的不少人解决法律问题，受到了大家的爱戴。后来因为职务调动，这位负责人离开了公司，法务部门来了一位新负责人，他看起来很普通，完全没有之前那位负责人“超级明星”的气质，他上任以后，也没有做出什么“轰动”的举动，只见他经常找不同部门的人聊天，约不同的人中午一起吃工作餐。这位法务部门的领导，不免让公司的很多人失望，对法务部门能否支持公司的正常业务深感怀疑。过了一段时间，这位新领导发布了一份文件，总结了避免法律纠纷的注意事项，其他部门都按照注意事项指导自己的工作，此后，公司就很少发生法律纠纷，法务部门也就成了公司最闲的部门。于是，大家开始感叹，如果没有这位新领导，大家会一直认为上一任领导是一位能干的领导，每天繁忙地工作，为公司作出了重要贡献。

《庄子·逍遥游》中有一句话：“至人无己，神人无功，圣人无名。”在评价一个人的工作业绩时，应该首先考虑其工作是否能正常运行，能正常运行就值得肯定。就像一个木桶，只有当每一块木板都严丝合缝不漏水时，才能装得住水。能装得住水，就说明不漏水，就是一种成功。为了制造“亮点”，有些部门会刻意追求短期效益，忽视长远发展。这种做法就好像在木桶上故意制造裂缝，再通过修补展现其工作成效，表面上是在为组织做贡献，实则消耗了组织的资源，损害了组织的长远利益。

二、整体观

中医学中有一种整体观的思想，这种整体观包括几方面的内涵，比如，局部是整体的局部，局部之间的平衡构成了整体，整体不能简单分解成其局部，每一个局部都是整体的反映。

中医的整体观告诉我们在解决管理问题时要“以小见大”，每一个细微之处都可能反映了整体的情况，可以通过对细节的分析，深入挖掘深层次的管理问题。此外，中医的阴阳平衡、五行平衡、辨证论治等思想，也都对管理有一定的借鉴意义，可以给管理者带来很多启发。

第五章　管理的民主与公平

中国传统管理思想，对于不同的所有制与分配制度，都有其参考价值，只是不同的所有制与分配制度，其使用效果可能会有所不同。比如，在不同的所有制与分配制度下，对于“和”所要求的利益一致性是不同的，其管理效果也不同。民主而公平的分配制度及其对应的所有制，应用中国传统管理思想更容易取得良好的管理效果。

民主管理涉及利益分配问题，在民主决策的过程中，利益格局也就确定了。在组织管理层面，西方管理学的分配方式与激励方式在一定程度上是一体的，在进行物质激励的同时，也实现了收入分配。

前文已经介绍过，中国的传统管理方式不仅有物质激励，还有道德激励，在道德激励里就有一个利益分配问题。道德激励对个体品质的积极影响，可以被道德成长者个体及其相关人群获得，做一个有道德的人本身可能就是一种奖励，但是，道德激励也会产生物质成果，就存在一个道德激励所产生的物质成果要如何分配的问题。如果分配不好，就无法实行有效的道德激励。在道德激励里，其分配方式是能保障整体利益的实质民主，其分配目标是公平。《论语》中说“有国有家者，不患寡而患不均，不患贫而患不安，盖均无贫，和无寡，安无倾”①；《道德经》中说“功成身退”②，从管理角度看，意味着在分配过程中，管理者要能把组织所取得的成果分配给下属，至少是与下属共同享有；佛家寺院僧团

① 孟子，等. 四书五经［M］. 北京：中华书局，2009：36.

② 陈鼓应. 老子注释及评介［M］. 北京：中华书局，2009：89.

管理中也有“利和同均”的分配实践。这些都为我们思考德政中理想的分配方式提供了参考，共享与公平是其主要特征。

民主管理在世界范围内得到了广泛的认同，中国社会也在提倡民主管理。这里我们把民主管理划分为形式民主与实质民主两种类型，形式民主是利益相关者能够参与决策过程，但不一定能获得利益保障；实质民主是利益相关者得到了利益保障，但其决策过程不一定具有形式民主。民主管理既是中华传统管理思想对分配制度的要求，也是“人皆可以为圣贤”的人性观所蕴含的人与人平等思想的必然结果。

第一节　形式民主与实质民主

一、形式民主与实质民主的比较

形式民主主要关注决策过程是否保障了大家的参与性，而实质民主则更侧重决策结果是否保障了大家的根本利益。形式民主的典型代表是投票决策。在这种模式下，大家就不同的决策方案进行投票，得票最多的方案或者得票最多的人被选中。这种民主形式虽然保障了参与者参与决策过程的权利，但不能保证投票人个体或者整体获得最大的利益保障。例如，在一个由 100 个人组成的群体中，其中 99 个人患有一种流行病，有 1 个人是这方面的医生。关于治疗这种流行病要吃什么药，有很多选择。如果按照投票决策的方式，让 100 个人进行投票，那么很可能大多数人会选择他们认为疗效好的药物，而不是听从医生的专业意见。然而，医生的专业知识和经验使得他能够作出更科学、更合理的决策，从而保障整个群体的利益。在这个案例中，100 个人进行投票就是形式民主，由医生作出最好的决策则是实质民主。

在社会管理中也存在类似的问题，有些专业问题就应该由专业人士来决定，而不是交给全体投票。比如，某个国家是加入还是脱离某个国际经济组织，这其实是一个复杂的利益考量问题，由专业人士分析尚且不能完善，作为普通百姓来说，更是没有头绪。如果进行全民投票，大部分人可能只是凭感觉投票，甚至有些是情绪发泄。虽然实现了形式民主，但是否对国家与民众有利是很难说的，如果不是最有利的，就没有实现实质民主。

形式民主作为一种决策过程并不能保障决策结果的合理性。在中国，人们更看重的是领导者的品德。如果领导者正直，即使不经过民主投票也能出于公心为大家作出最优决策；如果领导者不正直，民主决策过程可能成为领导者推卸责任的方式，甚至利用民主决策过程假公济私。

二、囚徒困境与最优决策者

为了更好地说明问题，我们以“囚徒困境”博弈均衡模型为例（见表 5–1–1），假设决策者甲和决策者乙面临两个选择方案：方案一和方案二。根据支付矩阵，当甲选择方案一时，对于乙来说，12>10，乙选择方案二最优；当甲选择方案二时，对于乙来说，7>5，乙还是选择方案二最优。同理，无论乙如何选择，甲都是选择方案二最优。最终的均衡结果是两人都选择方案二，均衡收益为（7，7），总和为 14，这是最差的社会结果，低于其他可能的均衡结果 17 或 20。

表 5–1–1 “囚徒困境”博弈均衡模型

决策者甲	决策者乙	
	方案一	方案二
方案一	（10，10）	（5，12）
方案二	（12，5）	（7，7）

注：第一项是甲的收益，第二项是乙的收益。

如果存在一个考虑整体利益的最优决策者，两个人都把决策权力交给这个人，那么就可能实现（10，10）的结果，通过再分配的形式，使每个人的利益都大于 7。这样既实现了社会收益的最大化，也会使每个人都比原来获得更多。

在博弈过程中，如果能有一个代表双方共同利益的最优决策者，就可能实现最大的社会利益，使每个人都比原来获得更多。也就是说，在某些情境下，出于自身利益考虑的形式民主，实现的可能不是社会最优结果，甚至可能是最差的结果，如果能够把决策权力交给最优决策者，反而可能获得更优的决策结果。在这种情况下，一个值得信任的最优决策者就是关键。采取最优决策者的决策形式，需要有两个条件：一是被赋予决策权的最优决策者确实能够为了大家的利益考虑；二是各方参与者信任最优决策者，能够按照最优决策者的决定去执行。如果缺乏这两个条件，就无法采取这种决策方式。

三、各方利益一致性是实质民主的保障

从上述分析可以看出，实现实质民主，保障所有人利益最大化或者组织利益最大化的条件是各方利益一致。决策的各方，包括最优决策者，大家的利益是一致的。

民主管理应该以各方利益一致为基础，为了实现一个共同的目标，大家通过民主决策对实现目标的方式进行讨论与选择，这种情况下才可能通过民主决策获得理想的结果。如果脱离了目标的一致性，投票式的形式民主只不过是一种力量角逐的外衣。

以国家利益和人民利益为基础的民主集中制，在制度结构上具有保障全体人民利益的可能。在新冠病毒刚开始流行时，中国政府毅然决定实施抗击计划，在全国范围内发起了动员。武汉封城，全国春节假期延期，经济处于停滞状态。这样的决策没有通过“形式民主”来完成，如果让全国人民来投票，肯定会“延误战机”，而且大家的认识不一定一致，也不一定能作出正确的决策。在这种情况下，最好把决定权交给最优决策者，这个最优决策者能够考虑广大人民的利益，以广大人民的利益为出发点作出决策，这个最优决策者就是中国政府，而政府参考的又是专家的建议。因此，这项决策可以说是以专家的专业知识以及政府为人民利益考虑这两个方面为基础作出的。虽然没有形式上的民主，却最

有效地保障了广大人民群众的生命安全，保障了人民群众的利益，实现了实质民主。只有在利益一致、目标一致的情况下，才可能实现真正的民主，否则，民主只能沦为形式上的空壳。

第二节　情境理性与民主管理

一、情境理性与制度理性对管理的影响

中国人是情境理性的，要根据具体情境作出最优选择，而不是顽守既定的制度；西方人是制度理性的，不管具体情境如何，都要按照制度去执行。所以，对于有些西方人来说，即使在没有汽车经过的夜晚过马路，也要等红绿灯；而对于中国人来说，已经很多人在等了，又没有车经过，就可能一起过马路。很多西方人可能不明白，为什么中国人会不按照红绿灯的指示过马路；很多中国人也不明白，为什么西方人不按照实际情况过马路。中国传统乐器古琴，其乐谱只标注弹奏的位置（琴弦与徽位）与指法，音高与节奏等都是弹奏者可以自由把握的，而西方的乐谱一般对音高与节奏等有明确的规定。这可以认为是情境理性在艺术领域的体现。

制度理性的西方人会选择没有执政经验的人做总统，因为他们相信国家的制度，不管什么人做总统，在国家的制度下都可以发挥相似的作用。情境理性的中国人则认为按照僵化的制度来行事是不理性的，希望能够在每种情境下根据具体情况进行最优决策，不合时宜的制度是可以修改的，但每一种情况下都由全体共同参与决定不可能有效，所以大家愿意把决策权委托给自己信任的有决策能力的人，即最优决策者。中国选举国家领导人是非常审慎的，是要有丰富的相关工作经验的，是要在道德与能力方面被充分证明的。

《2020 年爱德曼全球信任度调查报告》显示，2020 年，中国民众对政府的信任度已经连续 3 年排名全球第一，远高于平均水平。中国人

民对政府的信任度非常高。相当于中国人民愿意把决策权交给政府这个考虑全体人民利益的最优决策者手中，由政府根据具体情境作出最优选择。

情境理性的背后也包含了以人为中心的思想。以人为中心的管理方式，倾向于给人更大的决策空间和行动空间，授权相关人在具体情境下作出最优的选择，而不是不顾具体情境，一味按照制度刻板执行。以制度为中心，就是不管实际情况如何，都按照制度来执行。

西方一些国家实行的两党制与多党制也是基于制度理性的，认为这样的制度设计可以促进相互竞争和相互监督。中国文化一般不会用这样的制度理性思考问题，对于情境理性的中国人来说，更倾向于把权利委托给最信任的代理人。中国人最看重的还是实际情况，以实践作为检验真理的唯一标准，而不是看其外在形式。过去，因为西方在经济发展水平上的强大，使得很多人认为西方什么都好，包括西方的一些政治制度，如两党制或多党制、三权分立等，西方也为这些制度提供了合理的解释，很多人也都不假思索地接受了，而没有进行慎重的思考。中国悠久的历史，早就给我们提供了思考这些问题的参考。《资治通鉴·周纪》中有这样的记载："韩宣惠王欲两用公仲、公叔为政，问于缪留。对曰：'不可。晋用六卿而国分；齐简公用陈成子及阚止而见杀；魏用犀首、张仪而西河之外亡。今君两用之，其多力者内树党，其寡力者藉外权。群臣有内树党以骄主，有外为交以削地，君之国危矣。'"以两党制为例，当一个国家内部出现了两个派别的争夺时，往往会导致弱势一方寻求外国势力支持而出卖国家主权，强势一方为了维持自己地位也可能出卖国家主权而附庸外国，比如，汪精卫在与蒋介石的竞争中失势，投向了日本。试想哪一个内部有争端的国家，没有一个外部势力趁机侵占主权，甚至很多争端就是外部势力为了赢得机会而有意制造的。外部势力如果实力足够强，有可能对分裂的两方都进行扶植，这样不管哪一方得势，实际控制权都由外部势力掌控。

二、制度与天理

制度并不是人类社会原本就有的，而是人类社会在发展过程中，为了社会生活的正常进行人为制定的。一方面，制度本身可能具有不完善性，另一方面，可能有人利用规则的制定权为自己谋利益。不能认为只要制度允许就天经地义，比如，在金融外汇市场，大资本在金融危机中可以利用规则洗劫一些小国，使小国几十年积累的财富毁于一旦，民众陷入困顿之中。部分人制定了这样的规则，其他所有人或出于自愿或出于被迫，都接受了这样的规则。从规则来看，这是合法的，但从实质来看，这样的规则并不合理。如果制度规定允许抢劫，不能因为规则允许就认为抢劫是合理的。人要讲究善性，给无辜的人带来痛苦的事，即使符合规则且能给自己带来利益，也是不道德的。我不能确定中国人会如何看待这样的规则与做法，但可以肯定，在中国传统价值观中，这样的规则与做法是不被认可的，孔夫子云“不义而富且贵，于我如浮云”。规则是人类社会自己制定的，利用这些符合法律但不一定合理的规则去伤害别人，是不道德的。中国传统文化思想不仅讲究合法，还要合理，符合天理，符合善性，否则就是规则错了，要改的是规则，而不是将错就错。

受教育背景影响，我时常看到制度理性与情境理性在我与父母的思维方式上的差异。很多年前，有一次父母给我寄东西，很多不同的东西每样都独立包装，然后放到一个大包裹里，打开包裹后，发现装榛子的袋子有个大洞，榛子撒了出来。我给家里打电话，问怎么用一个坏袋子装榛子，父亲说都是用的好袋子。称重显示榛子比父母邮寄的重量少了，我怀疑有人有意戳破了袋子拿了一些榛子，顿时非常生气，因而想要投诉。母亲特意给我打电话，用几乎不曾使用过的郑重语气强调不要投诉，我不明白为什么，还以为她怕我与别人起冲突吃亏。母亲说，榛子吃没了我再给你寄，你千万不能投诉人家，因为咱们寄点东西，你再把人家工作给投诉没了，谁都不容易，榛子少了点儿也不算什么大事。

我本科学管理学，研究生学经济学，思维方式比较偏向制度理性，觉得这是一个委托代理关系，我花了钱委托你帮我做事，你按照合约履行职责是应该的，如果没有做到就是违约，就是侵犯我的权益，就应该付出代价。而母亲是比较传统的中国式思维，看到的不是规则，而是具体的人，如果一个人偶尔嘴馋，吃了别人几粒榛子，这并不算什么大事，不能因此让他遭受失业的风险，应该给他多一些包容。

事实上，中国人的思维方式不仅是情境理性的，还相信情境是处于不断变化中的，没有确定不变的情境。一次，我母亲骑自行车被一个骑摩托车的人给撞了，当时就昏迷了，乡亲们把我母亲送到了镇上医院。自行车的铁杠都弯了，前轮搭上了后轮，大家都以为凶多吉少。结果我母亲当天就出院回家了，大家都很惊讶，觉得怎么这么快就回来了，我母亲觉得自己没什么事儿，怕家里人着急，也怕肇事者多花医疗费。乡亲们都觉得这么大的事，肇事者应该给我们家一些赔偿。我的父母和哥哥三个人一商量，认为母亲既然没有大碍，让人赔偿就是讹人，他们不想做昧良心的事儿，三人一致同意不去住院，也不要任何赔偿。肇事者非常感激，帮忙修了自行车，过年还到我们家串门。在事件发生的过程中，家里人怕我担心没告诉我，过了很久，母亲已经确定自己身体没有问题后才告诉我，还说她的腿有一个地方事后疼了很长时间，但是自己心里知道没事儿，不想让肇事者多花钱。

在这个过程中，就该不该住院、该不该赔偿，我的家人没有看“规则”，而是看的具体情境，觉得肇事者家里经济条件不好，不想给他加重负担。另外，在我母亲心中，事情都是在转化的，虽然事故已经发生了，但其结果还在人心里发生着转化。这种看法具有中国传统的善有善报的朴素价值观，从现代心理学来看，也有其合理性。朝积极方面想，还是朝消极方面想，对个体康复情况的影响可能是不同的。这件事在我们村还引起了一定的轰动，大家都认为要些赔偿是正常的，我父母却一分钱也没要，很多人都感到敬佩。

三、情境理性对民主管理的双重意义

情境理性与民主管理之间有着密切的关系，其中包含了双向授权：一方面是被管理者授权管理者代表自己作决策；另一方面是管理者授权被管理者进行决策，而决策权要分配给最优决策人。

情境理性要求在变动的情境中，随时根据最新情况作出最优决策，这就要求决策速度要快。如果决策的时间向前延伸过长，情况可能还没有出现；如果决策的时间向后延伸过长，情况可能就发生了变化。

参与决策的人员越多，决策的速度就越慢，所以对决策权就要有合理的授权，根据不同人员的信息掌握情况、决策的重要程度等因素，把不同的决策权分配给相对合适的人。从这个意义上看，管理者与被管理者之间是一种分工，或者说是双向授权。被管理者授权管理者代表自己进行一部分决策，管理者也要授权被管理者代表自己进行一定的决策。这种双向授权构成了在情境理性的文化中的民主管理模式。在中国，人民有对人民政府的授权，人民政府也有对人民的授权。

四、过分制度化对情境理性的挑战

所谓情境理性，必然要以对具体情境的清晰认识为基础。现在很多组织都讲究管理的规范化，所谓管理的规范化，在很多情况下就是制度化，流程化。尤其在一些工作内容变动不大的组织，年年如此，就可以形成详细的工作计划，严格按照工作计划执行。到什么时间就通知什么人做什么事，任务就通过一定的信息渠道层层下达，大家也不用动脑子。很多人都成了制度的螺丝钉，按照制度来运转，制度没有明确规定与强制要求的事，都没有人关心。例如，在某人才培养机构，学生报到时少来了一名学生，没人知道，一年以后，下一届学生入学时，机构人员才发现上一届学生少了一名，于是，大家相互问是怎么回事，结果谁也不知道。某个学院开了哪些课，课的内容是什么，学生选课情况怎么样，学生上课后的获得感如何，学院里没有人了解整体情况。很多信息都只在电脑系统里，而不在人的头脑里，想要了解相关信息，就要去电脑系统里查询。信息系统可代替人收集信息，却不能代替人思考，信息也不会自动进入人脑，人成为在信息系统之外的按照信息系统指令进行工作的“扩展功能”。信息系统并没有成为人脑的延伸，反而是人成了信息系统的延伸。这些重要的信息，为什么没人知道，大概是因为制度没有要求谁必须知道，知道了也没有任何好处，而那些有明确要求的工作，很多人还应接不暇。

制度化与程序化的管理让没有明确规定的工作无法进行，也减少了人与人之间交流和沟通的机会，使信息机械化与碎片化。

在一些教育机构中，教师不了解学生，与学生的接触与交流很少。领导不了解教师，只按照程式化的规章制度来奖励与惩罚，把人抽象成了完成工作绩效的工具；在考核成果时，也不了解或者不在乎其工作成果对社会的意义与价值，而只看其是否达到了数量要求。培养学生的目标、发展教师的目标、服务社会的目标，在工作中都是模糊的，大家只按要求程式化地完成工作。在完成工作的过程中，没有积极性、主动性、能动性，没有情感与精神的投入，人只发挥机械性作用。

我翻看一些老教师的回忆录，说自己年轻时去学生宿舍找学生聊天，与学生一起打球，通过各种渠道了解学生的情况，对有困难的同学及时给予帮助。看到这些信息，我才猛然发现，这些事情在当今的教育领域是很少见的。教师与学生的情感交流和沟通，没有被赋予太多机会，更没有被赋予价值认可。大家都在忙着完成自己的“任务”，教师忙着完成自己的教学科研任务，学生也忙着积累用于保研评优的资历。一位教师说，自己除了指导学生毕业论文让其能毕业，没有时间与精力管其他事。还有一位教师说，有时候自己想见见学生，但是学生很忙。一般只有指向共同的成果产出的见面，师生才会感兴趣。情感共鸣、精神交流、价值凝聚，这些对学生的成长非常重要的事情，大家都少有时间去做，兴趣也不高。有一位曾出现过心理问题的学生说：“当我忧愁痛苦需要有人帮助的时候，没有人注意到我，当我支撑不住要崩溃了，‘整个系统’就向我扑来。”这种情况反映出在一些教育机构中，人与人之间的联系被制度和流程取代，导致了情感支持的缺失。

五、情境理性可能产生的弊端及其克服

按照中国传统的辩证思想，任何事物都具有两面性，也都在发展变化之中。管理中的情境理性也是如此，有其优势，也有其弊端。一个潜在的弊端就是不照章办事，不按原则办事，甚至不按法律办事。这种情况在社会生活中时有发生，企业与政府部门都有。所谓变通，起码要在法律允许的范围内，否则就是违法；要在道德允许的范围内，否则就是不讲诚信。不能把这种变通与情境理性混为一谈。因此，一旦情境理性的思维应用不好，就容易产生不讲诚信甚至违法的行为。

“信”在传统管理思想中具有重要地位。《论语》中有一些关于“信”的论述，例如：

子曰：“道千乘之国，敬事而信，节用而爱人，使民以时。”

子夏曰：“君子信而后劳其民，未信，则以为厉己也；信而后谏，未信，则以为谤己也。”

子贡问政，子曰：“足食，足兵，民信之矣。”子贡曰：“必不得已而去，于斯三者何先？”曰：“去食。自古皆有死，民无信不立。”

宽则得众，信则民任焉，敏则有功，公则说。

上焉者虽善无征，无征不信，不信民弗从；下焉者虽善不尊，不尊不信，不信民弗从。

上面提到的都是管理者赢得被管理者的信任，然后才能影响被管理者。其实，管理者也应该信任被管理者，既要相信其能力，也要相信其人格，这样被管理者的德行才能有成长空间。

管理与教化的基础都是信任，如果想通过教化的方式达到管理目标，

也要从赢得信任开始。如何赢得信任呢？可能还是离不开管理者自身的修为。另外，信任其实也是节省管理成本的一种方式，否则管理成本会无限提高。比如，现在管理领域流行的留痕制度，提高了很多成本，当然，留痕制度在部分工作中有其必要性，但不必要的留痕只能是劳民伤财。家族企业有时候效率会比较高，就是因为信任度高，减少了一些不必要的沟通与监督成本。

情境理性的中国人签订合同时有一个特点，即双方不一定按合同严格执行，而是在变化的情境中重新商定处理方法，最后按照双方都认可的方式执行即可。但是，如果单方面不按合同执行，尤其是以伤害另一方利益的方式，就存在一个诚信问题。

对于一般的民间不诚信，受伤害者有法可依，影响最坏的不诚信是公权不诚信。公权不诚信又可以分为公权私用与公权公用。公权私用的不诚信是掌权者利用权力为私人利益服务，属于违法违纪的范畴；公权公用的不诚信是公共权力的出尔反尔，恶劣影响更大。

1. 公权私用的不诚信

国家扶贫政策，根据某个地区的特点，想扶持一批贫困户学习蘑菇种植。镇政府负责执行这件事，就找到了当地的蘑菇种植大户，想请他来给农户进行培训。但是，当时相关经费还没有拨付到账，镇政府想请这位蘑菇种植户自己先垫付相关经费，等经费下拨后再补发给他。这位种植户很信任政府，也很有帮助贫困户的热心，就自己出资培训了一批农户。这些经过培训的贫困户，种植技术都掌握得比较好，这个地区的蘑菇供应量增加了不少，蘑菇的市场价格也降了下来，但同时对原有的种植户造成了一定冲击，尽管如此，能够帮助这些贫困户，这位种植户还是很高兴的。但是，事后很长时间他都没有拿到合同约定的经费。这是一种公权私用的情况，公职人员利用职务之便为自己牟利。

2. 公权公用的不诚信

为了带动地区经济发展，某市政府在郊区某县划拨了一块地用于大学城的建设，并引进几所优质大学在这里建设分校区。大学城除了有教学区，还建设了配套住宅区。住宅区的房子有一部分按照国家的政策销售给教师，购买房子的教师不仅需要是高校的正式教职员工，还需要满足国家的相关政策。对于购买首套商品房，国家有相应的优惠政策，首付比例可以低一些，可以使用公积金贷款，贷款利率会低一些。购房合同具体内容如下："园区安置房产权性质为'定向安置房'。取得房屋所有权证或契税完税凭证满五年后可上市交易，园区内高校符合安置房准入标准的家庭优先购买，如遇特殊原因，确需在五年内出售的，应按原购房价格出售给园区内高校符合安置房准入标准的家庭。"

购买合同明确规定，房屋五年后可以上市交易。但是，当五年时间到了以后，地方政府以各种借口阻止交易。许多教师没有办法卖房子，有些教师为了孩子上学，本来想卖了这个区的房子，去另一个区买学区房，由于限制交易，孩子上学都耽误了。

教师购买这里房子的一部分原因是学校在这里有分校区，但是，十多年过去了，由于征地问题，有些学校的校区建设泡汤了。当五年期满时，部分教师的房子想上市交易时，县政府不想让房子上市交易，授意自己管辖的房产交易中心不许给卖房子的教师办理过户，也命令房地产中介不许出售教师的房子。

公权公用的不诚信，是特别伤害群众感情的行为，影响范围也很广。国家强调依法治国，法律规定应该成为一切个人与组织行为的准则，政府部门更是如此。情境理性必须在法律允许的范围内使用，否则并不能叫情境理性，也不能叫因地制宜，只能叫违法行为。

中国有句古话叫"人无完人"，个体都不可能完美，作为一个有14亿多人口的大国，就更不可能事事完美。但是，这份不完美不管落到谁头上，都可能很沉重。谋求地方发展不能以违法为代价，不能以侵犯少数人的合法利益为代价。不能维护法律尊严与政府的诚信，结果都是得不偿失的。我们要认识到存在潜在问题的可能，这是进行自我反思的前提，也是上级领导监督下级的注意事项。

第三节 中国管理实践中的民主与公平

在西方文化中，具有个人主义文化，假设每个人从自身利益出发来做决策，如果不亲自参与决策过程，其他人可能就会忽略自己的利益，参与决策过程是其权益的重要保障和体现，所以有了西方的民主形式。在中国文化中，具有集体主义文化，相信即使自己不亲自参与决策过程，集体也会为自己的利益着想，只要决策是为自己的利益着想的，人们不是非常在意决策是谁代表自己作出的，所以中国的民主形式是民主集中制。这是与中国的国情、文化及一系列制度安排相适应的。中国的高层领导干部选拔是非常谨慎的，只有经历了几十年严格考验的干部才能成为候选人。从这个意义上说，西方的民主形式、政府管理方式、官员选拔方式、个人主义的文化这一系列是相适应的，具有互补性。中国的民主形式、政府管理方式、官员选拔方式、集体主义的文化这一系列也是相适应的，具有互补性。西方和中国可能都各自选择了适合自己的管理体制。

在西方一些国家，没有国家治理经验的人也能被选为总统，成为总统以后其权力仍然受到民主制度的牵制，两者之间具有互补性。在中国，成为国家领导人后，人民会赋予其较大的信任和权力，两者之间也有互补性。中国的国家领导人都由人民代表大会产生，人民代表大会的代表由人民群众层层选出，只有有成功国家管理经验的候选人才能当选，这样选举出来的领导，才能得到人民的充分信任及充分授权。

人民通过选举选出了政府，授予政府较大的权力本着人民的利益去决策。政府作为被授权的最优决策者，在实现了社会总体收益最大化以后，要把收益在人民群众之间进行一定的分配，这个分配的基本原则就是社会公平，并关注弱势群体。在中华传统文化思想中，就特别注重公平。《论语》中说“丘也闻有国有家者，不患寡而患不均，不患贫而患不安。盖均无贫，和无寡，安无倾。夫如是，故远人不服，则修文德以来之。既来之，则安之”。

《道德经》中说“功成身退”，从管理角度来看意味着在分配过程中，管理者要能把组织所取得的成果分配给下属，至少是与下属共同享有；佛家寺院僧团管理中也有“利和同均”的分配实践。这些都为我们思考德政中理想的分配方式提供了参考，共享与公平是其主要特征。

一、中国的民主管理制度

《中华人民共和国宪法》等对中国社会的民主管理制度进行了明确的规定，是中国社会进行民主管理，实现社会公平的根本保障。

1. 人民代表大会制度与民主集中制

中国的一切权力属于人民。人民行使国家权力的机关是全国人民代表大会和地方各级人民代表大会。人民依照法律规定，通过各种途径和形式，管理国家事务，管理经济和文化事业，管理社会事务。中国的国家机构实行民主集中制的原则。全国人民代表大会和地方各级人民代表大会都由民主选举产生，对人民负责，受人民监督。国家行政机关、监察机关、审判机关、检察机关都由人民代表大会产生，对它负责，受它监督。中央和地方的国家机构职权的划分，遵循在中央的统一领导下，充分发挥地方的主动性、积极性的原则。中华人民共和国全国人民代表大会是最高国家权力机关。它的常设机关是全国人民代表大会常务委员会。全国人民代表大会和全国人民代表大会常务委员会行使国家立法权。全国人民代表大会由省、自治区、直辖市、特别行政区和军队选出的代表组成。各少数民族都应当有适当名额的代表。省、直辖市、县、市、市辖区、乡、民族乡、镇设立人民代表大会，地方各级人民代表大会是地方国家权力机关。县级以上的地方各级人民代表大会设立常务委员会。省、直辖市、设区的市的人民代表大会代表由下一级的人民代表大会选举；县、不设区的市、市辖区、乡、民族乡、镇的人民代表大会代表由选民直接选举。

2. 政治协商制度

政治协商制度，是指在中国共产党领导下，中国共产党同各民主党派和各界代表人士围绕党和国家大政方针、经济社会发展重要问题以及其他重要事项开展的协商。中国人民政治协商会议（简称人民政协）是中国人民爱国统一战线的组织，是中国共产党领导的多党合作和政治协商的重要机构，是我国政治生活中发扬社会主义民主的重要形式，是社会主义协商民主的重要渠道和专门协商机构，是国家治理体系的重要组成部分，是具有中国特色的制度安排。团结和民主是中国人民政治协商会议的两大主题。中国人民政治协商会议全国委员会（简称政协全国委员会或全国政协）由中国共产党、各民主党派、无党派人士、人民团体、各少数民族和各界的代表，香港特别行政区同胞、澳门特别行政区同胞、台湾同胞和归国侨胞的代表以及特别邀请的人士组成，每届任期 5 年。

3. 监察制度、监察法与自我净化

《中华人民共和国宪法》规定：中华人民共和国各级监察委员会是国家的监察机关。中华人民共和国设立国家监察委员会和地方各级监察委员会。中华人民共和国国家监察委员会是最高监察机关。国家监察委员会领导地方各级监察委员会的工作，上级监察委员会领导下级监察委员会的工作。国家监察委员会对全国人民代表大会和全国人民代表大会常务委员会负责。地方各级监察委员会对产生它的国家权力机关和上一级监察委员会负责。监察委员会依照法律规定独立行使监察权，不受行政机关、社会团体和个人的干涉。监察机关办理职务违法和职务犯罪案件，应当与审判机关、检察机关、执法部门互相配合、互相制约。

为了加强对所有行使公权力的公职人员的监督，实现国家监察全面覆盖，深入开展反腐败工作，推进国家治理体系和治理能力现代化，中国根据宪法，制定了《中华人民共和国监察法》。各级监察委员会是行使国家监察职能的专责机关，依照该法对所有行使公权力的公职人员进行监察，调查职务违法和职务犯罪，开展廉政建设和反腐败工作，维护宪法和法律的尊严。

在中国，不管是谁，都要受法律约束，没有法外之地。只要违背了法律，损害了国家和人民的利益，就都在法律制裁范围内，没有人能凭借自己的财富与权力而免受法律制裁。

4. 普通百姓的诉求渠道

中国所有符合法律要求的公民，都可以参加相应级别的人大代表选举。在基层单位，很多单位都有自己的民主管理方案，与单位相关的诉求可以通过民主渠道反映，如职工代表大会、教代会等。如果有对政府的建议或者维护自身权益的需要，可通过以下渠道进行反馈。

市长热线。12345 政务服务便民热线（简称"12345 热线"），是指各地市人民政府设立的由电话 12345、市长信箱、手机短信、手机客户端、微博、微信等方式组成的专门受理热线事项的公共服务平台，提供"7 × 24 小时"全天候人工服务。

信访制度。是指公民个人或群体以书信、电子邮件、走访、电话、传真等参与形式与国家的政党、政府、社团、人大、政协等机关或人员接触，以反映情况，表达自身意见，吁请解决问题，有关信访工作机构或人员采用一定的方式进行处理的一种制度。《信访工作条例》中说："信访工作是党的群众工作的重要组成部分，是党和政府了解民情、集中民智、维护民利、凝聚民心的一项重要工作，是各级机关、单位及其领导干部、工作人员接受群众监督、改进工作作风的重要途径。国务院网站、人大网站、政协网站等官方网站，也有公开的征集意见或信访等渠道。"

事件的反馈效果与反馈内容有关，如果没有争议就能迅速得到回应，如果有争议就相对困难一些。比如，我所居住的社区刚建成时，没有公交车，入住人口越来越多以后，有人通过市长热线提出设置公交车的要求，在市人大代表会议之后很快就给开设了公交车，当时，周边社区的居民都非常开心，也特别感谢政府为老百姓办事。在疫情防控期间，社区医院要求刚出生的婴儿也要提供核酸检测结果，引起大家的愤慨，有人马上拨打了市长热线，隔天市政府就出台了政策，要求 3 岁以下的孩子不需要提供核酸检测结果，只需要看护人提供。当老百姓在基层遇到类似的问题时，都相信找上面的政府肯定能得到满意的解决，结果也往往是这样。我们要思考的是，作为在基层服务社区的机构，社区医院凭什么在上级机构没有要求的情况下，自作主张提出了这样的要求。很多基层的矛盾都是由类似原因引起的。如果每个社区都制造一个类似的问题，那市政府恐怕就忙不过来了。

《商君书》中说："断家王，断官强，断君弱。……治，则家断；乱，则君断。治国者贵下断，故以十里断者弱，以五里断者强。……故有道之国，治不听君，民不从官。"提高基层工作人员的服务意识与服务能力可能是更根本的解决之道。这是反应比较快速的情况，复杂一些的，比如，前面提到区政府不允许教师的房子按合同上市交易的案例，社区居民通过各种渠道反映了情况，几年过去了问题仍没有得到解决。

这些民主渠道给了老百姓很大的安慰，虽然实际效果视情况而定，但是在心理上让老百姓觉得自己的委屈有地方可以诉说。关系到信息收集的事情，这样的民主渠道可能是比较有效的。无论从哪个渠道搜集信息，最后也都要落实到正规的工作流程中解决。尤其是有一定争议的事情，简单收集信息是不够的，还需要判定事情的真假及其前因后果等，这就不是简单的信息收集能解决的。

中国的自媒体行业非常发达，各类自媒体平台的发展给普通百姓极好的发声机会，每个中国人都有机会通过自媒体平台发声，也可以看成一种群众的舆论监督，广大自媒体平台和博主也经受住了中国政府的检验。中共二十大提出了"全过程人民民主"，相信在中国社会，民主管理会越来越深化、越来越广泛，不同人的诉求都可以通过民主渠道被倾听。

二、中国的经济制度

中国的社会主义经济制度的基础是生产资料的社会主义公有制，即全民所有制和劳动群众集体所有制。社会主义公有制消灭人剥削人的制度，实行各尽所能、按劳分配的原则。国家在社会主义初级阶段，坚持公有制为主体、多种所有制经济共同发展的基本经济制度，坚持按劳分配为主体、多种分配方式并存的分配制度。国有经济，即社会主义全民所有制经济，是国民经济中的主导力量。国家保障国有经济的巩固和发展。农村集体经济组织实行以家庭承包经营为基础、统分结合的双层经营体制。农村中的生产、供销、信用、消费等各种形式的合作经济，是社会主义劳动群众集体所有制经济。参加农村集体经济组织的劳动者，有权在法律规定的范围内经营自留地、自留山、家庭副业和饲养自留畜。城镇中的手工业、工业、建筑业、运输业、商业、服务业等行业的各种形式的合作经济，都是社会主义劳动群众集体所有制经济。国家保护城乡集体经济组织的合法的权利和利益，鼓励、指导和帮助集体经济的发展。在法律规定范围内的个体经济、私营经济等非公有制经济，是社会主义市场经济的重要组成部分。国家保护个体经济、私营经济等非公有制经济的合法的权利和利益。国家鼓励、支持和引导非公有制经济的发展，并对非公有制经济依法实行监督和管理。国有企业在法律规定的范围内有权自主经营。国有企业依照法律规定，通过职工代表大会和其他形式，实行民主管理。集体经济组织在遵守有关法律的前提下，有独立进行经济活动的自主权。集体经济组织实行民主管理，依照法律规定选举和罢免管理人员，决定经营管理的重大问题。

在当今的中国，国有企业在社会经济生活中扮演着重要角色。很多关系国计民生的重要行业掌握在国有企业手中，为国家的经济稳定与发展提供了重要保障。在某些具有规模经济的行业中，由几家国有企业通过适当的竞争提供服务。在某些竞争性行业中，国有企业在弥补民营企业的空缺。比如，中国的物流业非常发达，物流公司也很多，但是中国邮政一直在其中发挥着独特作用，一是价格比较便宜，二是没有送不到的地方。对于一般的物流公司来说，如果送这个包裹没有利润就不会做这个生意了，但是，具有国家公益性质的中国邮政，只要是人民需要的，就会以公平的价格提供服务。

《中华人民共和国中国人民银行法》《中华人民共和国人民币管理条例》等规定，中国人民银行是中华人民共和国的中央银行。中国人民银行在国务院领导下，制定和执行货币政策，防范和化解金融风险，维护金融稳定。中华人民共和国的法定货币是人民币。中国人民银行是国家管理人民币的主管机关。人民币由中国人民银行统一发行。

很多人可能会想当然地以为，世界上所有货币都是由国家发行的，实则不然。有些主权国家的货币是由私人资本发行的，很多非主权国家的货币是由其他国家的资本发行的。人民币由国家发行，而国家属于全体人民，“人民当家作主”绝不是一个简单的说辞，而是有其真切的现实基础。

三、谁在中国做代表

在中国，有三个对国家和人民影响力比较大的代表大会：中国人民代表大会、中国人民政治协商会议、中国共产党代表大会。这三个代表大会由谁来做代表，关系到民主与公平的问题。这里我们列举2023年全国人民代表大会的代表构成情况。

2023年举办的第十四届全国人民代表大会，有代表2977名。一线工人、农民代表占代表总数的16.69%；专业技术人员代表占代表总数的21.30%；党政领导干部代表969名，占代表总数的32.55%。少数民族的代表占代表总数的14.85%，中国的55个少数民族每个都有代表。妇女代表占代表总数的26.54%。归侨代表占代表总数的1.41%。

十四届全国人大一次会议发言人王超说：“中国的人大代表具有广泛的代表性，每一个地区、每一个行业、每一个领域、每一个民族都有人大代表。各级人大代表中，基层群众都占有相当比例。比如，262万多名县、乡两级人大代表中，一线工人、农民、专业技术人员等基层代表在县级人大代表中的占比为52.53%，在乡级人大代表中的占比为76.75%。”

治沙带头人王有德是第十届全国人大代表、中共十七大代表。治沙带头人石光银是第十三届全国人大代表。抗疫英雄汪勇是第十四届全国人大代表。石油工人王进喜是第三届全国人大代表。以无私奉献精神推动山区教育发展的张桂梅校长，是中共十七大、二十大代表。很多科学家，如航天领域的总设计师等，当选为代表。这些代表的主要特点是有奉献精神、有能力，为国家和人民作出了突出贡献，因而赢得了人民的认可而当选。可以说，人民选举代表是以“圣贤”为标准的。这样的人被人民选为代表，这样的代表来代表人民，他们一定是从人民的利益出发来提建议、做决定的。

张桂梅校长是中共十七大、二十大代表，她长期扎根于边疆从事教育事业，帮助很多贫困山区的孩子获得了教育机会，尤其是女孩。在偏远贫困山区，由于部分家庭重男轻女的思想，女孩的教育机会比男孩少。为此，张桂梅校长创办了一所免费女子高中。多年来，她把自己的所有收入都捐献给了边疆的教育事业，她的工资卡是由学校财务保管的，她没有自己的房产，住在学校宿舍里，兼任宿舍管理员，即使住在学校宿舍，她也是与几名女学生住在一个房间，方便她照顾学生；为了了解学生及其家庭情况，为了能让学生读书，得到家长的支持，她不辞辛劳利用假期深入偏远山区进行家访，脱贫攻坚之前，很多家庭是很贫困的，她不但不吃学生家的一顿饭，还经常把自己随身带的食物、衣服都捐献给这些贫困家庭。她创办的免费女子高中，让很多学习基础较弱的孩子考上了大学。张桂梅校长以一种无私奉献的精神，改变了很多学生的命运，帮助她们成为祖国各行各业中的人才。

人大代表有很大一部分比例是来自基层的工人、农民、技术人员。那些不是来自基层的代表，也基本都是少有个人利益诉求的，主要是从国家整体利益考虑问题的人。即使有一些知名企业家成为代表，他们提出的议案也并非只关乎自己的企业，而是关乎整个行业的发展，关乎行业如何更好服务社会，也可能与自己的企业、行业完全无关。代表们的“公心”是经过人民权衡的，即使有人想为自己谋私利，多样化的代表构成也是一种约束。这与某些国家主要由贵族、富豪组成的权力机构是完全不同的。在中国的权力机构里，代表要说出自己所代表的群体的心声，总体来说都是从国家的整体利益出发，而不是从个人利益出发，保障了这些代表大会是“全国人民根本利益一致”的大会。

四、全体人民根本利益一致的民主

中国有很多普通老百姓在做代表，他们没有自己的“家族产业”，在进行决策时，他们没有个人及家族利益要考虑，需要考虑的唯有自己所代表的群体的利益。

也就是说，代表们在行使权力时，是没有个人利益要考虑的，主要需要考虑的是自己所在群体的利益。那他们会忠于自己所在群体的利益吗？代表是由广大人民群众选举出来的，而人民群众在进行投票选举时，往往要看代表过去的实际行为，可以说代表们的“善意”是经过实践检验的，赢得了人民群众的信任才有机会被选举出来。

当人们谈论民主制度时，往往只关注其形式，而忽略了更关键的问题：到底是谁在进行决策。在某些国家，权力机构被贵族和资本家所掌控，这些人是会利用权力维护社会的普遍利益，还是维护自身利益，值得大家深思。即使他们能够做到维护社会利益，也必须先放下对个人利益的贪求，而这几乎是不可能完成的任务。

相比之下，中国的情况则截然不同。中国的许多代表无需经历放下个人利益的纠结，因为他们本身并无个人利益的牵绊。如果有的话，那也是为了所代表的群体争取利益。这一点至关重要。

以新中国控制通货膨胀的案例为例。新中国仅用几个月时间就成功控制了国民政府多年未能解决的通货膨胀问题。关键因素之一在于，新中国的高层领导者没有任何个人私利的考量，他们所考虑的完全是国家和人民的利益。相比之下，国民政府也曾试图派要员整顿通货膨胀，但由于政府要员与投机资本之间存在着千丝万缕的联系，最终只能因投鼠忌器而不了了之。民主的形式固然重要，但背后的利益格局才是决定性因素。在那些由贵族和资本家掌控权力机构的国家，普通老百姓想要通过这些机构获得真正的权力保障，几乎是不可能的。

在中国，被人民群众选为代表的是那些没有个人利益纠缠的人。这些代表能够真正代表广大人民的利益，做出符合全体人民根本利益的决策。这种民主才是真正意义上的民主，是全体人民利益一致的民主。

五、为人民服务的均衡机制

中国政府是为人民服务的政府，为人民服务的落实，除政府意愿之外，是否有稳定的制度均衡性？这里我们将应用一个简化的模型进行简单的讨论。

尽管在个别方面，地方政府和基层政府可能存在不作为或乱作为的现象，但这些情况并没有成为主流。治理如此庞大的国家，要确保各级政府始终坚守为人民服务的宗旨，绝非易事。除了“为人民服务”这一理念深入人心，我国在制度机制上也实现了某种平衡，这种平衡为政府的正确履职提供了有力保障。

基于中国的管理实践，我们做出以下假设：下级政府是利益相关者，有追求私利而不依法为人民服务的潜在可能；下级政府的上级政府是利益无关者，有严格依法办事的动机；上级政府可以通过晋升机制、执法机构等对下级政府有绝对的控制权，可以奖励或惩罚基层政府。

基层政府面临两种选择：依法办事，为人民服务；不严格执法，为个人利益服务。基层政府依法办事为人民服务的收益是可以赢得人民的拥戴，取得上级政府的信赖，获得更大的晋升可能，其成本是政策执行成本；基层政府不严格执法为个人利益服务的收益是可能有违法所得，也可能因为懒政而减少工作付出获得收益。

上级政府面临两种选择：作为，严格监督下级政府；不作为，不严格要求下级政府。严格监督下级政府的收益是获得自己上级的奖励，其成本是监督成本；不严格要求下属的受益是减少监督成本，其潜在损失是受到上级惩罚。

根据上面的假设，可以构建一个不同级别政府的支付矩阵。如表 5-3-1 所示。

表 5-3-1　不同级别政府的支付矩阵

下级政府	上级政府	
	作为	不作为
服务人民	人民拥戴 + 上级奖励 – 服务成本，更上一级奖励 – 监督成本	人民拥戴 – 服务成本
谋求私利	腐败收益 – 人民抵制 – 上级惩罚，– 监督成本	腐败收益 – 人民抵制，– 更上一级惩罚

如果上级政府不作为，那么下级政府为人民服务的条件要求为

人民拥戴 – 服务成本 –（腐败收益 – 人民抵制）>0

整理后可得

人民拥戴 + 人民抵制 – 服务成本 – 腐败收益 >0

在这种情况下，如果人民对下级政府的影响力比较小，人民拥戴与人民抵制的影响都接近 0，那么“服务成本 – 腐败收益 >0”是不可能成立的，下级政府几乎必然是谋求私利而非服务人民的。只有通过一定的方式，赋予人民比较大的话语权，才能实现为人民服务的均衡。

我们期待的结果是上级政府作为，下级政府为人民服务。为了达到这个均衡，需要满足的条件是上级政府作为比不作为受益更大，即满足：

更上一级奖励 – 监督成本 >0

更上一级惩罚 – 监督成本 >0

上级政府的更上一级政府给予的奖励与惩罚要大于上级政府监督下级政府的成本。

在上级政府作为的情况下，下级政府服务人民的条件要求满足：

人民拥戴 + 上级奖励 – 服务成本 –（腐败收益 – 人民抵制 – 上级惩罚）

整理后可得

人民拥戴 + 人民抵制 + 上级奖励 + 上级惩罚 – 服务成本 – 腐败收益 >0

只要人民的拥护与抵制加上上级的奖励与惩罚，超过下级政府的服务成本和腐败收益，就可以实现服务人民的均衡。如果存在下级政府与上级政府合谋的情况，可以把两级政府合并看成下级政府，再引入更上一级政府，这个模型仍然可以作为参考。只要上级政府作为并对下级

政府有足够的控制力，且上下级政府不合谋，就可以实现为人民服务的均衡。

中国政府是为人民服务的政府，人民也对政府非常信任，这是基本情况。但是，如此庞大的国家，很难做到在每一件事都让老百姓满意，很多事情都是在沟通过程中逐渐改进的。当老百姓对自己的直接管理者不满时，一般也不会对国家感到失望，因为他们相信上级政府，会为自己主持公道。下级政府在服务人民的过程中，可能是利益相关者，往往存在与民争利的可能，或者存在懒政的可能。下级政府的主管部门，往往是利益无涉者，其唯一的利益就是依法办事。只要上级对下级具有绝对的控制权，且不合谋，就可以保障下级政府在利益诱惑面前也可以做到为人民服务。

六、中国民营企业华为

1987 年，华为在中国深圳成立，是全球领先的 ICT（信息与通信）基础设施和智能终端提供商。华为约有 20 万左右员工，业务遍及 170 多个国家和地区，服务全球 30 多亿人口。华为公司的愿景和使命是把数字世界带给每个人、每个家庭、每个组织，构建万物互联的智能世界。[①]2021 年，华为与运营商、合作伙伴一起，累计签署超过 3000 个 5G 行业应用商用合同。根据第三方测试报告，在瑞士、德国、芬兰、荷兰、韩国、沙特阿拉伯等 13 个国家，华为承建的 5G 网络，用户体验均为最佳。全球 700 多个城市、267 家世界 500 强企业选择华为作为数字化转型的合作伙伴。政企市场合作伙伴数量超过 30000 家，其中销售伙伴超过 20000 家，解决方案伙伴超过 1800 家，服务与运营伙伴超过 6200 家，人才联盟伙伴超过 2000 家。华为是世界 500 强企业中，唯一没有上市的一家企业。

---

① 公司简介，华为官网，https://www.huawei.com/cn/corporate-information，2022-12-30.

1. 华为的员工持股计划

1987年，任正非先生筹集人民币2.1万元（6名初始出资人每人出资3500元），在深圳创立华为。公司员工逐步参与员工持股计划，其他5位初始出资人陆续退出持股。截至2022年，华为是一家100%由员工持有的民营企业。员工持股计划将公司的长远发展和员工的个人贡献及发展有机地结合在一起，形成了长远的共同奋斗、分享机制。截至2021年底，创始人任正非在公司总股份中的出资比例仅为0.84%左右。1998年的《华为基本法》第17条规定："利用股权的安排，形成公司的中坚力量和保持对公司的有效控制，使公司可持续成长。知识资本化与适应技术和社会变化的有活力的产权制度，是我们不断探索的方向。"

齐宝鑫、武亚军（2018）将华为的员工持股计划划分为4个阶段。

（1）初创期（1990—2000年）的实股配股制。目的是为了解决内部融资需求。员工出资购股，成为实际股东，享受分红，但无股票增值权，配股条件对所有员工无区分。

（2）发展前期（2001—2007年）的虚拟股配股制。该时期公司已经无融资压力，主要目的是为了降低企业管理风险，解决股权过于分散的问题。员工出资购买虚拟股，有分红和增值权，但无实际股权，配股条件针对不同员工也有了相应区分。

（3）发展后期（2008—2012年）的饱和股配股制。与虚拟股相比，饱和股的显著特征是以级别定上限，该制度对老员工有利。

（4）成熟期（2013年至今）的时间单位计划（Time Unit Plan，TUP）。该时期公司增加了一种新的配股方式——时间单位计划，其最大特点在于员工无需出资购股，且股票有时间限制，以五年为一个周期。该计划缓解了新员工购股压力，同时督促老员工持续奋斗，使得企业保持长久发展动力。TUP解决了全球不同国籍人员激励模式的统一问题，还可以纠正原有股权激励制度由于实施时间太长而导致的过于强化历史贡献的不合理性，使企业价值得以合理分配，避免出现"老员工混日子"的情况。

2. 华为的权力分配[①]

华为实行集体领导，独立经营管理，没有任何第三方控制华为。股东会是公司权力机构，由工会和任正非两名股东组成。工会履行股东职责、行使股东权利的机构是持股员工代表会，持股员工代表会是公司最高权力机构。持股员工代表和候补持股员工代表由享有选举权的持股员工选举产生，任期五年。持股员工代表缺位时，由候补持股员工代表依次递补。享有选举权的持股员工一股一票选举产生持股员工代表会，持股员工代表会一人一票选举产生公司董事会、监事会。持股员工代表会及其选举产生的公司董事会、监事会对公司重大事项进行决策、管理和监督。

持股员工选举产生 115 名持股员工代表，持股员工代表会选举产生董事长和 16 名董事，董事会选举产生 4 名副董事长和 3 名常务董事，轮值董事长由 3 名副董事长担任。轮值董事长以轮值方式主持公司董事会和常务董事会。董事会行使公司战略与经营管理决策权，是公司战略、经营管理和客户满意度的最高责任机构。董事长主持持股员工代表会。董事长作为公司形象代表，维护公司形象和外部关系，代表公司出席外部高级别会议和重大活动，接受荣誉，发表演讲，主持股东会会议。董事会选举产生常务董事会，轮值董事长按轮值期循环履行职责，在当值期间是公司最高领袖，领导公司董事会和常务董事会。常务董事会受董事会委托对重大事项进行研究酝酿，就授权事项进行决策并监督执行。

监事会是公司最高监督机构，代表股东行使监督权，对公司董事、高管履职及公司经营和财务状况等进行监督，其基本职权包括领袖管理、业务审视和战略前瞻。

"以客户为中心，为客户创造价值"是公司的共同价值，是集体领导的灵魂，各治理机构从不同方面践行和维护。为确保对公司共同价值的长期守护、保持公司治理结构的稳健，在公司治理章程中赋予创始人任

① 股东会和持股员工代表会，华为官网，https://www.huawei.com/cn/corporate-governance#the-shareholders-meeting-and-the-representatives-commission，2022-12-30.

正非一些特定事项的否决权。

3. 华为的利益分配与经营业绩

华为 2021 年员工持股分红为每股 1.58 元，总股本大约为 388 亿股，约向股东分配股利人民币 614 亿元，华为持股员工平均分红约 46.7 万元 / 人。华为的员工持股计划，不仅使员工分享了企业的发展成果，也保障了公司良好的业绩。①

4. 华为的研发与创新

华为持续加强基础研究，广泛探索通信、计算、人工智能等领域中的基础理论问题。近十年累计投入的研发费用超过人民币 8450 亿元；2021 年，从事研究与开发的人员约 10.7 万名，约占公司总人数的 54.8%；2021 年，研发费用支出为人民币 1427 亿元，约占全年收入的 22.4%；截至 2021 年 12 月 31 日，华为在全球共持有有效授权专利 4.5 万余族（超 11 万件）。华为在中国国家知识产权局和欧洲专利局 2021 年度专利授权量均排名第一，在美国专业商标局 2021 年度专利授权量位居第五。在第三方专业机构发布的专利全景报告中，华为在 5G、Wi-Fi 6、H.266 等多个主流标准领域位居行业领先地位。获得华为知识产权许可的广商已经从传统同心行业扩展到智能汽车、智能家居、物联网等新兴行业。2021 年，面向未来的可持续发展，华为进一步在研究与创新领域加大投资，努力探索科学技术的无尽前沿，识别产业需求并攻克世界级的难题，以愿景和假设为牵引，与全球学术界开放合作，持续探索新理论、新架构、新技术，支撑产业长期可持续发展。华为不上市的原因之一就是为了不受资本市场裹胁，保障研发投入。

5. 华为的融资效果

在华为发展过程中，员工持股计划为企业提供了充足的融资，支持了企业长期稳定发展。TUP 在实行股权激励计划之后，股票不需要出资购买，

① 华为年报，华为官网，https://www.huawei.com/cn/annual-report，2022-12-30.

华为在财务上也并不缺乏资金。另外，作为业绩良好的企业，华为的债务融资成本也比较低，也成为了华为的融资选择。我们可以看到，华为的研发投入非常高，作为一个高科技公司，研发是华为长远发展的有力支撑，

内部人融资是最了解企业的人进行投资，而这种投资又反过来成为了对内部人的激励。上市融资是很多对企业缺乏了解的人在投资，这种投资也难以直接对内部人形成激励。华为的员工持股计划，实现了激励与融资的完美结合。

华为如果需要股票融资，内部员工永远是可以依靠的力量，之前每一年发给员工的工资、奖金与分红等，还会成为华为的资金来源。华为的员工有多么富裕，华为的融资就有多少保障。TUP 也不是完全不能融资，比如，也可以让员工以一定的价格购买虚拟股票，约定 5 年到期后再以一定的价格收回，这样在这五年时间里，公司就可以应用这笔资金。

总体上来看，华为从内部融资的方式，既可以保证资金的充足性，又同时实现了激励，有其独特的优势。

6. 企业家任正非

任正非是受很多人尊敬的企业家。企业家不同于资本家，企业家是凭借自己的能力与精神成为企业的领导者，而资本家是凭借自己的资本成为企业的拥有者。很多成功的企业家也成了资本家，但任正非没有。任正非利用自己所掌握的权力扩大自己的利益，这似乎更容易做到；而掌握着权力，却不为自己谋私利，这才是难能可贵的。

有些霸权国家用他们的实际行动告诉世界，华为是其他企业靠正常的商业竞争难以抵挡的企业，只能依靠非正常手段进行打压，而非正常手段也未能有效打击华为。华为在全球拥有不同国籍的员工，也服务世界上很多国家与地区。华为不仅是中国的企业，也是世界的企业。

七、中国民营企业中新分配方式萌芽及其潜在社会价值

华为的分配方式具有相对公平的特点，公司的利润能够被劳动者所

共享，公司也创造了非常好的业绩，在国际上具有很强的竞争力。在中国除了华为以外，在零售业还有像“胖东来”这样的民营企业，也是在分配上让员工相对享有更多，每年拿出很高比例的利润以工资或奖金的形式分配给员工，员工的工资是当地同行的两倍以上，胖东来的工资成本比同行每年要高出上千万，但是，全身心投入工作的员工，创造出了更大的价值，使其业绩远超同行。

这些在民营企业中自发产生的管理案例，给我们思考企业的竞争力来源提供了新的思路。在西方经济学理论中，在阐释市场竞争时，往往是以商品的价格竞争或差异化竞争为着眼点，也就是说其竞争优势的来源主要关注点在于“产品”。在这种理论中，往往把人看成了接受市场工资水平的生产工具，而没有看到人的能动性，忽略了不同的分配方式，会对人产生不同的激励作用，进而改变组织的竞争格局与竞争地位。企业竞争力的一个来源，在于利润的分配方式，比如，胖东来拿出很高比例的利润分给了员工，使其具备了超过同行的竞争优势，其他同行要想竞争过胖东来，可能要考虑拿出更高的利润比例分配给员工，否则就只能在竞争中处于下风。根据华为、胖东来的案例，我们可以提出一个假说：在一定条件下，那些能够拿出更多利润分配给员工的企业，将在市场竞争中获得竞争优势。

在这样的分配过程中，可能产生两种效应：一种是分配效应，使得资本获得的利润比例减少了；另一种是增长效应，由于员工的工作积极性更高，可能使企业的利润总额上升，即使资本拿到的比例减少了，但是，资本拿到的绝对额不一定降低。按照这个道理来看，也可以明白商业领域里，为什么难有百年老店，因为自己割自己的肉是很难的，但是，别人割自己的肉不难。市场中的在位企业，拿着既定利益，就会理所当然的认为这些利益是自己该拿的，要拿出来一部分分享给其他利益相关者是很难的。在位企业是在“多拿”与“少拿”之间做选择，当然是要多拿。但是，新进入的企业，是在“少拿”与“不拿”之间做选择，当然是少拿比不拿好。所以，新进入的企业就可以通过重新设计分配机制而赢得竞争优势，新企业可以比在位企业少拿一点，把利益更多地分配给其他利益相关者，从而使自己获得盈利机会与竞争优势。我们以中国的电商平台为例，在已经有多个成熟电商平台的情况下，很多人认为市场是饱和的，不可能再有大规模的电商平台发展起来，可现实是，新的电商平台总会出乎意料地强势崛起。其中一个重要的原因是，新的电商平台在利益分配方式上取得了优势。它们将原本揣在自己兜里的部分利润拿出来与其他利益群体分享，从而获得了竞争优势。例如，通过降低产品价格来提高销量，实际上是将利益转移给消费者，从而获得竞争优势；而通过提高员工工资来提升销量，则是将利益转移给员工，进而获得竞争优势。这两种方式都是获取竞争优势的途径，综合运用这两种方式，至少不会比只采用其中一种方式更差。

华为向我们证明了在高科技企业中给予员工更大分配份额的可行性，我们相信，零售业绝不是唯一一个员工能力尚未被充分挖掘的行业。如果企业能够与员工分享利润，员工就会愿意与企业共担风险，提高企业的存活机会。企业的经营情况不是固定不变的，而是受多种条件的影响，可能处于一种波动状态，企业的经营情况会导致其给付员工工资的支付能力也是波动的，如图 5-3-1 中的波浪线所示。

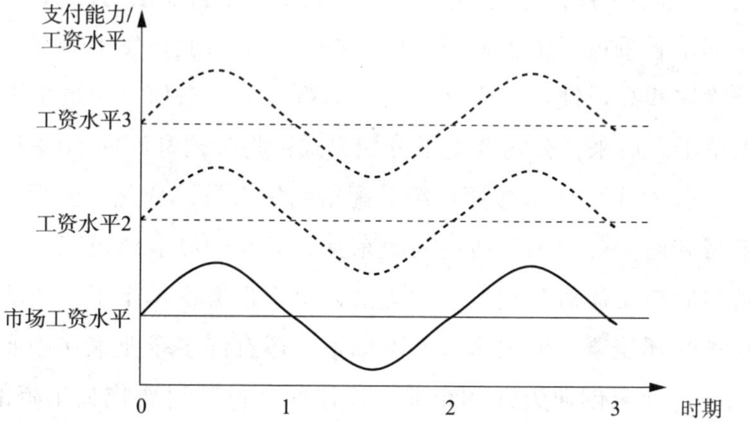

图 5-3-1　员工待遇情况与企业风险

图中的市场工资水平是指员工如果不在本企业工作，可以在劳动力市场上获得的预期待遇水平。当企业的支付能力如图中最下面的波浪线所示时，在第一期企业的支付能力高于市场工资水平，其有能力支付市场工资并获得盈利，但是，到第二期时企业的支付能力小于市场工资水平。如果企业没有与员工利益共享风险共担的机制，而只是按照市场工资水平给付工资，那么，在第二期企业就面临着倒闭风险。但是，如果企业有与员工利益共享风险共担的机制，在第二期时，员工如果预期到第三期企业的经营状况会好转，就可能暂时接受一个低工资而等待利好时期，这样企业就可能度过风险期而存活下来，并在下一期获得盈利。不同的利益分配方式，是影响企业的抗风险能力的。这还只是从静态的角度来看，如果从动态的角度来看，企业能够给付员工高工资，全体员工的积极性与能动性被充分调动起来，比如以高于市场工资水平的工资水平 2、工资水平 3 来支付工资，企业的收益情况也可能同时上一个台阶。胖东来的管理实践充分证明了这种可能，其给员工支付高于市场工资水平两倍以上的工资，其经营业绩也远远超过了同行。

《道德经》中说“无为故无败，无执故无失”，[①] 企业如果能够拿出更多利润与员工分享，就可能立于不败之地。

一家小型销售公司，有三位股东和五六个员工，股东也参与销售工作。其中，员工的销售业绩约占 70%，股东的销售业绩约占 30%。过去，公司内部矛盾重重，销售业绩突出的员工经常与股东发生冲突。股东既不想开除这些高业绩员工，又对员工的行为无可奈何，而员工则常常考虑自己单干。后来，公司改变了分配方式：将公司利润的 50% 按照股权分配给股东，另外 50% 按照业绩分配给销售人员。从此，公司内部关系迅速变得和谐。曾经因矛盾而与股东互不理睬的高业绩员工，开始热情主动地与股东交流对公司发展的想法，也不再考虑单干了。成功的企业家往往被光环笼罩，但很多人并不知道，还有许多企业家在创业失败后默默无闻。许多创业失败的企业，往往面临员工讨要拖欠工资的困境。如果每个员工都成为“老板”，是否有可能帮助公司度过危机呢？

“财散则人聚，财聚则人散”，这是一条深刻的道理。员工所获得的

---

① 陈鼓应 . 老子注释及评介［M］. 北京，中华书局，2009：296.

报酬，实际上是他们自己创造的价值，而不是从老板口袋里拿钱。相反，往往是老板从员工创造的价值中获取收益。将自己已有的企业拿出来与员工分享，确实很难做到，但如果从一开始就没有企业，而是通过合伙的方式与多人共同创立一个企业，似乎就容易多了。

这种分配方式具有重要的社会意义。我们知道社会的生产与消费要具有一定的平衡关系，如果在分配过程中，劳动者不能拿到足够的份额，那么就容易造成社会缺少足够的消费力，厂商生产的产品无人购买，导致劳动者失业等一系列问题。少数人掌握了大量财富，而拥有少量财富的大多数人是没有足够的经济实力购买大量产品的，这样的经济体具有难以调和的矛盾。如果能够让劳动者获得更多收入，生产与消费之间就会更加均衡。

在经济形式不好或不明朗的情况下，投资风险非常大，资本没有动力投资，社会上存在大量失业人员。在这种情况下，资本不投资就可以保持自己的资金实力，但劳动者不工作就可能浪费了自己的时间，劳动者可能是比资本家更具冒险精神的群体，以共同劳动、共同投入、共担风险的方式来实现生产，可能是一个可行出路。从前，中国社会大多是文化水平不高的劳动者，社会生产需要的教育水平也不高，有些个体户摆个摊就可以在一定程度上解决就业出路问题。现在，中国社会的人口教育水平普遍提高，而生产方式也要求更高教育水平的劳动者，更大范围的合作，难以以个体户的方式解决就业出路问题。从前人与人的生产协作主要是由资本来组织的，我们能不能考虑形成一些新的机制，让劳动者也可以来组织生产合作。可以是失业者在没有资本愿意承担组织风险的情况下的被动合作，也可以是在劳动者想在分配中获得更大份额的情况下的主动合作。由于这样的分配方式本身，可以帮助企业提高市场竞争力，因此，可以成为企业的主动选择。如果市场上很多企业都这样做，每个企业获得的相对市场份额可能是相对不变的，但是，整个社会收获了更和谐的劳资关系，更快乐更积极工作的人，更大的整体产出，更均衡的供求关系。

综合多个方面来看，这种劳动者分享式的分配方式，相对于资本独占多占的分配方式，具有多种优点。在中国社会的民营经济中，产生了这种萌芽，或许将来可以在更大的范围内得到推广。在中国，国有企业掌握着很多关系国计民生的部门，在社会经济中发挥着重要作用。适合通过市场调节供需的行业，民营经济仍发挥着重要的作用。国有经济属于国家，属于全体人民，国企不能把国家利益与全国人民的利益随便分配给自己的企业职工，其职工待遇要充分考虑劳动力市场供需情况。在民营企业中，发展这种具有集体所有制性质的分配方式，既可以促进企业发展，也可以提高劳动者收入，又可以促进整体经济的供求均衡。如果这种分配方式的民营企业多起来，既可以在一定程度上解决社会公平问题，也不会损失效率。

第四节　中国减贫实践与全面进入小康社会

一、中国脱贫攻坚的伟大历程与成就

2020 年底，中国脱贫攻坚战取得全面胜利，标志着中国全面进入小康社会。这一成就的取得，是中国共产党领导全国人民长期奋斗的结果，也是中国在公共管理中追求公平、扶助弱势群体理念的生动体现。

新中国成立前，中国民众在封建主义、帝国主义和官僚资本主义的压迫下，生活在极度贫困之中。1949 年新中国成立后，人民生活逐渐走向富裕。1978 年，中国约有 7.7 亿贫困人口，农村贫困发生率高达 97.5%。到 2012 年，贫困人口降至 9899 万，贫困发生率降至 10.2%。[①] 经过 8 年的脱贫攻坚战，到 2020 年底，中国实现了现行标准下无贫困人口的目标。

在中国的公共管理中，始终注重公平与扶助弱势群体，这与中华民

① 人民生活实现全面小康　稳步迈向共同富裕——新中国 75 年经济社会发展成就系列报告之十七，中国政府网，http://big5.www.gov.cn/gate/big5/www.gov.cn/govweb/lianbo/bumen/202409/content_6975544.htm，2024-09-20.

族的人性观一脉相承。中国共产党始终坚持以人民为中心的发展思想，相信每一个人的善性与潜能，致力于实现全体人民的共同富裕。与一些国家精英阶层为自身谋福利不同，中国的精英阶层以“圣贤”品质为人民谋福利，这是中国能够全面进入小康社会的重要文化基础。

二、共同富裕的社会发展目标

中国共产党自成立以来，就把实现共产主义作为最终奋斗目标。1949 年，新中国成立后，建立了社会主义基本制度，为中国特色社会主义发展奠定了基础。共同富裕是社会主义的本质要求，也是中国共产党人始终如一的价值取向。

“共同富裕”这一概念最早出现在 1953 年党的文件中。毛泽东同志提出，要使农民逐步摆脱贫困，实现共同富裕。然而，在新中国成立初期，由于缺乏经验，曾走过一些弯路，如“平均主义”损害了社会效率。

1.“先富带动后富，逐渐实现共同富裕”

在文化大革命结束之后，以邓小平为核心的党的第二代中央领导集体对过往经验教训展开了深入的总结与反思。邓小平明确提出“贫穷不是社会主义，社会主义要消灭贫穷”的重要论断。1978 年，具有划时代意义的中共十一届三中全会上，邓小平阐述了社会主义建设的全新思路：“让一部分人、一部分地区先富起来，大原则是共同富裕。一部分地区发展快一点，带动大部分地区，这是加速发展、达到共同富裕的捷径。”同时强调“社会主义的目的就是要全国人民共同富裕，不是两极分化”，并将“一个公有制占主体，一个共同富裕”定位为必须坚守的社会主义根本原则（孙业礼，2010）。

在此发展思路的指引下，中国开启了一场深刻的经济体制改革。在农村，全面推行以包产到户为主的家庭联产承包责任制，极大激发了农民的生产积极性；在城市，大力发展商品经济，逐步打破传统的计划经济模式。同时，实行对外开放政策，建立经济特区，鼓励东部沿海地区凭借自身优势率先实现现代化。这一系列改革举措有力地推动了中国经济的快速发展，使得一部分人和地区迅速富裕起来，为国家全面迈入小康社会筑牢了根基，也为最终实现共同富裕的目标奠定了坚实基础。

2.“兼顾效率与公平，让广大人民群众共享改革发展的成果”

1989年6月，中共十三届四中全会上，江泽民当选为中共中央总书记。面对东欧剧变、苏联解体以及资本主义局部改良等复杂多变的国内外形势，以江泽民为核心的党的第三代中央领导集体继承并发扬邓小平“发展才是硬道理”的理念。1992年，中共第十四次全国代表大会明确提出建立社会主义市场经济体制的改革目标，以进一步解放和发展生产力。

在大力推动经济发展的进程中，提出“兼顾效率与公平。运用包括市场在内的各种调节手段，既鼓励先进，促进效率，合理拉开收入差距，又防止两极分化，逐步实现共同富裕”。1994年，中共中央、国务院召开全国扶贫开发工作会议，通过了《“八七”扶贫攻坚计划》，国家在财力有限的情况下，逐年加大扶贫投入，至20世纪末，我国基本解决了全国农村贫困人口的温饱问题，这无疑是迈向共同富裕征程中的关键成果（孙业礼，2010）。

为应对市场经济改革带来的国企下岗职工问题，逐步建立起国有企业下岗职工基本生活保障制度、失业保险制度和城市居民最低生活保障制度“三条保障线”；针对东西部发展差距问题，提出“西部大开发”战略。1998年，江泽民总结国内外经验，对如何更好地实现社会公平和共同富裕作出深刻阐述：“在整个改革开放和现代化建设的过程中，都要努力使工人、农民、知识分子和其他群众共同享受到经济社会发展的成果。”强调共享成果是全国人民在改革开放中实现共同富裕的最基本要求。

以江泽民为核心的党的第三代中央领导集体提出“三个代表”重要思想。在中共十六大报告中谈及全面贯彻“三个代表”重要思想时，江泽民着重指出：“制定和贯彻党的方针政策，基本着眼点是要代表最广大人民的根本利益，正确反映和兼顾不同方面群众的利益，使全体人民朝着共同富裕的方向稳步前进。”中共十六大还制定了全面建设小康社会的奋斗目标，明确“我们要在21世纪头20年，集中力量，全面建设惠及十几亿人口的更高水平的小康社会，使经济更加发展、民主更加健全、科教更加进步、文化更加繁荣、社会更加和谐、人民生活更加殷实”，为共同富裕确立了清晰的阶段性目标（孙业礼，2010）。

3.“以人为本，科学发展，更加注重社会公平”

进入新世纪，中国的社会主义现代化建设步入新的发展阶段，经济整体水平显著提升。然而，城乡之间、地区之间、产业之间以及不同资源占有群体之间的收入差距却呈现进一步扩大的趋势。2003年，以胡锦涛为总书记的党中央总结国内外经验，提出科学发展观，强调“要始终把实现好、维护好、发展好最广大人民的根本利益作为党和国家一切工作的出发点和落脚点，尊重人民主体地位，发挥人民首创精神，保障人民各项权益，走共同富裕道路，促进人的全面发展，做到发展为了人民、发展依靠人民、发展成果由人民共享”。这将维护社会公平、实现共同富裕提升到了更为突出的位置，并指出随着我国经济社会的不断发展，我们已经具备了一定的条件和初步手段来解决社会公平问题，因此要“在促进发展的同时，把维护社会公平放到更加突出的位置，综合运用多种手段，依法逐步建立以权利公平、机会公平、规则公平、分配公平为主要内容的社会公平保障体系，使全体人民共享改革发展的成果，使全体人民朝着共同富裕的方向稳步前进”。

中共十六届五中全会提出建设社会主义新农村的重大历史任务，在“多予、少取、放活”的方针政策引导下，2003年取消了农业税。2004年至2007年，中共中央、国务院连续出台四个指导“三农”工作的中央一号文件，财政支农力度持续加大。全国范围内，农林水利气象联和扶贫、农村公路改造、农村电力设施建设、农产品市场建设等工程全面启动，农村义务教育和医疗保障不断强化，村容村貌焕然一新，村庄建设规划逐步推进，生活环境改善受到重视。农村最低生活保障制度和新型农村合作医疗制度的改革试行与推广，极大改善了农民的生活条件，显著提高了农民生活质量。遵循统筹区域发展的方针，以胡锦涛为总书记的党中央提出“要继续实施区域发展总体战略，深入推进西部大开发，全面振兴东北地区等老工业基地，大力促进中部地区崛起，积极支持东部地区率先发展”。

根据科学发展观统筹经济社会发展的要求，2006年中共十六届六中全会通过《中共中央关于构建社会主义和谐社会若干重大问题的决定》，提出“实现全面建设惠及十几亿人口的更高水平的小康社会的目标，努力形成全体人民各尽其能、各得其所而又和谐相处的局面”，强调“着力发展社会事业、促进社会公平正义、建设和谐文化、完善社会管理、增强社会创造活力，走共同富裕道路”。

4. 全面进入小康社会，扎实推进共同富裕

进入21世纪后，随着经济社会的快速发展，国家综合国力显著增强，社会保障体系日益健全，国家治理体系和治理能力现代化加速推进，为减贫事业的发展奠定了坚实的人力、物力、财力基础，并提供了有力的制度保障。

2012年，中国站在新的历史起点上，中国特色社会主义迈入新的发展阶段。中共十八大报告明确指出“必须坚持走共同富裕道路。共同富裕是中国特色社会主义的根本原则。要坚持社会主义基本经济制度和分配制度，调整国民收入分配格局，加大再分配调节力度，着力解决收入分配差距较大问题，使发展成果更多更公平惠及全体人民，朝着共同富裕方向稳步前进。”以习近平同志为核心的第五代中央领导集体高度重视共同富裕问题，向人民作出到2020年全面建成小康社会的庄严承诺。经过2012至2020年这八年的持续奋斗，通过精准扶贫的方式打赢脱贫攻坚战，中国在2020年底全面建成小康社会。

2022年，中共二十大报告进一步指出“中国式现代化是全体人民共同富裕的现代化。共同富裕是中国特色社会主义的本质要求，也是一个长期的历史过程。我们坚持把实现人民对美好生活的向往作为现代化建设的出发点和落脚点，着力维护和促进社会公平正义，着力促进全体人民共同富裕，坚决防止两极分化。”同时明确“中国式现代化的本质要

求是：坚持中国共产党领导，坚持中国特色社会主义，实现高质量发展，发展全过程人民民主，丰富人民精神世界，实现全体人民共同富裕，促进人与自然和谐共生，推动构建人类命运共同体，创造人类文明新形态。”

站在新的历史起点上，习近平总书记提出“扎实推进共同富裕”的新目标，并配套多重举措，强调“我们要实现好、维护好、发展好最广大人民根本利益，紧紧抓住人民最关心最直接最现实的利益问题，坚持尽力而为、量力而行，深入群众、深入基层，采取更多惠民生、暖民心举措，着力解决好人民群众急难愁盼问题，健全基本公共服务体系，提高公共服务水平，增强均衡性和可及性，扎实推进共同富裕”。习近平总书记还提出“要深入研究不同阶段的目标，分阶段促进共同富裕”，并阐述“总的思路是，坚持以人民为中心的发展思想，在高质量发展中促进共同富裕，正确处理效率和公平的关系，构建初次分配、再分配、三次分配协调配套的基础性制度安排，加大税收、社保、转移支付等调节力度并提高精准性，扩大中等收入群体比重，增加低收入群体收入，合理调节高收入，取缔非法收入，形成中间大、两头小的橄榄型分配结构，促进社会公平正义，促进人的全面发展，使全体人民朝着共同富裕目标扎实迈进”（习近平，2010）。

三、把发展作为执政兴国的第一要务[①]

中国政府始终把发展作为执政兴国的第一要务，通过发展解决贫困问题，推动社会进步。1978 年改革开放以来，中国经济快速发展，综合实力显著提升。1978 年，中国国内生产总值为 3679 亿元，2022 年达到 1210207 亿元。中国从低收入国家一跃成为世界第二大经济体。

经济的快速发展带动了人民生活水平的提高。1978 年，中国人均国内生产总值为 385 元，2022 年，该值为 85698 元。城乡居民收入大幅增长，生活质量极大提升，消费结构不断优化，社会保障体系逐步完善。

① 本部分内容中的数据参考了国家统计局的官方数据，www.stats.gov.cn，2023-12-30.

中国高度重视粮食安全，粮食产量和人均占有量大幅增长。1978—2022年，粮食产量从30476.5万吨增长到68653.0万吨，人均粮食占有量从316.61千克增长到483.48千克。同时，棉花、油料、糖料等农产品产量也显著增加。

基础设施和公共服务水平的提升为经济社会发展提供了有力支撑。1978年以来，中国的公路、铁路、航空等交通基础设施不断完善，通信、医疗、教育等公共服务水平显著提高。2022年，中国互联网普及率达到75.6%，医疗卫生服务体系不断强化，人均预期寿命从1978年的68.2岁提高到2022年的77.93岁。

教育和科技事业的发展为国家进步提供了人才和创新动力。1978—2022年，普通高校招生人数从40.2万人增长到1014.5万人。科技投入不断增加，2022年，研究与试验发展经费支出达30870.0亿元，取得了一系列重大科技成果。

国际贸易的快速发展提升了中国的经济地位。1978—2022年，中国货物进出口总额从207亿美元增长到60501亿美元，出口商品附加值不断提高，国际贸易结构持续优化。

四、扶贫工作的长期深入推进①

在中国经济社会发展的整体进程中，绝大多数人口实现了“自然减贫”。对于那些有特殊困难、难以通过自身力量实现“自然减贫”的人口，国家采取了多种扶贫减贫措施。这些措施随着时代的发展不断深化和长期推进，有效消除了绝对贫困现象。

早在1949年新中国成立之初，解决人民群众面临的困难、提高生活水平就成为重要的建设目标。像前文提到的焦裕禄在兰考县的事迹以及红旗渠建设的事例，都具有明显的减贫性质，旨在让人民群众过上温饱

① 本部分内容主要参考了《人类减贫的中国实践》，中国政府网，http://www.gov.cn/zhengce/2021-04/06/content_5597952.htm，2021-04-06.

的生活。这样的例子在中国大地上不胜枚举。在一些自然灾害严重、粮食缺乏的地区，国家会拨发救济粮，例如兰考县部分大队曾依靠救济粮维持生计。

1978年12月，中共中央召开十一届三中全会，开启了中国改革开放和社会主义现代化建设的新时期，扶贫工作也随之加快步伐。国家层面开始实施大规模、有计划、有组织的扶贫开发，成立了专门扶贫机构，确定了扶贫标准、重点片区和贫困县，并启动实施了“三西”农业建设，标志着中国扶贫开发进入了一个新的历史阶段。

20世纪90年代初，随着农村贫困问题得到一定程度的缓解，贫困问题呈现出分层、分块、分化等新特征，区域间发展不均衡的问题日益凸显。1994年，中国国务院印发了《国家八七扶贫攻坚计划（1994—2000年）》，这是新中国历史上首个具有明确目标、明确对象、明确措施和明确期限的全国扶贫开发工作纲领。“八七计划”提出，计划在1994年至2000年的7年左右时间内，基本解决当时全国农村8000万贫困人口的温饱问题。1996年，中共中央召开扶贫开发工作会议，进一步明确了到20世纪末基本解决贫困人口温饱问题的坚定目标，并确定了由救济式扶贫转向开发式扶贫的基本方针。1999年，中共中央再次召开扶贫开发工作会议，对夺取“八七计划”的胜利作出了全面部署。2001年，中共中央召开扶贫开发工作会议，国务院印发了《中国农村扶贫开发纲要（2001—2010年）》。在此基础上，中国的扶贫开发继续向纵深推进，取得了重要的阶段性进展。按照当时的扶贫标准，到2000年底，中国农村贫困人口减少至3209万人，贫困发生率降至3.5%。

进入21世纪，中共中央对扶贫工作重点和瞄准对象进行了重大调整，将中西部地区作为扶贫工作的重点区域，在592个国家扶贫工作重点县的基础上，选定了15万个贫困村作为扶贫对象，实施参与式“整村推进”扶贫策略。同时，大力推进产业扶贫和劳动力培训转移，积极开展易地搬迁扶贫和生态移民工作。此外，国家还实施了西部大开发、振兴东北地区等老工业基地、促进中部地区崛起等区域发展战略，以推动区域和城乡协调发展。取消农业税，建立新型农村合作医疗等农村社会保障制度，从根本上改变了农民负担沉重的状况。2011 年，中共中央召开扶贫开发工作会议，中共中央、国务院印发了《中国农村扶贫开发纲要（2011—2020 年）》。中国的扶贫开发工作从以解决温饱为主要任务的阶段，转入巩固温饱成果、加快脱贫致富、改善生态环境、提高发展能力、缩小发展差距的新阶段。按照当时的扶贫标准，到 2010 年底，中国农村贫困人口减少到 2688 万人，贫困发生率降至 2.8%；2011 年，中国将扶贫标准提高到 2300 元，在新的扶贫标准下，中国贫困人口数量为 1.22 亿。

2012 年，中共中央推进决胜全面建成小康社会，将贫困人口全部脱贫作为全面建成小康社会、实现第一个百年奋斗目标的底线任务和标志性指标，把脱贫攻坚纳入"五位一体"总体布局和"四个全面"战略布局，明确了到 2020 年现行标准下农村贫困人口实现脱贫、贫困县全部摘帽、解决区域性整体贫困的目标任务，汇聚全党全国全社会之力打响了脱贫攻坚战。2012 年，中共十八大提出了全面建成小康社会的奋斗目标。2017 年，习近平总书记在中共十九大报告中强调："让贫困人口和贫困地区同全国一道进入全面小康社会是我们党的庄严承诺""坚决打赢脱贫攻坚战"。2020 年，面对突如其来的新冠肺炎疫情，习近平总书记主持召开决战决胜脱贫攻坚座谈会，进行了再部署和再动员，明确指出农村贫困人口全部脱贫"必须如期实现，没有任何退路和弹性"。最终，2020 年底，脱贫攻坚战取得了全面胜利，中国全面迈入小康社会。

从"救济式扶贫"到"开发式扶贫"，再到"精准扶贫精准脱贫"的提出与实施，这一过程见证了中国共产党领导下的中国政府团结全国人民接续奋斗，庄严兑现共同富裕承诺的历程。

五、中国脱贫攻坚取得的成就[①]

自中共十八大以来，经过 8 年的不懈努力，到 2020 年底，中国如

① 本部分内容主要参考了《人类减贫的中国实践》，中国政府网，http://www.gov.cn/zhengce/2021-04/06/content_5597952.htm，2021-04-06.

期完成了新时代脱贫攻坚目标任务。现行标准下，9899 万农村贫困人口全部脱贫，832 个贫困县全部摘帽，12.8 万个贫困村全部出列，区域性整体贫困问题得到了有效解决，绝对贫困的艰巨任务得以完成。在脱贫攻坚过程中，中国的贫困人口识别和退出以户为单位，主要衡量标准为“一收入”“两不愁三保障”。“一收入”即该户年人均纯收入稳定超过现行国家扶贫标准，“两不愁三保障”即稳定实现不愁吃、不愁穿，以及义务教育、基本医疗、住房安全有保障。这一综合性多维标准不仅衡量收入水平，还考量贫困人口生存权发展权的实现程度，充分体现了中国经济社会发展的实际情况和全面建成小康社会的基本要求。中国首次制定扶贫标准是在 1986 年，当时标准为 206 元，对应的贫困人口数量为 1.25 亿，主要目标是解决温饱问题。2001 年制定第一个十年农村扶贫开发纲要时，扶贫标准提高到 865 元，对应的贫困人口数量为 9422.8 万。2011 年制定第二个十年农村扶贫开发纲要时，扶贫标准进一步提高到 2300 元（2010 年不变价），对应的贫困人口数量为 1.22 亿。上述提到的“一收入”标准，即是指 2300 元的标准。

2012 年，中国依然面临着严峻的贫困形势，脱贫攻坚进入到了面对贫中之贫、坚中之坚的关键阶段。常规思路和办法难以完成任务，必须以更大的决心、更明确的思路、更精准的举措和超常规的力度来推进。经过 8 年的艰苦努力，脱贫攻坚战取得了显著成就。

1. 贫困人口生活水平显著提升

贫困人口持续减少，贫困地区农村居民人均可支配收入持续增长。从 2013 年的 6079 元增长到 2020 年的 12588 元，年均增长率达到 11.6%，增速比全国农村平均水平高出 2.3 个百分点。贫困人口工资性收入和经营性收入占比逐年上升，转移性收入占比逐年下降，自主增收脱贫能力稳步提高。少数民族和民族地区的脱贫攻坚成效尤为显著，2016 年至 2020 年期间，内蒙古自治区、广西壮族自治区、西藏自治区、宁夏回族自治区、新疆维吾尔自治区以及贵州、云南、青海三个多民族省份的贫困人口累计减少了 1560 万人。

“两不愁三保障”目标全面实现。脱贫攻坚普查结果显示，贫困户实现了不愁吃、不愁穿，生活得到了基本保障。贫困人口受教育机会显著增加，教育水平持续提高。通过持续完善县乡村三级医疗卫生服务体系，将贫困人口全部纳入基本医疗保险、大病保险和医疗救助的三重制度保障范围，并实施了一系列医疗救助措施，如大病集中救治、慢病签约管理和重病兜底保障等。此外，通过实施农村危房改造，贫困人口的住房安全得到了全面保障。农村饮水安全和巩固提升工程的实施，累计解决了2889万贫困人口的饮水安全问题，使饮用水量和水质全部达标，3.82亿农村人口从中受益。

2. 贫困地区落后面貌根本改变

长期以来，贫困地区的基础设施薄弱、公共服务匮乏，经济社会发展滞后。脱贫攻坚战不仅使农村贫困人口全部脱贫，还推动了贫困地区经济社会发展的大踏步前进，使整体面貌发生了历史性巨变。

基础设施得到了显著改善。出行难、用电难、用水难、通信难等问题一直是制约贫困地区发展的瓶颈。脱贫攻坚战将基础设施建设作为基础工程，集中力量加大投入，全力推进，补齐了贫困地区基础设施的短板，有力推动了贫困地区经济社会的快速发展。以建设“四好农村路”为引领，积极推进贫困地区交通网络建设。截至2020年底，贫困地区新改建公路达110万公里，新增铁路里程3.5万公里，具备条件的乡镇和建制村全部通上了硬化路、客车和邮路，贫困地区因交通条件的改善而兴旺发达。水利基础设施条件也得到了显著改善，2016年至2020年期间，新增和改善农田有效灌溉面积8029万亩，新增供水能力181亿立方米，大大增强了水利对贫困地区发展的支撑能力。贫困地区用电条件大幅提升，通过实施无电地区电力建设、农村电网改造升级等电网专项工程，将电网延伸至更多偏远地区，基本实现了农村地区稳定可靠的供电服务全覆盖，供电能力和水平显著提高。通信设施建设也得到了加强，贫困村通光纤和4G比例均超过98%，远程教育、远程医疗和电子商务覆盖了所有贫困县，贫困地区的信息化建设实现了跨越式发展。基础设施的极大改善从根本上破解了贫困地区脱贫致富的难题，畅通了贫困地区与外界的交流，为贫困地区的发展提供了坚实的硬件支撑。

自2013年以来，累计改造了贫困地区义务教育薄弱学校10.8万所，确保贫困地区适龄儿童能够在所在村接受幼儿园和小学教育。贫困地区的医疗条件显著改善，消除了乡村两级医疗卫生机构和人员的“空白点”，98%的贫困县至少拥有一所二级以上医院，贫困人口的常见病和慢性病基本能够就近得到及时诊治，越来越多的大病在县域内就能得到有效治疗。综合保障体系逐步健全，贫困县的农村低保标准全部超过国家扶贫标准，1936万贫困人口被纳入农村低保或特困救助供养政策；6098万贫困人口参加了城乡居民基本养老保险，基本实现了应保尽保。

贫困地区的产业结构得到了显著优化，特色优势产业不断发展壮大，电子商务、光伏、旅游等新业态和新产业蓬勃发展。同时，贫困地区注重传统文化、特色文化和民族文化的保护、传承与弘扬，推动了贫困地区优秀文化的繁荣发展。此外，扶贫开发与水土保持、环境保护和生态建设相结合，通过生态扶贫、农村人居环境整治和生态脆弱地区易地扶贫搬迁等措施，贫困地区的生态保护水平得到了显著提升。

3. 特殊困难群体生存发展权利有效保障

中国高度重视妇女、儿童、老人和残疾人等群体中特殊困难人员的生存与发展，采取了一系列特殊政策，加大帮扶力度，有效提高了特殊困难群体的福利水平，充分保障了他们的生存权利，并显著增加了发展机会。

累计对1021万名贫困妇女和妇女骨干进行了各类技能培训，500多万名贫困妇女通过手工、种植养殖、家政、电商等方式实现了增收脱贫。累计发放妇女小额担保贷款和扶贫小额信贷超过4500亿元，助力870万名妇女通过小额担保贷款和扶贫小额信贷实现创业增收。19.2万名贫困患病妇女得到了救助，妇女宫颈癌、乳腺癌免费检查项目在贫困地区实现了全覆盖。通过“母亲水窖”“母亲健康快车”“母亲邮包”等公益项目，投入公益资金41.7亿元，惠及贫困妇女超过5000万人次。

困境儿童的关爱水平显著提高。实施了《中国儿童发展纲要（2011—2020年）》和《国家贫困地区儿童发展规划（2014—2020年）》，对儿童的教育和健康实施了全过程的保障和干预。通过开展儿童营养知识宣传和健康教育，实施贫困地区儿童营养改善项目，提高了贫困地区儿童的健康水平。为集中连片特困地区6—24月龄婴幼儿每天免费提供辅食营养补充品，截至2020年底，累计有1120万儿童受益。实施出生缺陷干预救助项目，为先天性结构畸形、部分遗传代谢病和地中海贫血贫困患病儿童提供医疗费用补助，累计救助患儿4.1万名，拨付救助金4.7亿元。组织各类志愿者与孤儿、农村留守儿童、困境儿童结对，开展关爱帮扶活动，覆盖儿童和家长2519.2万人次。建立儿童之家28万余所、儿童快乐家园1200余个，为留守、困境儿童提供了文体娱乐、心理疏导、生活照顾和家教指导等关爱服务。孤儿保障水平大幅提高，机构集中养育孤儿和社会散居孤儿的平均保障标准分别达到每人每月1611.3元和1184.3元。实施孤儿医疗康复明天计划项目，累计投入17亿元，惠及22.3万名病残孤儿。实施福彩梦圆孤儿助学工程，累计投入5.4亿元，惠及在校就读孤儿5.4万人次。建立事实无人抚养儿童保障制度，将25.3万名事实无人抚养儿童参照当地孤儿保障标准纳入保障范围。

贫困老年人的生活和服务保障得到了显著改善。农村养老金待遇和贫困老年人口医疗保障水平持续提高，农村老年人口贫困问题得到进一步解决。经济困难的高龄、失能等老年人补贴制度全面建立，惠及3689万老年人。农村留守老年人关爱服务制度得以建立，推动贫困老年人医疗保障从以救治为主向以健康服务为主转变。加强失能贫困老年人的关爱照护，全面开展核查工作，确认62.7万失能贫困老年人，并为59万人落实家庭医生签约服务，显著改善了失能贫困老年人的健康状况。

贫困残疾人的保障水平全面提升。700多万贫困残疾人如期脱贫，创造了人类减贫史上残疾人特殊困难群体消除贫困的奇迹。困难残疾人生活补贴和重度残疾人护理补贴制度惠及2400多万残疾人。1066.7万残疾人被纳入最低生活保障。贫困残疾人全部纳入基本医疗保险和大病保险，54.7 万贫困残疾人得到了医疗救助。178.5 万户贫困残疾人家庭的住房安全问题得到解决。贫困残疾人的特殊需求得到了更好的保障，8 万余名家庭经济困难的残疾儿童接受了普惠性学前教育。65.3 万户贫困重度残疾人家庭完成了无障碍改造，贫困重度残疾人照护服务创新实践取得了显著成效。

脱贫攻坚不仅是一场深刻的物质革命，也是一场深刻的思想革命。它在物质上硕果累累的同时，也在精神上取得了累累硕果。贫困群众脱贫致富的热情高涨，积极参与公共事务的主人翁意识显著增强，现代观念不断深入人心，文明新风广泛弘扬。贫困地区基层治理能力显著提升，农村基层党组织更加坚强，基层群众自治更加有效，懂农业、爱农村、爱农民的“三农”工作队伍不断壮大，社会治理水平明显提高。

六、精准扶贫的方略[①]

在脱贫攻坚实践中，中国创造性地提出并实施了精准扶贫方略，做到扶持对象、项目安排、资金使用、措施到户、因村派人、脱贫成效“六个精准”，实施发展生产、易地搬迁、生态补偿、发展教育、社会保障兜底“五个一批”，解决好扶持谁、谁来扶、怎么扶、如何退、如何稳“五个问题”。

1. 精准识别、建档立卡，解决“扶持谁”的问题

扶贫必先识贫。鉴于中国贫困人口规模庞大、结构复杂，实现精准扶贫的首要任务便是精准识贫。为此，科学制定贫困识别的标准与程序至关重要。基层干部需深入乡村农户，全面摸排贫困人口的分布情况、致贫根源以及帮扶需求等关键信息。在贫困户识别过程中，农户收入作

① 本部分内容主要参考了《人类减贫的中国实践》，中国政府网，http://www.gov.cn/zhengce/2021-04/06/content_5597952.htm，2021-04-06.

为核心依据，同时综合考量住房、教育、健康等多方面因素。通过农户主动申请、民主评议、公示公告以及逐级审核等规范流程，实现对整户的精准识别。对于贫困村的识别，则需综合评估行政村的贫困发生率、村民人均纯收入以及村集体经济收入等指标，按照村委会申请、乡政府审核公示、县级审定公告等程序予以确定。

对已识别的贫困村和贫困人口，建立建档立卡制度，以此构建起全国统一的扶贫信息系统。定期开展“回头看”工作，实施动态管理机制，及时剔除不符合标准的人口，补录新识别的贫困人口，从而不断提高识别的精准度。建档立卡举措在中国扶贫历程中具有里程碑意义，它首次实现了贫困信息精准到村、到户、到人，精准锁定了脱贫攻坚的目标对象，逐户深入分析致贫原因与脱贫需求，成功搭建起国家扶贫信息平台，为精准扶贫与脱贫工作提供了坚实的数据支撑。

2. 加强领导、建强队伍，解决“谁来扶”的问题

脱贫攻坚工作因其涉及范围之广、要素之繁杂、程度之复杂，迫切需要强有力的组织领导与高效贯彻执行。充分发挥党的政治优势与组织优势，建立起中央统筹规划、省级负总责、市县抓具体落实的脱贫攻坚管理体制，并形成以片区为重点、工作精准到村到户的工作机制，从而构建起一个横向到边、纵向到底的全方位工作体系。在这一体系中，各级党委充分发挥总揽全局、协调各方的核心作用，严格执行脱贫攻坚一把手负责制。中西部22个省份的党政主要负责同志向中央签署责任书、立下军令状，省市县乡村五级书记协同发力。在脱贫攻坚期内，贫困县的党委政府正职保持稳定，以确保工作的连续性和稳定性。有脱贫任务的地区，通过倒排工期、明确责任，抓紧施工、强力推进，将脱贫攻坚作为头等大事和第一民生工程，以脱贫攻坚工作统揽经济社会发展全局。实行最严格的考核评估与监督检查机制，组织开展脱贫攻坚专项巡视，针对扶贫领域腐败和作风问题进行专项治理，同时加强脱贫攻坚督导和监察工作。这些举措旨在确保扶贫工作务实、脱贫过程扎实、脱贫结果真实，使脱贫攻坚成果能够经得起实践和历史的检验。

此外，建立健全干部担当作为的激励和保护机制，加大对干部的关心关爱力度，树立正确的用人导向，引导广大干部在决胜脱贫攻坚中积极作为、认真履职。加强基层扶贫队伍建设，普遍建立干部驻村帮扶工作队制度。按照因村派人、精准选派的原则，选派政治素质过硬、工作能力强、作风扎实的干部驻村扶贫。广大驻村干部牢记使命，不负重托，心系贫困群众，扎根基层扶贫一线，全心全意帮助贫困群众寻找脱贫出路、谋求发展、早日摆脱贫困。从 2013 年开始，向贫困村选派第一书记和驻村工作队，到 2015 年，实现了每个贫困村都有驻村工作队、每个贫困户都有帮扶责任人的目标。截至 2020 年底，全国累计选派了 25.5 万个驻村工作队、300 多万名第一书记和驻村干部，他们与近 200 万名乡镇干部和数百万村干部一道，共同奋战在扶贫一线，为脱贫攻坚注入强大动力。

3. 区分类别、靶向施策，解决“怎么扶”的问题

贫困的类型和原因千差万别，只有开对“药方子”才能拔掉“穷根子”。中国在减贫实践中，针对不同情况实施分类施策、对症下药，因人因地施策，因贫困原因施策，因贫困类型施策，通过实施“五个一批”实现精准扶贫。

其一，发展生产脱贫一批。发展产业是脱贫致富最为直接、最为有效的途径，也是增强贫困地区造血功能、助力贫困群众就地就业的长远之计。支持和引导贫困地区因地制宜发展特色产业，鼓励电商扶贫、光伏扶贫、旅游扶贫等新业态新产业发展。依托东西部扶贫协作，推进食品加工、服装制造等劳动密集型产业的梯度转移，使得一大批特色优势产业初具规模，有力增强了贫困地区经济发展的动能。累计建成各类产业基地超过 30 万个，形成了特色鲜明、带贫面广的扶贫主导产业，打造了特色农产品品牌 1.2 万个。发展市级以上龙头企业 1.44 万家、农民合作社 71.9 万家，72.6% 的贫困户与新型农业经营主体建立了紧密型的利益联结关系。产业帮扶政策覆盖了 98.9% 的贫困户，有劳动能力和意愿的贫困群众基本都参与到产业扶贫之中。扎实推进科技扶贫，建立科技

帮扶结对7.7万个，选派科技特派员28.98万名，投入资金200多亿元，实施各级各类科技项目3.76万个，推广应用先进实用技术、新品种5万余项，支持贫困地区建成创新创业平台1290个。为贫困户提供扶贫小额信贷支持，培育贫困村创业致富带头人，建立完善带贫机制，鼓励和带领贫困群众通过发展产业实现增收致富。

其二，易地搬迁脱贫一批。对于生活在自然环境恶劣、生存条件极差、自然灾害频发地区，难以实现就地脱贫的贫困人口，实施易地扶贫搬迁。在实施过程中，充分尊重群众意愿，坚持符合条件和群众自愿原则，加强思想引导，不搞强迫命令。全面摸排搬迁对象，精心制定搬迁规划，合理确定搬迁规模，确保搬迁工作有计划、有步骤地稳妥实施。最终，960多万生活在“一方水土养不好一方人”地区的贫困人口通过易地搬迁实现脱贫。同时，对搬迁后的旧宅基地实行复垦复绿，改善迁出区生态环境。加强安置点配套设施和产业园区、扶贫车间等建设，积极为搬迁人口创造就业机会，保障他们有稳定的收入，与当地群众享受同等的基本公共服务，确保搬迁群众能够搬得出、稳得住、逐步能致富。

其三，生态补偿脱贫一批。践行“绿水青山就是金山银山”理念，坚持脱贫攻坚与生态保护并重。在加大贫困地区生态保护修复力度的同时，增加重点生态功能区转移支付，不断扩大政策实施范围，让有劳动能力的贫困群众就地转为护林员等生态保护人员。自2013年以来，贫困地区实施退耕还林还草7450万亩，选聘110多万贫困群众担任生态护林员，建立扶贫造林（种草）专业合作社（队）2.3万个。贫困群众积极参与国土绿化、退耕还林还草等生态工程建设，以及森林、草原、湿地等生态系统的保护修复工作，发展木本油料等经济林种植及森林旅游，拓宽了增收渠道，同时显著改善了贫困地区生态环境，实现了生态与经济的“双赢”格局。

其四，发展教育脱贫一批。秉持再穷不能穷教育、再穷不能穷孩子的理念，加强教育扶贫，致力于不让任何一个孩子输在起跑线上，努力为每个孩子创造人生出彩的机会，从根本上阻断贫困代际传递。持续提升贫困地区学校、学位、师资、资助等方面的保障能力，使得 20 多万名义务教育阶段的贫困家庭辍学学生全部返校就读，全面实现适龄少年儿童义务教育有保障。实施定向招生、学生就业、职教脱贫等倾斜政策，助力 800 多万贫困家庭初高中毕业生接受职业教育培训，514 万名贫困家庭学生接受高等教育，重点高校定向招收农村和贫困地区学生 70 多万人，有效拓宽了贫困学生的纵向流动渠道。开展民族地区农村教师和青壮年农牧民国家通用语言文字培训，累计培训 350 万余人次，显著提升民族地区贫困人口的就业能力。“学前学会普通话”行动先后在四川省凉山彝族自治州和乐山市马边彝族自治县、峨边彝族自治县、金口河区开展试点，覆盖 43 万学龄前儿童，帮助他们熟练掌握普通话。

其五，社会保障兜底一批。聚焦特殊贫困群体，切实落实兜底保障政策。实施特困人员供养服务设施改造提升工程，显著增强集中供养能力。实现农村低保制度与扶贫政策的有效衔接，全国农村低保标准从 2012 年每人每年 2068 元提高到 2020 年的 5962 元，增长幅度达 188.3%。扶贫部门与民政部门定期开展数据比对、摸排核实，确保贫困人口应保尽保。

除以上举措，中国还结合实际情况、因地制宜，采取其他多渠道、多元化的扶贫措施。大力推进就业扶贫，通过免费开展职业技能培训、东西部扶贫协作劳务输出、扶贫车间和扶贫龙头企业吸纳、返乡创业带动、扶贫公益性岗位安置等多种形式，支持有劳动能力的贫困人口在本地或外出务工、创业。贫困劳动力务工规模从 2015 年的 1227 万人增长至 2020 年的 3243 万人。开展健康扶贫工程，将其作为脱贫攻坚的重要举措，有效防止因病致贫返贫现象的发生。深入实施网络扶贫工程，大力支持贫困地区，尤其是“三区三州”等深度贫困地区，完善网络覆盖，推进“互联网 +”扶贫模式。实施资产收益扶贫，将中央财政专项扶贫资金和其他涉农资金投入设施农业、光伏、乡村旅游等项目所形成的资产，折股量化到贫困村，推动产业发展，增加群众收入，有效破解村集体经济收入难题。

4. 严格标准、有序退出，解决“如何退”的问题

为确保脱贫攻坚成效的真实性和可持续性，建立了一套科学合理的贫困退出机制，明确贫困县、贫困村、贫困人口退出的标准和程序。这既有效避免了数字脱贫、虚假脱贫等“被脱贫”现象，也防止了达到脱贫标准却不愿退出等“该退不退”的情况发生。在具体操作中，制定脱贫摘帽规划和年度减贫计划，保障退出过程规范、合理、有序。严格执行退出标准，规范工作流程，贫困人口退出需经过民主评议，贫困村、贫困县退出则需进行审核审查，退出结果要进行公示公告，让群众参与到评价过程中，确保程序公开透明、数据准确无误、档案完整详实、结果公正客观。强化监督检查力度，每年委托第三方对摘帽县和脱贫人口进行专项评估，重点关注条件较差、基础薄弱的偏远地区，对脱贫人口退出准确率、摘帽县贫困发生率、群众帮扶满意度等关键指标进行评估，从而确保退出结果真实可靠。

在 2020 年至 2021 年初，开展了国家脱贫攻坚普查工作，全面准确地掌握了贫困人口脱贫实现情况。对于退出的贫困人口、贫困村、贫困县，在一定时期内保持原有扶持政策不变，确保摘帽不摘责任、摘帽不摘帮扶、摘帽不摘政策、摘帽不摘监管，设置缓冲期，以保障脱贫成果的稳定性和可持续性。

5. 跟踪监测、防止返贫，解决“如何稳”的问题

稳定脱贫、防止返贫是脱贫攻坚的最终目标。为此，对脱贫县从脱贫之日起设立 5 年过渡期，在过渡期内保持主要帮扶政策总体稳定，并对现有帮扶政策逐项进行分类优化调整，确保脱贫攻坚与乡村振兴能够平稳有序衔接。同时，健全防止返贫动态监测和帮扶机制，针对脱贫不稳定户、边缘易致贫户，以及因病因灾因意外事故等导致刚性支出较大或收入大幅缩减、基本生活出现严重困难的农户，开展定期检查和动态管理。通过早发现、早干预、早帮扶，有效防止返贫和新的贫困发生。持续支持脱贫地区乡村特色产业发展壮大，不断促进脱贫人口稳定就业。

做好易地搬迁后续扶持工作，通过多渠道促进就业，强化社会管理，促进社会融入，确保搬迁群众能够稳得住、有就业、逐步能致富。坚持和完善驻村第一书记和工作队、东西部协作、对口支援、社会帮扶等制度，形成帮扶工作的连续性和稳定性。继续加强扶志扶智工作，激励和引导脱贫群众依靠自己的努力过上更好的生活。开展巩固脱贫成果后评估工作，进一步压紧压实各级党委和政府的责任，坚决守住不发生规模性返贫的底线，为乡村振兴奠定坚实基础。

精准扶贫方略的实施，不仅有力地推动了脱贫攻坚战取得全面胜利，而且有效提升了国家治理体系和治理能力的现代化水平，进一步丰富和发展了新时代中国共产党的执政理念和治国方略。在中国的减贫进程中，始终坚持贯彻以人民为中心的发展思想，把减贫工作摆在治国理政的突出位置，运用发展的办法消除贫困，立足实际推进减贫进程，充分发挥贫困群众的主体作用，广泛汇聚各方力量形成强大合力。为打赢脱贫攻坚战，中国共产党依托严密的组织体系和高效的运行机制，广泛而有效地动员和凝聚各方力量，构建起政府、社会、市场协同推进，专项扶贫、行业扶贫、社会扶贫互为补充的大扶贫格局，形成了跨地区、跨部门、跨单位、全社会共同参与的多元主体社会扶贫体系。通过加强东西部扶贫协作和对口支援，推动省市县各层面的帮扶工作，促进了人才、资金、技术向贫困地区流动，实现了优势互补，有效缩小了区域差距。积极开展定点扶贫，组织各级党政机关、人民团体、国有企事业单位和军队对贫困县或贫困村进行帮扶。各民主党派、工商联和无党派人士充分发挥各自优势，为脱贫攻坚积极建言献策、贡献力量。同时，积极推动各行各业发挥专业优势，开展产业扶贫、科技扶贫、教育扶贫、文化扶贫、健康扶贫、消费扶贫等多种形式的扶贫行动。广泛动员民营企业参与扶贫开发，引导市场开发能力强的主体进入资源开发潜力大的地区，实现互惠互利、共同发展。此外，还广泛动员社会组织、公民个人积极参与脱贫攻坚，开展各类扶贫公益活动。通过设立国家扶贫日、建立脱贫攻坚国家荣誉制度等举措，表彰脱贫攻坚先进典型，在全社会营造了人人愿为、人人可为、人人能为的良好扶贫氛围。

七、国际互助与回馈世界①

中国始终秉持着与世界各国命运与共的理念，深知自身发展离不开全球合作，在致力于消除自身贫困的过程中，积极回馈世界，为全球减贫事业贡献力量。中国积极参与国际减贫合作，推动构建人类命运共同体，携手各国共同迈向没有贫困、共同发展的未来。

中国成立后，中国积极打破外部封锁，开展对外交流合作，争取国际社会的支持。改革开放以来，中国与联合国发展系统、世界银行等国际机构在扶贫领域展开广泛合作，同时接受部分发达国家的援助，实施减贫合作项目。这些合作在资金投入、知识转移、技术援助等方面为中国减贫提供了支持，推动了中国减贫事业的发展。中国与联合国开发计划署、世界银行等合作，在部分贫困县实施外资扶贫项目，引进优惠贷款和无偿援助，有效缓解了项目区贫困人口的贫困程度，推动了中国减贫制度的创新和管理水平的提升。

1. 中国积极开展国际减贫交流合作

中国积极参与全球贫困治理，不断深化减贫领域的交流合作，推动建立以相互尊重、合作共赢为核心的新型国际减贫交流合作关系。中国通过多种方式支持广大发展中国家的减贫发展，为全球减贫事业贡献中国智慧和中国力量。

2. 支持发展中国家减贫发展

新中国成立以来，中国在自身财力紧张的情况下，仍向有关国家提供援助，支持其争取民族独立和解放、促进经济社会发展。改革开放后，中国的对外援助内容更加丰富、形式更加多样，推动了中国与其他发展

① 本部分内容主要参考了《人类减贫的中国实践》，中国政府网，http://www.gov.cn/zhengce/2021-04/06/content_5597952.htm，2021-04-06.

中国家的共同发展。进入新时代，中国积极推动对外援助向国际发展合作转型升级，提出共建“一带一路”倡议，支持帮助相关国家实现减贫发展。根据世界银行研究报告，共建“一带一路”将使相关国家 760 万人摆脱极端贫困、3200 万人摆脱中度贫困。新中国成立 70 多年来，中国向 160 多个国家和国际组织提供多种形式的援助，减免有关国家债务，为这些国家落实发展目标提供帮助。

3. 实施惠及民生的国际减贫合作项目

中国在亚洲、非洲、南太平洋地区和拉美地区实施了一系列国际减贫合作项目。在亚洲，中国与东盟国家共同开展乡村减贫推进计划，在老挝、柬埔寨、缅甸三国乡村基层社区实施“东亚减贫示范合作技术援助项目”。在非洲，中国为非洲国家援建水利基础设施、职业技术学校、社会保障住房等设施，打造农业合作示范区，推进实施中非菌草技术合作、中非友好医院建设、非洲疾控中心总部建设等项目。在南太平洋地区，中国推动落实对太平洋岛国无偿援助、优惠贷款等举措，开展基础设施建设和农业、医疗等技术合作援助项目。在拉美地区，中国援建农业技术示范中心，帮助受援国当地民众摆脱贫困。此外，中国还与联合国教科文组织合作设立国际农村教育研究与培训中心等机构，面向非洲、东南亚等国家实施农村教育转型、教师培训等项目。

4. 分享交流减贫经验

中国通过搭建平台、组织培训、智库交流等多种形式，开展减贫交流，分享减贫经验。在国际消除贫困日，中国与联合国驻华机构联合举办减贫与发展高层论坛活动。中国发起中国—东盟社会发展与减贫论坛、人类减贫经验国际论坛，举办中非减贫与发展会议、“摆脱贫困与政党的责任”国际理论研讨会、改革开放与中国扶贫国际论坛等一系列研讨交流活动；与东盟秘书处和东盟有关国家合作，面向基层村官（社区官员）实施“东盟 + 中日韩村官交流项目”；与有关国家和地区组织合作开展国际减贫培训，2012 年以来，共举办 130 余期国际减贫培训班，来自116个国家（组织）的官员参加培训。

第五节 如何理解中国的基尼系数

基尼系数是衡量收入分配公平程度的重要指标，通常用来反映一个国家或地区居民收入差距的大小。然而，仅从基尼系数的角度来判断中国的贫富差距是不够全面的，因为中国的社会文化和经济制度具有独特性，需要从更广泛的视角来理解基尼系数所反映的实际情况。

一、区别“有”与“用”看基尼系数

在中国文化中，“有”与“用”是两个不同的概念，“用”更为重要。《大学》中提到“有德此有人，有人此有土，有土此有财，有财此有用”，强调了“用”的重要性。《道德经》中也提到“有之以为利，无之以为用”，说明“有”与“用”之间没有必然联系。在中国社会中，国家为人民提供了大量的公共服务设施，这些设施虽然不为个人所“有”，但却为广大百姓所“用”。例如，国家建设的运动设施、道路等，虽然个人没有所有权，但可以免费使用。因此，从“用”的角度来看，中国社会的实际福利水平要高于仅从“有”的角度所反映的水平。

为了更直观地理解这一点，我们可以通过一个简单的数值模拟来分析。假设在一个经济体中有10类人，每一类人的数量相同，其收入呈指数分布，指数底为2，即第一类人到第十类人的收入依次是1、2、4、8、16、32、64、128、256、512。如果采用洛伦兹曲线的方法计算，这个经济体收入的基尼系数为0.702，显示出较高的收入分配不平等。然而，如果国家从每个人身上收取其收入20%的税收，用于公共建设，且公共建设创造的价值是其投入的2倍，这些价值在所有社会成员之间平均分配，那么从效用角度来看，这个经济体的基尼系数将降低到0.468。这表明，政府通过提供公共服务，可以在一定程度上缓解收入分配不平等的

问题。

进一步分析发现，政府提供公共产品的效率越高，效用基尼系数就越低。例如，当税收比例为 10% 时，随着公共产品产出效率从 0.8 倍提高到 2 倍，效用基尼系数从 0.644653 降低到 0.574327。同样，当税收比例为 20% 和 30% 时，这一结论仍然成立。此外，当政府能够公平地提供公共产品时，税收比例越大，基尼系数越低。这表明，政府在提供公共服务时，不仅要注重公平性，还要注重效率，以实现公平与效率的平衡。

从政策角度来看，政府高效率地提供公共产品，可以缓解社会不公现象。如果公共产品能够向低收入者倾斜，这种作用将更加显著。然而，在现实中，由于富人可能更有资源获得优质公共产品，这也导致在某些方面进一步加强社会的不公。例如，富人的孩子比穷人的孩子更有机会获得优质教育资源。但如果没有政府提供教育资源，穷人和富人的差距可能会更大。因此，政府在提供公共服务时，需要更加注重公平性，确保公共服务能够惠及更多的人，特别是低收入群体。

对于一部分人来说，他们拥有的财富并不多，但他们相信在自己有需要时，国家会给予支持，这让他们感到安心。这种国家的支持不仅是一种物质保障，更是一种心理慰藉。只有让老百姓真正获得实惠，才是真正的民主。否则，即使看起来参与了民主过程，但选择的结果对自己不利，那也只是形式上的民主。在中国，这种“一切为了群众，一切依靠群众，从群众中来，到群众中去”的理念，以及“全心全意为人民服务”的宗旨，体现了实质民主的精神，真正惠及广大人民。

二、拥有土地使用权的农民与基尼系数

在中国，农民拥有自己的土地和宅基地，这意味着他们在吃住方面不需要花费太多金钱。即使农民的收入水平相对较低，但他们的基本生活是有保障的。从自己土地上所获得的收成，如果没有卖出去，虽然不能计入收入测算，但却保障了农民的生活。食品价格上涨对城市人口的

生活支出影响较大，但对农民的影响相对较小，因为他们可以食用自己土地上的产出。此外，国家取消了农业税，农民即使不种地，也可以通过土地流转获得一定的租金，用于保障自己的生活。国家还为农村提供了大量的服务与支持，包括社保、医保与养老保险等，这些都极大地提高了农民的生活保障水平。

在计算基尼系数时，农民的低收入会导致基尼系数增加，但从保障程度来看，农民拥有土地和住房，具有最基本的生活保障。这与那些只能通过出卖劳动力维持生活的人群相比，农民的生活成本更低，其收入的意义也有所不同。因此，仅从收入角度计算的基尼系数并不能完全反映中国社会的实际稳定性和公平性。

三、“兜底”的保障与基尼系数

中国实施了最低生活保障制度，为收入水平低于政府公告最低生活标准的公民提供现金或实物救助，以保障其基本生活。这种制度在社会中发挥了“兜底”的保障性作用。此外，中国政府还免费为百姓提供很多服务，如消防救火服务、新冠疫情期间的医疗服务等。这些免费服务在一定程度上减轻了不同收入水平人群的负担，特别是贫困人口的压力。这些因素都会对基尼系数的意义产生影响，使其不能完全反映社会的实际公平程度。

第六节　大同社会

在中国传统文化中，“大同社会”是一个理想的社会形态，体现了人们对美好生活的向往和追求。大同社会的理念与“人皆可以为圣贤”的人性观一脉相承，强调人人平等、和谐共生。这种理念不仅对中国社会的发展具有深远意义，也为全球社会的发展提供了有益的启示。

一、中国传统经典中关于大同社会的阐释

在儒家经典《礼记·礼运》中，孔子对“大同”社会进行了描述：“大道之行也，天下为公，选贤与能，讲信修睦。故人不独亲其亲，不独子其子，使老有所终，壮有所用，幼有所长，矜、寡、孤、独废疾者皆有所养，男有分，女有归。货恶其弃于地也，不必藏于己；力恶其不出于身也，不必为己。是故谋闭而不兴，盗窃乱贼而不作，故外户而不闭。是谓大同。”这段话描绘了一个理想的社会状态，其中人们相互关爱、共同分享资源，社会秩序井然，没有欺诈和犯罪。相比之下，小康社会则是一种较为现实的社会形态，人们各亲其亲，各子其子，社会以家庭为单位，注重礼义和制度建设。大同社会的理念在中国古代就已经存在，它与共产主义的社会理想在某些方面具有相似之处，都追求一个没有剥削、没有压迫的理想社会。

二、展望大同社会的经济运作

大同社会的实现需要建立在物质极其丰富的基础之上，其经济运作方式也将与现代社会有所不同。

1. 大同社会的分配方式

在大同社会中，“货恶其弃于地也，不必藏于己”，意味着没有私人财产，所有资源都属于公共财产。在这种情况下，分配形式可能是按需分配，类似于自助餐，每个人可以根据自己的需求自由取用资源。这种分配方式不仅体现了公平性，还能够最大限度地满足人们的需求。尽管这种经济形式在现代社会中难以完全实现，但家庭内部的按需分配模式可以为我们提供一定的参考。家庭成员之间没有货币交易，却能够相互关爱、共同分享资源，这种模式可以扩展到社会层面，形成一种更加公平、和谐的社会经济关系。

2. 大同社会在经济上的可行性

大同社会的实现具有其独特的社会价值，主要体现在以下 4 个方面：

（1）减少与赚钱相关的痛苦与邪恶：在商业社会中，很多痛苦和邪恶都与赚钱有关。人们为了追求财富，可能会不择手段，导致社会矛盾和冲突。而在大同社会中，由于资源的按需分配，人们不再需要为赚钱而奔波，从而减少了因财富竞争而产生的痛苦和邪恶。例如，在商业社会中，商家为了吸引消费者，可能会制造虚假的需求，导致资源的浪费和环境的破坏。而在大同社会中，人们更加注重资源的合理利用和环境保护，避免了这种不必要的浪费和破坏。

（2）克服过度消费，使消费向理性回归：商业社会往往鼓励过度消费，商家通过各种促销手段刺激消费者的购买欲望，导致消费者购买了大量不必要的商品。这种过度消费不仅浪费了资源，还可能对环境造成负面影响。而在大同社会中，由于没有商家与消费者的二元对立，人们更加注重资源的合理分配和利用，避免了不必要的消费。例如，在商业社会中，服装市场的“快时尚”现象导致了大量服装的浪费和环境的污染。而在大同社会中，人们更加注重服装的质量和耐用性，避免了这种不必要的浪费。

（3）满足人类的基本需求：人类真正需要的物质资源是有限的，很多储蓄都是为了抵御不可预期的风险。在大同社会中，人们可以通过联合起来形成共同体，共同抵御风险，从而减轻个人的储蓄压力。例如，《增广贤文》中提到“良田万顷，日食三升；广厦千间，夜眠八尺”，说明人类真正需要的资源是有限的，而通过共同体的形式，可以更加高效地满足人们的需求。

（4）促进人类的全面发展：在大同社会中，人们不仅关注物质需求的满足，还注重精神和道德的成长。人们有更多的时间和精力进行自我修养和提升，从而实现全面发展。例如，随着科技的进步，人们的工作量逐渐减少，有更多的时间进行健身、学习等活动，促进自身的全面发展。

3. 大同社会与人工智能

随着人工智能的快速发展，其对社会生活的影响日益显著。在大同社会中，人工智能的发展可以为人类提供更多的便利和服务，帮助人们从低端劳动中解放出来，专注于高端劳动和自我修养。例如，人工智能可以用于医疗、教育等领域，提高服务质量和效率。然而，人工智能的发展也可能带来一系列问题，如技术垄断和贫富差距等。因此，在大同社会中，需要合理利用人工智能，确保其为全人类服务，避免技术被少数人垄断，从而加剧社会不平等。

三、大同社会的人文理念

在大同社会中，人们普遍具有较高的道德水平，道德提升和人格完善成为人们追求的目标。人们更加注重精神和道德的成长，而不是物质财富的积累。例如，奢侈消费可能不再被视为荣耀的象征，而环保消费、仁爱消费等将成为人们追求的目标。人们从为社会作出贡献中获得快乐和成就感，而不是从个人的财富积累中获得。这种人文理念将促进社会的和谐与稳定，减少因物质追求而产生的矛盾和冲突。

道德品格是中华优秀传统文化的核心，而众多优秀道德品格中，利他奉献精神占据关键地位。利他奉献精神与共产主义精神高度契合，可成为马克思主义与中国传统文化相结合的桥梁。共产主义的实现，不能仅仅局限于物质的极大丰富，更重要的是人的精神面貌的提升；同样，社会主义建设，也不能仅仅满足于衣食住行的改善，更要追求人的精神的高贵。

所谓科学管理，主要侧重于利用人性之恶，容易导致人恶性的滋长；而人文管理则着重于张扬人性之善，有利于培养人的善性。共产主义社会应是以“君子”为主流的社会，在建设共产主义的过程中，我们应当注重培养君子，而非小人。“小德川流，大德敦化，君子贤其贤而亲其亲，小人乐其乐而利其利”，要让道德高尚者能够自由地做道德高尚的人，让一般人保持基本的道德水平，从而不断提升社会的整体道德水平。

大同社会的物质分配方式自然有其独特之处，然而，对于大同社会的认识，不应仅仅着眼于物质如何分配，而应以人的自由而充分发展为着眼点，物质分配方式应服务于人的自由而充分发展这一目标。中国对“共同富裕”的认识经历了探索过程，起初将其等同于“同时富裕”或“同等富裕”，但在实践中遭遇挫折后，逐渐走上“让一部分人先富起来，先富带动后富，逐渐实现共同富裕”的道路，推动了社会各方面事业的飞速发展，历经大约40年，使14亿人口全面迈入小康。至于“大同社会”的定义，目前我们也难以准确界定，或许同样需要在实践中不断探索。大同社会并不一定以绝对平均为特征，可以是相对公平，也可能是机会均等，但其核心应是实现人的自由而充分发展，解决商品经济社会的固有矛盾。一个能够让人自由而全面发展的大同社会，应消除人类的消极行为与消极意愿，让所有人都有走向积极正确人生道路的可能。每个人都有充足的机会通过适当的诚实劳动获得自身所需，无人面临生存危机，人们的内心也少有关于生存的恐惧、焦虑、担忧等负面情绪，无需也难以通过不正当手段生存。社会制度会自然限制尔虞我诈、勾心斗角、恃强凌弱、剥削、霸权等丑恶现象，促使人们拥有更高的为他人着想的奉献精神，自觉自愿向更高的道德人格迈进。

对于人的成长而言，物质需求只是基础层面的东西，道德与精神方面的成长空间则广阔得多。从富人的生存状态便能看出这一点，许多富人并非内心自由安宁、没有负面情绪、身强体健。对于富人来说，虽然条件更优越，但要获得这些，仍需亲身实践。而实践需要投入时间和身体力行，在这一方面，人与人相对平等。无论是谁，都是一天24小时，都具备眼耳鼻舌身意等感官和意识。如果人追求在道德上没有缺陷、在心理上没有痛苦、在身体方面能够身无病苦、动作不衰而寿终正寝，这些都不是仅靠外在物质条件就能实现的，而要依赖内在修养。在追求内在修养方面，人与人是相对平等的。

社会形态的改进与发展，其原因并非意识形态方面的因素，而是源于商品经济所固有的分配矛盾。随着科技的不断进步与生产力的持续提高，这种矛盾可能会日益加剧，直至不可调和，从而促使人们进行新的探索，大同社会仅是提供了一种可能的解决方案。假设生产力发展到只需极少部分人工作，便可满足人类全部需求，那么人类将如何组织生产、进行分配，以及秉持什么样的人文理念？在中国的人文管理思想中，人的存在与幸福本身就是价值所在，人的精神成长没有止境，人文资源的积累同样无止境。中国传统文化中有“至诚如神”之说，人只要尚未达到“如神”的境界，就永远有成长的空间，即便达到了“如神”的境界，仍有进一步成长的可能。然而，若仅从效率角度考量，没有生产价值的人似乎就失去了存在价值。以家庭为例，失能老人虽无工作能力，但孝顺的子女仍会精心照料，这是情感与道义的要求。相比之下，家中没有用途的物品与工具，则可能被丢弃销毁。社会发展要求我们必须重新审视自身的价值观。

四、对“大同”的理解

若将所有个体强行塑造成千篇一律的模样，这不仅是对个性特点的无情抹杀，更是一种巨大的损失，无论对于社会的丰富性还是个体的自我实现而言。所谓“大同”，绝非要求个体在行为或选择上趋于一致，而是在尊重个体差异的基础上，实现一种多样化的均衡状态。举个简单的例子，爱吃面食的人得以享受面食，爱吃米饭的人能够品尝米饭，各得其所。吃面食的人没有换食米饭的需求，反之亦然。虽然表面上看，他们的选择各异，但在“依据个人意愿作出最优选择”这一点上，却达到了高度的统一，这便是“大同”在日常生活中的生动体现。

当我们把目光转向组织层面，依据不同的管理目标，可以将组织大致划分为三类。

第一类是剥削型组织，典型的代表如资本雇佣劳动进行生产的企业，这类组织通过获取劳动的剩余价值来实现利润最大化，不少私有制企业都具备剥削型组织的特征。第二类是合作型组织，以华为为例，其股份为全体员工共同持有，企业成为员工紧密合作的系统，共同分享发展成果，众多协会、国际组织等也多采用这种合作模式。第三类是给予型组织，像中国扶贫系统中的各类机构，以及寺院里的管理体系，这些组织的管理者以奉献精神为核心，致力于服务所领导的对象，国家行政部门和众多公益组织也多属此类。

剥削型组织虽集中在经济领域，但其功能并非不可替代。合作型组织华为的成功，用事实证明了非剥削型组织同样能在经济领域取得卓越成就；中国扶贫系统的实践经验表明，给予型管理系统也能高效完成经济生产任务；寺院中诸多生产活动的有序开展更是生动诠释了非剥削型组织在生产活动中同样可以表现得井井有条。尽管剥削型组织在历史上或许曾起到一定的推动发展作用，但它绝非社会发展的必然选择。当一个社会中剥削型组织逐渐减少，而合作型组织与给予型组织不断发展壮大，这便是向着大同社会稳步迈进的重要标志。

五、中国社会主义建设实践对大同社会的启示

大同社会的样貌目前难以被我们精准描绘，其能否实现，如何实现，都要在实践摸索中完成。尽管大同社会看似超脱于当下我们的认知范畴，然而回顾中国的社会主义建设历程，会发现诸多曾经难以想象之事已化为现实。比如，存在了几千年的农业税被果断取消，学费的免除让知识的大门向更多人敞开，世界规模最大的农村社会保障体系得以构建，以及政府向民众提供了丰富多样的公共服务等。这些公共服务的供给以及相关收费项目的取消，在消灭了为获取相应财富而衍生的役使、控制、痛苦与邪恶的同时，也实现了人与人之间的相对平等，打破了因支付能力差异而造成的人际分隔。

在当下的生活语境中，有些人或许会对这些改变的影响力有所低估，认为些许金钱的增减无足轻重。然而，回溯中国历史长河，因付不起地租而家破人亡、因交不起学费而一辈子与知识绝缘、因被统治者无偿征役而苦不堪言的案例数不胜数。而中国社会主义建设的实践充分证明，人类社会完全可以在团结合作的基础上，依靠和平发展走向幸福生活。

这种发展模式具备显著的兼容性与持续性。所谓兼容性，意味着所有主体都能依据这一模式发展前行，彼此之间可以实现合作共赢，而非相互掣肘。所谓持续性，则是指人类社会能够沿着这样的发展路径长期稳定地获得进步。

人们一般会认为，科技进步会为人类生活带来改善，但审视近年来的发展态势，不难发现科技进步所带来的福祉在人与人之间分布失衡。越是有钱有势的群体，越能轻松掌控新兴技术，并借此强化对其他群体的控制。倘若缺少公正的政府为普通个体“撑腰”，个体的处境不仅不会因科技进步而好转，反而可能陷入更为艰难的境地。

在理想的大同社会里，科技进步才能真正服务于人类的共同利益，惠及大多数人。反之，若科技发展始终被少数人垄断，他们便可能凭借科技优势，更巧妙地直接或间接控制他人，令大众的生存与生活愈发艰难。以外卖行业的兴起为例，科技进步使得外卖平台得以高效整合各类资源，催生出全新的经济模式。外卖员应运而生，他们骑着摩托车，不畏风雨穿梭于大街小巷，将商品从商家送至消费者手中，以获取劳动报酬。然而，这一职业辛苦且危险，交通意外时有发生。在外卖行业起步阶段，外卖员遭遇交通意外后，往往难以获得妥善保障，工伤保险更是遥不可及。企业倚仗雄厚实力，雇佣专业法务人员，一方面钻法律空子规避责任，另一方面在仲裁过程中凭借资源优势与外卖员周旋。此时，若无国家及时制定相关法律，外卖员的合法权益将难以保障。由此可见，科技越发达，越凸显出为人民服务的政府的重要性。当科技发展到一定阶段，少数人凭借技术优势便能对多数人形成控制之势，大同社会或许才是大多数人畅享社会发展成果的坚实保障。随着科技的飞速进步，少数人仅凭所掌握的科技就能对整个世界产生深远影响。一旦这些科技落入邪恶势力之手，整个世界都将面临巨大威胁。未来世界的矛盾冲突，或许不再局限于国与国之间，而是在正义与邪恶之间展开。那些被邪恶势力掌控的国家，其本国国民与其他国家的民众一样，同样遭受着邪恶势力的压迫。

中国自古以来便怀揣着大同社会的理想，并拥有深厚的大同社会文化根基。整体观的思维方式、人皆可以为圣贤的人性观、利他奉献的价值观以及天人一体的宇宙观等，均为大同社会的构建奠定了坚实的文化基石。新中国更是明确将建设共产主义社会作为奋斗目标。新中国诞生之初，便遭受了国际上部分国家的封锁与对抗。表面上看这是意识形态的碰撞，实则归根结底是利益的角逐，是少数人当家作主的国家形态与广大人民当家作主的国家形态之间的根本性较量。

六、大同社会的意义与实现

大同社会不仅是解决社会问题的钥匙，也为人类的未来发展提供了可能。在大同社会中，人们可以实现自由而充分的发展，减少因物质追求而产生的矛盾和冲突。例如，医疗、教育等领域的改革可以提高人们的生活质量，减少因经济压力而产生的痛苦。大同社会的实现需要在实践中不断探索，采取务实的态度，逐步推进社会的发展和进步。同时，宣传工作也非常重要，需要通过多种方式进行宣传，提高人们对大同社会的认识和理解。

总之，大同社会是一个理想的社会形态，它体现了人们对美好生活的向往和追求。虽然实现大同社会的道路充满挑战，但通过团结合作和不断探索，人类可以逐步向这个理想的社会形态迈进。

作为社会学领域的研究者，我始终关注着每一个个体的苦难与困境。无论面对怎样的社会问题，我都将其纳入自己的思考范围，试图从学术理性的角度寻找解决方案。经过长时间的观察与思考，我发现大同社会或许是解决许多顽固社会问题的关键。这一发现并非源于某种意识形态，而是纯粹从学术角度出发，最终得出的结论。无论是社会问题的改进还是恶化，似乎都在不同程度上与大同社会的理念相关联。以下是我对这一主题的深入探讨：

1. 很多社会问题可以在向大同社会发展过程中解决

在我的母亲接受膝盖置换手术时，我深刻体会到了医疗资源分配不均带来的困境。尽管手术费用因国家政策的调整而大幅降低，但对于许多经济条件有限的家庭来说，医疗费用仍然是一个沉重的负担。这让我意识到，大同社会的理想在医疗保障领域具有重要的现实意义。

随着社会逐步向大同社会迈进，个人的医疗支出将显著减少，更多人能够负担得起医疗费用，从而获得有效的治疗。这不仅能够缓解个体的痛苦，还能提升整个社会的健康水平。例如，全民免费医疗的实现，虽然是一个长期目标，但已经在一些国家和地区取得初步成效。这种制度的推进，使得医疗服务不再受个人经济条件的限制，而是由社会整体发展水平决定。在大同社会，每个人都能平等地享受医疗资源，这无疑将极大地改善人类的健康状况。

2. 大同社会为解决很多顽固社会问题提供了可能

在商品经济主导的社会中，许多社会问题难以得到有效解决。这些问题不仅关乎人类的幸福，还影响着社会的长远发展。以下是一些关键问题及其在大同社会中的潜在解决方案：

生存危机与焦虑感的缓解：在商品经济中，人们普遍面临生存危机，即使物质条件充裕，也常常感到焦虑和不安。大同社会通过更加公平的财富分配和资源管理，能够显著减少这种危机感和焦虑感，从而提升人们的幸福感和自由感。

婚配选择权的公平化：在商品经济中，婚配往往与财富状况密切相关，导致一些经济条件较差的个体在婚恋市场上处于劣势。大同社会强调人的品格和能力，而非财富，这使得婚配更加公平，每个人都有平等的机会追求幸福的婚姻生活。

生育率的提升：许多国家面临着生育率下降的问题。在大同社会中，由于个人和家庭的经济压力减轻，人们对生育的担忧也将减少，从而可能提高生育率。

犯罪问题的减少：在商品经济中，贪腐、诈骗等犯罪行为较为常见。大同社会通过提供更多的就业机会和公平的社会资源分配，能够减少因经济压力而产生的犯罪行为。

教育资源的均衡分配：在商品经济中，教育往往成为筛选人才的工具，导致一些个体的成长潜力被忽视。大同社会注重教育的全面发展，关注个体的多样性和独特性，从而为每个人提供平等的教育机会。

工作与生活平衡的改善：在商品经济中，失业与过度加班现象并存，导致人们的生活质量下降。大同社会通过合理的工作安排和资源分配，能够使每个人都有工作可做，同时避免过度加班，提升生活质量。

3. 大同社会的实现

实现大同社会是一个长期而复杂的过程，需要我们在实践中不断探索和改进。以下是一些关键步骤：

务实的态度：在实现大同社会的过程中，我们需要采取务实的态度，基于社会现实逐步推进。例如，通过提高医疗保障水平、改善教育公平性、促进就业机会均等，我们可以逐步向大同社会迈进。

社会制度的改革：我们需要不断改进那些限制个体自由和发展的社会制度。例如，改革教育制度以促进全面发展，调整工作制度以实现更好的工作与生活平衡。

借鉴成功经验：一些企业和组织在分配制度和管理实践方面的成功经验值得借鉴。例如，华为和胖东来的分配实践为社会提供了有益的参考。

长期目标与阶段性成果：大同社会的实现不可能一蹴而就，需要分阶段推进。例如，优先解决那些对社会影响较大的问题，逐步实现全民免费医疗等目标。

通过这些努力，我们可以逐步实现大同社会，为人类创造一个更加公平、和谐、幸福的未来。这一过程需要全社会的共同努力，也需要我们在学术研究中不断探索和完善相关理论。

第六章　中国管理实践的特色管理工具

中国在管理领域拥有独特的工具，这些工具虽也在其他国家出现过，但往往未被当作管理工具来认知。本章将对这些特色工具进行总结，并探讨它们如何助力管理理念落地，以及在管理过程中的具体应用方式。

这些管理工具的核心特点在于直接作用于“人”，关注“人心”与“整体的人”。尽管“制度”是众多组织的关键管理工具，但有时制度频繁变更，而人的行为模式却依旧如故，工作方式未有实质改变。归根结底，组织的工作皆由人来完成，若制度无法促使人的转变，则会失去意义。中国的特色管理工具能够直接影响人的思想、情感、态度及行为，发挥内在与整体的影响力，因而管理效果显著。中国传统管理思想将人视为完整个体，任何能影响人的事物皆可成为管理工具，从这一角度而言，管理工具数量众多，本章仅能择其一二进行介绍。

第一节　会议

在中国的管理实践中，会议扮演着极为重要的角色。无论是组织管理还是社会管理，会议都是不可或缺的管理工具。然而，部分无效会议被冠以“文山会海”之名，使其积极作用鲜为人知。实际上，众多组织管理工作正是通过会议得以完成，关键在于如何提升会议质量，使其真正服务于组织发展。

一、会议的意义

从管理视角来看，会议具备多方面的重要作用，例如传达信息、凝聚共识、情感沟通、情绪激励等，总体而言，会议能够有效进行思想动员，统一思想。

1. 协商讨论以达成共识

当组织面临需要集体商讨的问题时，会议提供了一个集中讨论的平台。各方人员依据自身所掌握的信息，发表见解，有助于全面掌握信息，进而在此基础上逐步形成共识。

2. 沟通信息以增进理解

会议是信息相互传达的场所，通过交流，不同人员能够了解彼此的情况，增进相互理解，同时也有助于不同人员知晓组织的整体状况。

3. 培养集体主义意识以统一思想

中国诸多管理理念皆建立在集体主义思维方式之上，会议为人们参与集体生活提供了渠道，能够逐渐培养集体主义观念，对于一些认识问题，也能逐步实现思想统一。

4. 激励热情以塑造价值观

会议可以借助特定方式激发大家的工作热情，树立工作目标，引导员工形成符合组织期望的价值观。

5. 塑造领导风格

会议通常由领导主导，这一过程也是塑造领导风格的过程。若领导风格获得大家认可，将更有利于推动组织工作。

6. 沟通感情以促进人际关系

对于中国组织而言，良好的人际关系是组织顺畅运行的重要保障，会议为人们提供了沟通感情的机会，有助于促进人际关系的建立。

7. 弘扬组织文化

会议是弘扬组织文化的重要场所，许多与组织文化相关的要素都能在会议中得到展现。若能有效利用会议，还能起到塑造组织文化的作用。

会议的作用远不止这些，但会议在召开前，组织者应对会议主题、目标以及如何实现目标有详细规划，至少要有大致计划。在实践中，由于开会较为容易，尤其是上级召集下级开会时，有时较为随意，导致会议效率低下，引发人们对会议无效且无意义的抱怨。然而，这并非会议这种管理形式本身的问题，而是开会者未能充分利用会议这一管理工具。

二、会议的成本

开会会产生多方面的成本，会议组织者应有所了解，以便更好地决定是否召开会议。

1. 时间成本

以一个一小时的会议为例，若有 20 人参加，累计时间达 20 小时。若按朝九晚五的工作制度计算，20 小时相当于一个人 3 个工作日的工作量。例如，有些工作团队在每个工作日的开始安排 1 小时的会议，若这 1 小时未能创造价值，便是极大的浪费。再如，有的组织每周安排半天的集体会议，按每周 5 个工作日计算，这半天相当于 10% 的工作时间，还不包括参会者往返会议地点以及会议筹备所花费的时间。因此，会议组织者必须清楚，无效会议对组织产出绩效的负面影响极为巨大。

2. 物资成本

会议的召开涉及会议室、会议材料等与会议相关的成本，还包括参会者为参会而产生的物质成本，如交通费用等。

3. 精力成本

在开会过程中，会议组织者与参会者都需要付出一定的精神体力等，这些也是成本的一部分。

会议在发挥积极作用的同时，也会产生多种成本，这里仅列举了几个主要方面，实际上还可能存在其他成本。这些成本对组织的意义，除了成本本身的数值，还取决于其机会成本。是否召开会议，以及如何有效召开会议，都是需要认真思考的问题。组织应树立这样的意识：无效会议对组织绩效的负面影响是巨大的，应积极提升会议的有效性。

三、如何召开有效的会议

有效的会议应注重以下几个方面。

首先，目标明确。有些会议是为开会而开，缺乏明确的目标设计，决策者仅是想召集大家随意聊聊，这样的会议很难取得成效。会议最好有明确的目标，并围绕目标有计划地安排相关内容。其次，议程安排合理。应对会议议程进行合理规划，明确各部分内容及时间安排。再次，提高重视程度。要提高参会各方对会议的重视程度，使参会者在会议过程中理解会议精神，确保每个个体都能达成会议目标。此外，参会人员选择恰当。参会者应是利益相关者，或是与会议主题密切相关的人，尽量避免无关人员参会。最后，选择合适的会议主持者。良好的会议主持人是提高会议有效性的重要因素。所有这些方面的设计都应围绕管理要素展开，使每一次会议都成为提升组织绩效的机会。

四、人文管理的会议特点

人文管理关注人的情感、态度、意愿与积极性，以及时间分配等，而非人文管理则侧重于事务本身，关注事务的进展，却忽略了做事的人。即使关注人，也是从工具性角度出发，考虑人完成事务的能力。许多单位的常规会议都是以事务为线索展开，很少关注完成这些事务的人，人被抽象化为完成事务的工具。

第二节　榜样与标兵

《论语》有言："君子尊贤而容众，嘉善而矜不能"，榜样自古以来在中国社会就发挥着示范作用。例如，古代的"功德牌坊"以标志性建筑的形式树立榜样，一旦建成便长期存在，引导社会价值观，引领社会风尚。良好的榜样一直是进行道德教育以及文化传承的有效方式。雷锋、钱学森、焦裕禄、王进喜、史来贺等榜样，激励着一代又一代中国人。在中国，国家设有诸多荣誉称号，既奖励卓越贡献者，也引导社会风尚。在治沙领域，就涌现了许多获得荣誉称号的个人与团体。在组织管理过程中，标兵评选、先进评选、榜样树立等都是重要的组织管理方式。树立榜样是教化管理的重要方法，也是人文管理实践的重要管理工具。

一、榜样是卓越标准

前文曾提及，若以制度规定的方式对人提出"绩效"要求，通常只能以平均标准或稍高于平均标准来要求，很难以卓越标准来要求所有人。一方面，以卓越标准要求所有人不具可行性；另一方面，也不具合理性。根据统计规律，一般 30 个样本的自然表现基本呈现正态分布，即使以卓越标准要求，也未必能实现。很多要求是组织难以提出的。比如，要求人像张桂梅那样无我奉献，要求老师捐一两年工资为学校建教学楼，要求人拼命工作等，这些要求都是组织难以提出的。然而，若树立这样的人为榜样，每个人都可以根据自身情况向榜样学习自己能够做到的部分，每个人都可能有所提升。榜样可以是业务标兵、道德榜样，也可以是在某方面表现较好的员工，以一定形式成为某段时间内某方面的榜样。榜样还能反映组织的价值观，引导大家向榜样看齐。

二、榜样是标准与途径的统一

若以制度形式向员工提出某种绩效要求，这相当于提出了绩效的标准，但要实现这个绩效，还需要员工自己想办法，或者组织给予员工一定的培训，也就是说，制度所规定的绩效标准里，可能没有实现绩效的途径。然而，当组织在员工中树立榜样时，榜样的标准就是追求的标准，榜样的做法就是达到这个标准的途径。也就是说，榜样是标准与达到标准的途径的统一。

三、榜样可以起到激励作用

榜样树立的作用是多方面的，一方面可以激励榜样本人，使其能够继续按照较高的标准完成工作，保持自身的先进性；另一方面可以激励他人向其学习。在很多时候，人们并非做不到，而是缺乏对自己潜力的认知，不知道自己可以做到。当有人树立起榜样时，就能有效扩展所有人的认知边界，激励所有人努力奋进。

按照中华传统文化中的主流人性观——“人皆可以为圣贤”，一个人能做到的事情，其他人也都存在做到的可能。比如，将自己的毕生心血投入山区学生教育的张桂梅，已经成为很多教师的榜样，而张桂梅的榜样是江姐，红岩精神是张桂梅执教的免费女子高中所倡导的精神。正是在这样的精神引领下，基础薄弱的贫困山区学生取得了难以想象的成绩，这就是榜样力量的生动体现。

对于先烈无我奉献的宝贵精神，我们必须怀有感恩敬畏之心，这不只是在尊敬先烈，更是在净化自己的灵魂。无我奉献精神是中华民族的精神命脉，如果不尊重先烈，从小处来说是忘恩负义，从更准确的角度来说是背信弃义。这其实是在伤害自己，就好比敌人扔向我们阵营中的炸弹，不但没有被挡回去，反而被送了一程，使其准确地落到了自己的阵地。很多人可能不懂其中的厉害，轻信一些不良教唆，但我怀疑那些污蔑先烈的人不懂。先烈的精神，先烈的榜样作用，永远是中华民族的宝贵精神财富，是可以发挥永恒激励作用的。

在有些组织中，虽然也有标兵、先进等的评选，但这种评选大多成了绩效奖励的基础，奖励发放完就结束了，没有进行适当的宣传，没有进一步发挥其带动作用。这样的评选就变成了简单的物质激励，没有发挥应有的精神激励作用。如果人物事迹中包含精神激励的内容，还是要进行一定的宣传，否则难以全面发挥激励作用。

此外，先进、标兵、榜样的评选过程都会产生一定成本，由于网络的普及，现在出现了各种不同的投票方式。如果不能发挥精神激励作用，仅仅是作为绩效发放的一种形式，可能就没有必要大费周章，直接按照绩效进行评比就可以了。除评比过程的成本外，还有人们对公平性是否认可所产生的心理成本等，如果不能有效发挥精神激励作用，就要考虑其合理性。

四、榜样具有灵活性

如果以制度的方式进行管理，制度一旦制定出来就会具有相对稳定性，即使已经时过境迁，制度已经有不适宜的地方了，也不容易改变。但是，如果通过树立榜样的形式进行管理，就具有很大的灵活性，可以根据需要灵活决定宣传的人物、人物事迹的侧重点，以及宣传的强度等。

第三节 口号与标语

在中国，口号与标语深受政府和百姓喜爱，这或许与汉语的特点有关。汉语内涵丰富、言简意赅，能用极少的字表达深刻的意义。口号与标语通常以横幅形式悬挂在显眼位置或通过电子屏播放。

口号与标语具有诸多优势。

首先，口号与标语的语言凝练、意义明确，能够直指人心，实现与大众的直接沟通，避免管理意图在层层传达中出现信息流失。

其次，口号与标语的传达范围极为广泛，能有效减少信息遗漏。一旦被张贴或悬挂，它们会长时间存在，目标人群基本都会看到，且不会占用额外时间去了解，走路经过就能看到，基本能覆盖所有目标人群。在信息社会，口号与标语还能通过网络传播，进一步扩大其影响力。

此外，口号与标语便于记忆与理解，简短的形式能加深人们的印象，起到提纲挈领的作用，帮助人们了解其他相关内容。例如，“护林防火，人人有责”这一标语，一旦人们理解其主旨，就会联想到不能在森林里使用明火等相关内容。

在中国传统管理理念中，人际和谐至关重要，而共识是其基础。口号与标语能快速凝聚共识，当大家对口号与标语的内涵达成一致理解后，便会自觉相互督促，共同朝着目标前进。

第四节 仪式

仪式自古以来在中国社会就扮演着重要角色，《中庸》中提到“斋明盛服，以承祭祀”。在当今社会，仪式在不同层面都发挥着凝聚人心、塑造价值观等作用。从国家层面的国庆盛典，到基层组织的各种仪式，都能激发人们的爱国热情、民族荣誉感与自豪感，以及为祖国作贡献的热情。

一、仪式可传达组织文化

仪式是组织向成员传达组织文化的重要管理工具。它通常比较正式、庄重，体现了对仪式主题和相关人员的高度重视。仪式的设计至关重要，细节的不同可能导致完全不同的管理效果。相关负责人应明确仪式的目标及期望达到的效果，从而进行更符合管理需要的设计。仪式以一定的程序与标志为基础，通过对相关要素的设计，能够更好地发挥其管理作用。

二、仪式可凝聚人心

中国传统管理思想强调“人心”管理，注重人的动机和情感态度。仪式能够将人们从平凡生活中抽离出来，集中精力感受精神激励，快速影响人的情志、态度和价值观。例如，学校定期进行的升旗仪式，就在潜移默化中塑造了学生的价值观，凝聚了爱国共识。组织应思考如何挖掘自身资源，借助仪式提升管理水平，如表彰仪式、颁奖仪式、庆典仪式等。

三、仪式可发掘事物的深层意义

正式的就职仪式、退休仪式、聘请仪式、颁发仪式等，都能起到良好的激励作用。否则，这些环节可能就会悄无声息地过去，无法发挥管理作用。一个正式的退休仪式，既是对退休者一生工作的致敬，也是对组织内其他成员善始善终的鼓励。哪怕仪式并不隆重，只要真诚，就能发挥效果。

第五节　活动

活动有多种类型，既可以与工作直接相关，也可以是工作之外的调剂性活动，如元旦联欢、周末爬山、摄影比赛、运动会、技能大赛等。在中国传统管理思想中，人际和谐备受重视，活动对促进人际关系有积极作用，也能反映组织的文化旨趣，对塑造组织文化具有重要意义。活动对组织管理有着独特作用，有些看似可有可无的活动，若应用得当，对提高组织绩效大有帮助。

活动的举办方式灵活多样，既可以将组织的正式工作办成活动形式，也可以将活动镶嵌到正式工作中。举办活动时，应有明确的管理目标，而非仅仅让大家聚在一起娱乐。当然，简单的娱乐活动也会对员工产生影响，但如果有精心的设计，活动就能发挥更好的管理效果。有时，集体聚餐也可以被视为一种管理活动，一些单位特意举办的团建活动也是组织活动的一种形式。

一、超越正式身份

在工作中，每个人都有明确的分工、角色或职务，超越这些身份和角色的行为会被视为不妥。然而，在活动中，人们可以突破这些限制，例如，在正式工作中，员工越级找领导谈话，一般要遵循一定程序。但在具有娱乐性质的活动中，如果领导与员工的座位相邻，就可以自然地聊一聊，了解一些情况。

二、沟通非正式信息

有些非正式信息和小道消息对组织的信息沟通很重要，但不适合在正式场合沟通。活动为这类信息的沟通搭建了平台。

三、激励人心

活动还能发挥激励人心的作用。情志是“知”与“行”的桥梁，情感具有激励作用。在某些类型的活动中，比较容易触动人的情感，影响人的情志。如果作用发挥得好，就能起到激励效果。

很多单位有年终举办联欢会的惯例，这个联欢会看似可有可无，但如果办好了，就能发挥很好的激励作用。

四、跨越式交流

活动还能实现一些跨越式交流。活动的参与者范围较广，不像业务活动，只适合相关工作人员参与。活动的参与者可以是员工家属、已退休的员工等。总之，组织可以根据需要，以活动的名义邀请不同的人。

第六节　运动

运动也是中国社会进行管理的重要方法之一，如大家熟知的学雷锋活动月。运动具有明确的目标，具有组织性、内容安排、活动设计和参与性等特点。运动应有组织性，明确谁领导、谁落实，以及细节如何安排等；应号召相关人员参与，只有相关人员参与才能发挥运动的作用；应有一定的持续性，因为某些管理目标的实现，需要一定的时间保障。

运动可以看作是多项活动的叠加，但与一般活动相比，运动的目的性、组织性和设计性更强。由于这些特点，运动的成本也相对较高，因此组织应进行一定的成本核算，考虑使用这种方式达到管理目标是否经济。

一、运动具有较强的目标达成作用

因其目标明确性和持续性，能帮助组织较好地解决问题或实现发展目标。运动可以在一段时间内持续刺激人们的认知，起到较好的思维模式建设、价值观建设和认知扩展作用。例如，某单位分析后认为提高产品生产质量是当务之急，于是开展“质量提高月”运动。通过在一段时间内采取经验交流、培训学习、自我学习等多种方法，提高大家对产品质量的认识和生产技能，使保障产品质量的理念深入人心。

二、运动能提高员工的重视程度

在管理实践中，人们不一般将这个过程称为“运动”，可能称为“质量提高月”“卫生检查月”“某某主题的大讨论”等，但其特征与运动相似，对于塑造价值观、达成共识、培养某方面能力、解决某方面问题等都有较好的效果。

第七节 讲好组织自己的故事

每个组织都拥有独特的管理资源，而其中最容易被忽视的，往往是那些隐藏在日常点滴中的故事。挖掘并讲述好组织自身的故事，能够发挥意想不到的管理效果。事实上，组织自身的故事是一种极为宝贵的管理资源，值得我们在日常工作中用心积累。

一、故事具有生动性

一位公益基金的创始人曾向公众讲述过这样一个令人动容的故事：在创立公益基金之前，他去医院探望朋友，却看到地上满是鲜血。经询问后，他得知是一位难产孕妇因无力支付手术费用而无法入院，最终在痛苦中离世。这个故事展现了社会中那些亟待关注的角落，也深刻地传达了组织的价值观。它不仅能教育员工，让他们更加深刻地理解组织的使命，还能用于与社会沟通，唤起公众的共鸣和支持。

二、组织自身的故事具有真切感

虽然组织外部的故事也能发挥一定的管理作用，但它们往往缺乏那种“身临其境”的真切感，对人的触动也相对有限。相比之下，组织自身的故事，其中的人物是大家熟悉的同事或前辈，情节也是大家亲身经历或耳闻目睹的，因此更容易引起共鸣，真切感更强，作用效果也更好。这种真切感能够让员工更加深刻地感受到组织文化的内涵，从而增强归属感和认同感。

三、身边的故事具有感召力

曾经有一位老校长，在学校面临困境时，号召教师们为学校捐款建教学楼。在 20 世纪 90 年代，经济条件尚不宽裕的情况下，该校教师毫不犹豫地拿出自己一两年的工资，一夜之间为学校捐建了一层教学楼。这个故事在经历了 30 多年的岁月沉淀后，仍被学校的一位年轻教师满怀深情地讲述。这种奉献精神不仅在当时凝聚了全校师生的力量，也在学校代代传承，成为学校文化中不可或缺的一部分，激励着后来的每一位教师和学生。

第八节　“礼乐之治”中的“乐”治

中国传统文化讲究“礼乐”之治，前文已对“礼”多有论述，此处仅讨论“乐”的管理作用。中国传统思想认为音乐具有独特的管理作用。

《礼记·乐记》中说："夫民有血气心知之性，而无哀乐喜怒之常，应感起物而动，然后心术形焉。是故志微、噍杀之音作而民思忧。啴谐、慢易、繁文、简节之音作而民康乐，粗厉、猛起、奋末、广贲之音作而民刚毅，廉直、劲正、庄诚之音作而民肃敬，宽裕、肉好、顺成、和动之音作而民慈爱，流辟、邪散、狄成、涤滥之音作而民淫乱。""凡奸声感人而逆气应之，逆气成象而淫乐兴焉。正声感人而顺气应之，顺气成象而和乐兴焉。""是故先王之制礼乐也，非以极口腹耳目之欲也，将以教民平好恶而反人道之正也。"孔子说："移风易俗，莫善于乐；安上治民，莫善于礼。"

中国传统音乐有宫、商、角、徵、羽五音，对应金、木、水、火、土五行。古琴是有代表性的传统乐器，古琴琴谱只有手法与弹奏位置（几弦几徽），节奏与音高等可由弹奏者自由决定。古琴乐曲的这一特征赋予了弹奏者更大的自由，符合中国"易"的文化精神，契合"情境理性"的文化特点。中国传统乐器的频率一般低于现行国际标准，对人的生理与心理都有积极影响。可见，中国传统音乐是中华传统文化的体现，能熏陶中国文化精神。

第九节　中国管理思想下的管理工具开发

管理工具是管理理论与管理实践之间的桥梁。除了上文提到的在社会管理实践中被自发应用的管理工具，还有一种"管理工具"是在管理学研究领域产生的。它将管理理论或管理实践中需要考虑的要素以模式化方式呈现出来，形成简洁的思维框架，供管理者在实践过程中参考。一种管理思想若能转化为简单易用的管理工具，应用起来会更方便。这样，即使对理论没有深入了解的人，也能运用这些理论进行管理。依据中国传统管理思想，也可以开发出许多这类管理工具。

一、开发管理工具的意义

从实践角度看，管理工具一旦形成，就能简便且广泛地应用，无需使用者深入了解其背后的设计原理。就像计算机的设计原理很少有人知晓，但很多人都能使用计算机工作一样。管理工具把管理理论的使用模式化，让人能较快掌握并应用于管理实践。从促进中国管理理论发展角度看，管理是实践性学科，一种管理理论若想有生命力，必然要经受实践检验。而管理工具是帮助管理实践者运用管理理论的便捷工具。这对管理理论在管理实践中的应用推广，以及管理理论自身的完善发展都极为重要。

中国管理理论的发展及应用推广，必然需要大量简单有效的管理工具。但由于个人学识、资源、经验等限制，只能举几个不够完善的例子供参考。我深信中国人民的智慧，只要更多人参与其中，不久的将来，我们就能拥有许多基于中国管理思想的简单有效的管理工具。从理论到管理工具，再到实践应用，再从实践应用效果反馈到管理理论与管理工具，这应是一个循环往复、不断提升的过程。

二、如何开发管理工具

开发管理工具时，开发者需对管理思想、管理理论与管理实践有深入了解。管理工具的开发，可从理论演绎，也可从实践中总结。理论演绎法主要是从中国文化思想出发，根据管理理论与管理思想，提炼管理过程中需考虑的要素，总结后以一定方式形成简洁思考框架。实践总结法则是在正反两方面实践经验中总结。例如，在一个管理案例中，分析产生哪些正反经验，正面经验因考虑了哪些因素，反面经验因未考虑哪些因素，然后提炼这些因素，形成简洁思考框架。在具体开发过程中，也可将两种方法结合。

开发管理工具时，首先要考虑应用的管理理论。例如，若从整体观出发，需考虑哪些要素，进行全面梳理。但管理工具与管理理论一样，不能面面俱到，否则会陷入具体管理实践的繁复细节中，抓不住重点。管理理论要对管理实践适当提炼与浓缩，管理工具也是如此。

三、如何应用管理工具

应用管理工具时，应用者首先要根据所面临的管理问题和目标选择合适的工具。选择主要依据管理决策需考虑的要素，看哪个工具能实现更深入分析或满足自身需求。有时，一个管理问题可用多个工具同时分析。管理实践包含多种要素，不同管理工具包含的要素详略程度、侧重点等不尽相同。应用者需根据面临的问题和主要目标适当选择。当工具无法满足全部需求时，还需应用者根据实际情况补充与扩展。

管理工具开发与应用举例方面，中国管理工具开发要嵌入中国管理思维。例如，在酝酿新决策时，要考虑决策对人情绪、情感、动机、人心、道德等方面的影响，以及对事务和人的整体影响。有些领导者在管理中只关注事务性结果，忽略了人这一影响事业发展根本与长远的因素。

管理工具类型多样，其中一种是将分析思路模式化，让每个人都能轻松使用。例如，每个政策决策都应全面考虑其影响。有些管理者认为管理就是奖励与惩罚，鼓励的事情给予奖励，不鼓励的给予惩罚，似乎这样就能解决所有问题。然而，组织是一个整体，每个管理因素的变化都会牵一发而动全身。若不能全面考虑政策影响，就会导致很多政策产生严重未预期到的不良影响。从整体观出发的管理工具，应整体考虑每个管理因素的影响，而非孤立地看其对解决目标问题的影响。现实中常见的情况是，一项政策仅考虑了解决某个问题的作用以及最直接相关的少部分群体反应，却忽略了组织的整体性。新政策就像投入湖面的石子，会在整个湖面泛起涟漪。在分析过程中，可根据受政策影响的相似性，将员工划分为不同类别，针对每个类别进行分析。对于员工较少的组织，甚至可针对每个人进行分析。最后，根据整体情况综合判断新政策对组织的影响。

我们以整体观分析班主任津贴对学校教师的影响，如表6-9-1，我们将教师划分为班主任与非班主任。对于班主任，除了分析班主任津贴对学生管理工作的影响（针对性工作），还要分析其对教学等其他工作的影响（非针对性工作），因为教师的时间和精力有限，针对一项工作提高激励，可能会挤占其他工作的时间。除了分析对班主任工作直接外显的影响，还要分析难以观测的内隐影响，如短期内的情感、态度、工作积极性等，长期内的道德、人格、价值观等。除了分析对班主任自身的影响，还要分析对班主任与相关群体人际关系的影响，如班主任与科任老师的关系，甚至可扩展到班主任在校外的人际关系。对于非班主任，班主任津贴也会产生影响。例如，有了班主任津贴后，有些科任老师对学生的教育活动减少了，因为他们觉得自己没有拿教育学生的钱，所以不属于自己的工作。部分学校出现了这种情况，本来所有老师只要看到学生违反纪律都会进行教育，自从有了班主任津贴后，非班主任就不再愿意教育学生了。因此，模型开发既要从理论出发，也要结合现有经验。

表6-9-1　以整体观分析班主任津贴对学校教师的影响

对针对性群体的影响（班主任）		
	直接影响	扩展影响
对个人的影响	外显影响： 针对性工作 非针对性工作 职业生涯	内隐影响： 短期：认知、情感、态度，积极性、主动性、创造性、归属感、能力发展 长期：道德、人格、动机、价值观、人生观、世界观；人生理想，生活影响
对人际关系的影响	内部关系： 同事关系 师生关系 上下级关系 家校关系	外部关系： 家庭关系 朋友关系 社会关系

续表

对非针对性群体的影响（非班主任）		
	直接影响	扩展影响
对他人的影响	外显影响： 针对性工作 非针对性工作 职业生涯	内隐影响： 短期：认知、情感、态度，积极性、主动性、创造性、归属感、能力发展 长期：道德、人格、动机、价值观、人生观、世界观；人生理想，生活影响
对人际关系的影响	内部关系： 同事关系 师生关系 上下级关系 家校关系	外部关系： 家庭关系 朋友关系 社会关系

第七章　海底捞管理案例

海底捞作为一家以火锅为主打产品的餐饮企业，在激烈的市场竞争中脱颖而出，凭借其独特的管理理念和模式，赢得了员工的广泛认可和客户的高度赞誉，取得了令人瞩目的经营业绩。《海底捞你学不会》一书深入剖析了海底捞的管理案例，引发了中国管理学领域的广泛关注，发行量居高不下。本书将从中国管理思想的独特视角出发，深入解读海底捞的管理之道，探究其成功背后的深层次原因。

海底捞的创始人张勇，在创业初期并未接受过西方管理学的系统教育，他的管理思想与实践主要源于自身的直觉和对人性的深刻洞察，而这些直觉与实践与中国传统管理思想不谋而合，展现出鲜明的中国文化特色。

张勇身上的两个显著特点为海底捞的成功奠定了坚实基础：一是他自身善良且坚信员工的善良本性；二是他对人性有着敏锐而深刻的洞察力。海底捞的管理方法并非凭空臆造，而是管理层基于对人性的深入理解和观察，经过精心设计和反复实践得来的。张勇的个人特质以及他与员工之间建立起的深厚信任关系，构成了海底捞成功的核心要素。此外，海底捞最初的创业团队由四人组成，他们从一开始就建立了亲密无间的伙伴关系，彼此之间的高度信任为海底捞的发展注入了强大的基因。这种基于深厚情谊的合作模式，与由投资人雇佣职业经理人来管理企业的常规模式截然不同，它赋予了海底捞独特的文化内涵和发展动力。

第一节　中国管理哲学视角下的海底捞

一、人性观

中国传统人性观中有两个与管理学紧密相连的特点：一是人的善性，二是人有无限潜能。在深入分析海底捞案例的过程中，我们可以清晰地看到张勇潜在的人性观也呈现出两个显著特点。首先，张勇坚信员工具备完成工作任务的能力。他曾明确表示："火锅是一个技术含量相对较低的行业……只要经过简单的培训，一般人都能够胜任；关键在于员工是否愿意去做，只要愿意，就没有什么是干不好的，核心问题在于员工的主观意愿。"这充分体现了他对员工能力的信任和尊重，认为只要员工有意愿，就能够通过努力达成目标。其次，张勇深信人性本善的一面。他坚信："人心都是肉长的，你对人家好，人家自然也会对你好；只要想方设法让员工把公司当成自己的家，员工就会全心全意地把心思放在顾客身上。"这种对人性善的笃定信念，成为海底捞一系列管理制度构建的基石。海底捞通过营造家一般的温暖氛围，赢得了员工的真心拥护，将普通员工培养成企业的宝贵人才，实现了员工与企业的共同成长。

二、管理目标

张勇始终将员工的成长与发展置于重要位置，而不仅仅是单纯追求企业的利润最大化。在海底捞，不仅张勇本人高度重视员工的利益，员工也深知并坚信张勇和整个海底捞组织关心他们。关于管理目标，海底捞呈现出两大鲜明特点：一是管理者以促进人的全面发展为首要目标；二是通过一系列制度安排，确保各级干部都高度重视人的发展。在注重员工成长的过程中，利润目标得以自然而然地实现，员工的成长与企业的发展相辅相成，形成良性循环。

1. 在海底捞，人得到了充分的发展和尊重

张勇没有将员工仅仅视为实现管理目标的工具，用完即弃；而是把员工当作家人看待，家人之间是相伴一生、共同成长、不离不弃的关系。因此，张勇特别注重员工的个人成长，就像家庭中长辈会全力支持子女读书学习、成长成才一样，海底捞也全力为员工提供成长的平台和机会。杨小丽在西安担任店长期间，曾因生意不佳而陷入焦虑。张勇安慰她："生意不好，可以慢慢来；但人不学习，那可不行！你还这么年轻，什么都能学会。"在张勇的鼓励下，杨小丽开始努力学习。当时，海底捞西安店里没有一个人会使用电脑，她先花了 30 元买了一个键盘，然后请旁边打字店的人教她打字，又自己出资 7000 元买了一台电脑，参加了一个月的电脑培训班，最终学会了使用电脑。当公司开始推行电脑系统时，她能够迅速跟上节奏。如今，她还养成了记工作日记的好习惯。海底捞通过各种方式促进员工的成长与发展，例如，规定店经理以上的干部必须定期到外面就餐，每周至少要与客人一起吃一次饭，与客人交朋友、建立良好的互动关系；同时，鼓励小区经理去读 MBA，大区经理去读 EMBA，且所有相关费用均由公司承担。这些举措不仅提升了员工的专业素养，还拓宽了他们的视野，为员工的未来发展打下坚实基础。

人不仅渴望发展，更需要得到尊重，而海底捞在这方面做到了极致。2006 年，张勇在给员工的新年致辞中深情地说："当你和我交谈时，如果其他员工找你，我们就终止谈话，你优先处理你和其他员工之间的事情；当你和其他员工谈话时，如果顾客需要帮助，你和其他员工就要终止谈话，优先去帮助顾客。这就是我所倡导的以顾客满意率为中心的优先法则。随着年龄的增长，我逐渐明白，'顾客'的定义应该被为广泛，它不仅包括前来消费的顾客，也包括我们自己的员工。"海底捞拥有一支执行力极强、高度认同张勇价值观的干部队伍，他们最可贵之处在于能够将张勇那些并不完美的制度切实落实到位。这种对员工的尊重和重视，使得员工在工作中感受到自身的价值，从而更加积极地投入工作中，为

企业的目标贡献自己的力量。

2. 海底捞把能否促进人的发展作为干部考核的重点之一

海底捞将能否有效促进员工的成长与发展，作为衡量干部工作绩效的关键指标之一，他们用“能下蛋的鸡才值钱”这一形象的比喻来表达这一理念。在海底捞，干部要想晋升，必须通过“师带徒”的方式培养出一定数量的优秀徒弟，而且公司还建立了一系列机制，将师徒的利益紧密绑定在一起，促使他们齐心协力、共同进步。例如，一位店长只有成功培养出其他优秀的店长，才有机会晋升为小区经理；而小区经理如果能够培养出更多优秀人才，且所管理店面的业绩出色，才有可能被提拔为大区经理。在海底捞，这种独特的管理方式使得培养人才成为干部职业发展的必由之路，干部的个人利益与培养人才的成效紧密相连，甚至在很大程度上起着决定性作用。这种制度安排不仅激励了干部积极培养人才，还为企业的持续发展提供了源源不断的动力，形成了一个良性循环的人才培养体系。

3. 海底捞开新店的目的之一是促进人的发展

为了给新培养起来的人才提供不断升职的空间，海底捞需要不断地开设新店。每开设一家新店，就意味着有一个店长的职位空缺以及一系列相关职位的产生。因此，在海底捞员工的心中，努力工作推动企业不断扩张，并不仅仅是为公司创造价值，更是为自己创造更多的上升机会和发展空间。海底捞对员工的考核指标主要包括三类：一是顾客满意度，二是员工积极性，三是干部培养。在制定每年的开店计划时，海底捞首先考虑的是能够培养出多少合格的干部和骨干员工，而不是单纯看手头有多少钱可以用于开店。多年来，海底捞一直保持着资金充裕的良好状态，这为企业的持续扩张提供了坚实的财务保障。海底捞通过这种方式，让员工深刻感受到自己在企业中拥有广阔的发展前景，从而更加坚定地为海底捞工作，因为他们深知，为海底捞工作本质上是在为自己创造更好的未来。

三、激励方法

1. 高待遇与职业发展空间

海底捞为员工提供了相对较高的工资待遇，虽然工作强度可能相对较大，但员工相信只要付出努力，就能获得公平的经济回报以及明确的职位晋升路径。在海底捞，许多原本平凡的员工通过自身的努力，逐步晋升为店长、区长等重要管理岗位。海底捞为员工提供了三条独特的晋升途径：一是管理晋升途径，从新员工逐步晋升为海底捞副总经理；二是技术晋升途径，从新员工晋升为功勋员工；三是后勤晋升途径，从新员工晋升为不同部门的业务经理。海底捞就像一个充满机遇的舞台，无论员工的学历、背景和专长如何，只要他们肯努力、能吃苦、忠于企业并且不断追求进步，就有机会成为海底捞的骨干力量。以袁华强为例，他出身贫寒，19 岁中专毕业后加入海底捞，仅用 6 年时间就从一名门童晋升为北京大区总经理。如今的袁华强，不仅享受着由专职司机接送的待遇，还把父母接到北京，与自己一同居住在望京地区 200 多平方米的公寓里，他的两个孩子也能像北京本地孩子一样接受优质教育。袁华强还攻读了北京大学光华管理学院的 EMBA 课程，30 万元的学费均由海底捞承担。在海底捞，即使那些既没有突出管理才能，也没有卓越业务能力，但任劳任怨、踏实肯干的普通员工，也能通过自己的努力改变命运。例如，普通员工如果能够晋升为功勋员工，其工资待遇将仅略低于店长。海底捞的高薪和广阔的职业发展空间，为员工提供了实现自我价值和改善生活的平台，激励着员工不断努力工作，追求更高的目标。

2. 情感激励与“家和文化”

除了高薪和职业发展空间，海底捞还为员工提供了情感上的激励和“家和文化”的温暖。海底捞通过高薪和广阔的发展空间，使员工与企业的利益实现了高度一致，员工坚信“海底捞生意好了，我们就好了”，从而在经济利益上形成了紧密的“家和”关系。海底捞的会计小王曾感慨地说：“现在很少有公司只看能力不看学历，如果有一天我们离开海底捞，真不知道能干什么，所以我们很珍惜这份工作……”张勇深知，大多数服务员选择这份工作往往是出于无奈，因为这份工作待遇低、地位低、劳动强度大。因此，要想让员工干好这份工作，关键不在于如何培训员工具体的操作技能，而在于如何激发员工的工作意愿。除了物质激励，情感激励在海底捞的管理中占据了重要地位。冯伯英刚加入海底捞时，张勇和其他股东经常带着他们去公园玩耍、划船，过年时还会一起唱歌、吃年夜饭、喝酒划拳，让冯伯英感觉不到自己只是一个打工人。张勇的太太和另一位股东的太太还会买好吃的给大家分享。当冯伯英生病住院时，张勇亲自去看望他，还留下钱让他好好养病，多买有营养的东西吃。还有一次，冯伯英母亲过生日，张勇的太太亲自去他家送了红包。这些看似微不足道的举动，却深深打动了员工的心，让他们感受到家一般的温暖和关怀。

一位来自云南的40多岁阿姨，经历了婚变、背叛等诸多人生挫折。后来，她经亲戚介绍来到海底捞北京四店做保洁工作，女儿则留在老家读初中。在海底捞，她感受到了久违的温暖，同事们对她非常客气，都称呼她为“阿姨”或“大姐”。大堂经理谢张华像对待自己母亲一样对待她，知道这位阿姨舍不得电话费，就经常给她的女儿打电话，叮嘱她努力学习，争取考上大学。女儿每次来电话也都会提到谢张华。最让这位阿姨难忘的是，有一天早上，她在3楼拖地时，同事们突然唱起了生日歌，接着谢张华端着果盘出现了。当时，她感动得流下了眼泪。谢张华抱着她，祝她生日快乐，还称呼她为“妈妈”。这位阿姨深受感动，表示自己虽然快50岁了，但总在想如何报答海底捞。她说，在有生之年，无论是端锅、扫地还是拖地，只要自己还能干，就毫无怨言地去做，因为海底捞就是她的第二个家。

在海底捞，情感激励不仅对个体员工产生深远影响，还具有强大的外溢作用。与物质激励不同，情感激励不会因分配给某人而减少对其他人的影响。当组织对一个员工表现出关爱时，其他员工也会受到鼓舞。

海底捞内部有一份刊物，通过这份刊物，许多感人的故事得以传播，从而激励每一位海底捞员工。组织不必在具体某个员工身上过于计较得失，因为对一个人的好，可能会感动所有人，激励所有人更加努力地工作。这种情感激励的外溢效应，使得海底捞的员工之间形成了紧密的团结和互助关系，共同为企业的目标而努力奋斗。

四、“德政”管理方式

1. 领导者修己安人

在海底捞，干部不仅是业务精英，更是道德楷模，他们肩负着修己安人、教化员工、实施德政的重要使命。海底捞片区经理助理方双华在培训领班时曾强调：“领班的第一职责是起到带头作用。带头作用不仅体现在上班时，脏活儿累活儿干在前，也包括在下班后，对公司制度要起带头的执行作用。领班的第二职责是关心员工。一个好的领班不能只把关心员工理解为有病关照和关心生活，更重要的关心是教会他们独立生活，承担责任，不断进步。如果一个员工在你手下连续做了两年的普通员工，那么你在生活中再关心她，她事后也不会感激你。为什么？你耽误了人家的青春。要么让她进步，要么放弃她，让她去别的地方谋发展，这才是对员工最好的关心。正如张大哥对我们的关心一样，他让我们用双手改变命运，这比任何关心都更有效，更长久。”这种以身作则、关心员工成长的理念，深刻体现了海底捞领导者对员工的深厚关怀和高度责任感。

海底捞的店长和经理们在工作中展现出极高的个人威望，这并非仅仅源于他们的职位，而是源于员工内心深处的一种认知：无论在生活中还是工作中，只要遇到困难，店长和经理一定是他们最可信赖的人。这种信任和依赖关系，使得海底捞的管理层能够有效地凝聚员工，形成强大的团队合力。

2. 信任和授权给下属决策权与道德成长空间

海底捞没有采用严苛的惩罚制度来限制员工的道德成长空间，而是给予了员工充分的信任与授权，让员工的德行在实践中得到锻炼和提升。这种信任与授权使得员工能够根据具体情况灵活决策，实现真正的情境化管理。

对人的尊敬是信任。信任你的操守，就不会把你当贼防；信任你的能力，就会把重要的事情委托给你，这才是对人的尊敬！人被信任了，就有了责任感；于是，士为知己者死，才能把公司的事当成家里的事。①

如果张勇对管理层的授权让人吃惊，他对一线员工的信任更让同行匪夷所思。海底捞一线的普通员工有给客人先斩后奏的打折和免单权。不论什么原因，只要员工认为有必要都可以给客人免一个菜或加一个菜，甚至免一餐。这等于海底捞的服务员都是经理，因为这种权力在所有餐馆都是经理才有的。②

要想要员工的大脑起作用，还必须给他们权力。因为客人从进店到离店始终是跟服务员在打交道，任何餐馆客人的满意度其实都握在一线员工的手里……每桌客人的喜好只有服务员最清楚，只有服务员才能一桌一桌地感动客人。③

海底捞有没有滥用这种授权的员工？有，但只是极少数。聪明的张勇是个抓西瓜、丢芝麻的人，他没有像大多数企业那样，为了杜绝少数极端自私和道德不端之人的做法，而放弃对绝大多数员工的信任。他知道海底捞的差异化掌握在每一个员工手里，如果没有对基层员工的大面积授权，怎么可能一桌桌抓到客人？④

聪明的管理者能让员工的大脑为他工作，当一个员工不仅仅是上级

① 黄铁鹰. 海底捞你学不会［M］. 北京：中信出版社，2015：34–35.
② 黄铁鹰. 海底捞你学不会［M］. 北京：中信出版社，2015：35.
③ 黄铁鹰. 海底捞你学不会［M］. 北京：中信出版社，2015：36.
④ 黄铁鹰. 海底捞你学不会［M］. 北京：中信出版社，2015：37.

命令的执行者时，他就是一个管理者了。海底捞对员工的授权，等于让人人成了管理者，海底捞其实是由一万个管理者组成的公司！

忠诚于海底捞的员工们，难道在进入海底捞之前就都有着更高的品行吗？也许有，也许没有。但海底捞的管理方式在塑造员工的品行方面发挥了重要作用。“道之以德，齐之以礼，有耻且格”，没有人愿意伤害信任自己的人，没有人愿意伤害爱护自己的人，没有人愿意伤害给自己机会的人。海底捞通过这种独特的管理方式，激发了员工内心的道德感和责任感，让员工在工作中不断成长和进步。

五、管理范畴

在传统的组织管理中，大多数组织都将管理的边界限定在组织内部，对组织外部的员工影响相对较小。然而，海底捞却打破了这种常规，将管理的范畴扩展到了员工的家人，实现了跨越个体边界的管理创新。海底捞为领班以上干部的父母每月发放几百元的补助，还在四川简阳建立了一所寄宿学校，供海底捞员工子女就读，每年还会组织优秀员工的家长去海南旅游。此外，海底捞的领导还会定期去员工家里进行家访，这种做法让员工的家人都能感受到海底捞的荣耀和关怀。

通过这种方式，海底捞在员工心理上无形中强化了一种观念：对海底捞好就是对家人好，努力工作就是对家人好，就是在为家人在乡亲面前争光。海底捞没有受到传统“组织边界”的限制，而是将员工的心之所系作为自己的管理范畴，不仅教会员工如何做好一份工作，还在生活的各个方面全面引领员工的成长。

海底捞的管理范畴可以说是“无边界”的，员工需要的，就是海底捞要给予的。从为夫妻员工提供夫妻房，到教会夫妻之间如何相互信任、相互支持；从为员工子女提供优质的教育资源，到教会员工如何教育子女。海底捞关注员工的每一个需求，尽自己所能为员工提供全方位的支持和帮助。在海底捞看来，每一个员工的个人成长和家庭幸福，都是企业发展的基石。很多时候，人们面临的痛苦不仅仅是物质的匮乏，更在于生活中的诸多不知所措的问题。海底捞通过这种全方位的关怀和支持，帮助员工解决了生活中的实际问题，让员工能够全身心地投入工作中，同时也提升了员工对企业的忠诚度和归属感。

六、人才选拔与培养

海底捞在人才选拔过程中，将“不赌博”和“孝顺”作为两条不可触碰的“铁律”。张勇曾明确表示：“一个人如果自私到不顾父母，那么他在工作中也一定会斤斤计较，不可能与人为善；面对各种诱惑时，很可能会铤而走险。而喜欢赌博的人往往都是喜欢走捷径的人，他们不可能对这种又苦又累的餐馆工作全情投入。”由此可见，海底捞在人才选拔时非常注重员工的品德和道德素养，认为这是员工能够为企业长期稳定发展作出贡献的基础。

如果员工出现“吃单”和“吃回扣”等问题，海底捞会毫不犹豫地将其开除，这充分体现了海底捞对员工品德的严格要求。在人才选拔的具体实践中，海底捞采用了一种独特的“赛马”机制。海底捞的面试过程非常简单，不问太多问题，而是先让应聘者参与实际工作，在工作过程中观察和选拔人才。除了工程总监和财务总监这两个关键岗位，海底捞的所有干部都必须从一线服务员做起，通过一点一滴的积累和逐步提拔，逐渐成长为企业的骨干力量。这种“赛马”式的人才选拔机制，一方面提高了人才选拔的准确性，能够真正选拔出具有潜力和责任心的员工；另一方面，通过逐渐提拔和授权，也为实施管理授权奠定了坚实的基础。“赛马”式严格选拔机制与授权之间形成了互补的制度安排，使得海底捞能够在保证员工品德的前提下，充分发挥员工的积极性和创造力。

七、非精细化制度、授权与“家和文化”

在中国传统管理思想中，不侧重于精细化的制度设计，而是通过简约的制度赋予执行者更大的权力，并通过“和”来保障执行者能够从组织的利益出发，根据具体情境做出最优选择。这种管理思想在海底捞得到了完美的诠释和实践。《海底捞你学不会》一书中有以下论述：

制度与流程在保证质量的同时，也压抑了人性，因为制度与流程忽视了执行者最值钱的部位——大脑。让员工严格遵守制度和流程，其实等于雇用一个人的双手，而没有雇用他的大脑。这是最亏本的生意，因为人的双手是最劣等的“机器”，任何人都不可能像机器不走样地重复同一个动作。人最值钱的是大脑，大脑能创造、能解决流程和制度不能解决的问题！①

有人不喜欢免费的酸梅汤和豆浆，能不能送他一碗鸡蛋羹？……一个客人想吃冰激凌，服务员能不能到外边给他买？一份点多了的蔬菜，能不能退？既然是半成品，客人可不可以点半份，多吃几样？一个喜欢海底捞小围裙的顾客，想要一件拿回家给小孩用，给不给？②

北京五店的李小梅说：“一个大姐来用餐，看等座的人很多，要了号后问我，这附近哪有理发店，她要去洗个头。我就把大姐送过去了。可是回来后，不久就下起雨，我想到她没带雨伞回来一定会淋雨，就又跑过去给她送了一把伞。后来，那个大姐来我们店很多次，有一次还带来一件新衣服，说是她女儿买的，穿着不合适，非要给我。”海底捞的客人就是这样一桌一桌抓的！③

海底捞简约的管理制度，激发员工从组织需要的角度，来安排自己的工作。

比如一个保洁员刚把卫生清理完毕，正要去别的区域清理，这时恰巧有客人要加啤酒，可是附近没有服务员。此时，保洁员是先放下本职

① 黄铁鹰．海底捞你学不会［M］．北京：中信出版社，2015：16.
② 黄铁鹰．海底捞你学不会［M］．北京：中信出版社，2015：17.
③ 黄铁鹰．海底捞你学不会［M］．北京：中信出版社，2015：19.

工作，给客人拿酒？还是找正在别处忙着的服务员去拿？再比如，后厨的本职工作是做菜和传菜，可是此时桌子上摆满了客人吃剩下的残羹剩饭，前厅的服务员忙不过来打扫时，后厨应不应该帮忙？这两个例子代表了企业分工中最核心的问题—分工之后，如何配合？边缘问题，谁负责？商学院把这种问题归为组织行为，有专门的老师教授这种课程。[①]

海底捞的员工发明了“以打麻将的精神工作”。

比如，你坐在我对面，你洗牌时，牌掉在我脚下，谁捡？当然是我捡！因为早捡起来，早开局；早开局，我好早点赢钱。所以打麻将，不管谁掉了牌，都会有人尽快捡起来。但在工作中呢，你做错了，凭什么我来帮你？你弄掉了，肯定你捡，跟我有什么关系？可是海底捞是我们的家，一个人做错了，实际上跟大家都有关系，那么我们为什么不能用打麻将的精神来工作？”[②]

一位财务人员在服务员忙不过来时，主动去帮忙。

在最合适的时间，做对海底捞最有利的事情。……我们的一切工作都是围绕让顾客满意这条根本原则。如果‘顾客满意’受到威胁，海底捞将不复存在，那么我们的一切工作都将失去它的意义，包括我们的成本控制表。所以，放下手中的事情，马上投入到让顾客满意的工作中去，才是海底捞财务人员的正确做法。[③]

海底捞之所以可以给员工比较大的授权，之所以可以使用简约的制度，是以其“家和文化”为保障的，因为海底捞是自己的家，所以不管有多少权力，大家整体来说都是运用这些权力为家创造更大的价值。

---

① 黄铁鹰.海底捞你学不会［M］. 北京：中信出版社，2015：70–71.
② 黄铁鹰.海底捞你学不会［M］. 北京：中信出版社，2015：71.
③ 黄铁鹰.海底捞你学不会［M］. 北京：中信出版社，2015：121–122.

第二节　为什么员工把海底捞当成家

在海底捞，大家称呼张勇不是称呼“张总”，而是称呼“张大哥”，张大哥是大家的精神支柱，是指路的灯塔，是痛苦挣扎中可以信赖的家人。不管海底捞是否愿意把自己打造成家文化，很多员工把海底捞当成“家”。正如张勇所说：“家最能触动中国人的神经。中国人真有信仰的不多，家是绝大多数中国人的精神归宿。中国人一生的追求和荣辱都同家连在一起。家还有一个特点，就是公私不分。家的成员很多，地位有高有低，但每个家庭成员都愿意对家作出最大的贡献。”①

中国人对家有一份特殊的情感，愿意为家付出自己最大的努力，不计得失。

海底捞出名后，不少餐饮企业将目光投向海底捞的员工，想着挖过来为己所用，但真正能够达成目的的却屈指可数。

我问：“他们挖你的条件一定很优厚吧？”小丽说：“对，都是百万以上的年薪外加股份。我跟他们说：不是钱多钱少的问题，你们不要再来电话了，我离开海底捞什么都不是，我不会离开海底捞的。”我又问：“多少钱都不走？”小丽盯着我的眼睛说：“黄老师，我说的是真话，海底捞是我家，没有海底捞就没有我，我不可能背叛它；再说了，给家干活儿和给别人干活儿能一样吗？”②

一个能让员工当成家的组织应该有什么特点呢？我们从以下几个角度来分析一下海底捞的案例。

---

① 黄铁鹰．海底捞你学不会［M］．北京：中信出版社，2015：20.
② 黄铁鹰．海底捞你学不会［M］．北京：中信出版社，2015：28-29.

一、关心

在家里可以得到关心，一个能让员工当成家的组织，必定会给予员工关心。

答案在张勇这里变得很简单——把员工当成家里人。如果员工是你的兄弟姐妹，到北京给你打工，你会让他们住到城里人不住的地下室吗？当然不会，因为在条件允许的情况下，你不忍心让他们住那种通风不好又闷又热又潮的房子。可是很多在北京餐馆干的服务员就是住在北京的地下室，而他们的老板住在楼上。①

让员工把公司当家不是说出来和教育出来的。人都不傻，事实胜于宣传。海底捞这些来自农村员工的被窝里，在北京没来暖气的时候，还有公司给配发的暖水袋！有的分店，晚上还有专人把热水灌进去！是不是只有妈妈才能这样做？②

如果你的兄弟姐妹从乡村来北京打工，你一定担心他们路不熟，会走丢；不懂规矩，会遭城里人的白眼。于是，海底捞的培训就不仅仅是工作的内容，还包括怎么看地图，怎么用冲水马桶，怎么坐地铁，怎么过红绿灯，怎么使用银行卡……③

如果你的妹妹弟弟结婚了，你能让年轻的夫妇分居吗？如果妹夫没有工作，你能不替他着急吗？于是海底捞的人事政策又让人力资源专家大跌眼镜，海底捞鼓励夫妻在同一家公司工作，而且还给夫妻提供由公司补贴的夫妻房。④

海底捞的员工住的都是城里人住的正规住宅，里面有空调和暖气，每人的居住面积不小于6平方米。不仅如此，宿舍必须步行20分钟之内

① 黄铁鹰.海底捞你学不会［M］.北京：中信出版社，2015：21.
② 黄铁鹰.海底捞你学不会［M］.北京：中信出版社，2015：21.
③ 黄铁鹰.海底捞你学不会［M］.北京：中信出版社，2015：22.
④ 黄铁鹰.海底捞你学不会［M］.北京：中信出版社，2015：23.

可到工作地点。……这些都还是大孩子的服务员需要充足的睡眠。①

海底捞给予员工的关心是全方位的，员工需要的就是公司要提供的。

二、包容

家是什么？是你站在门口敲门，永远不会被拒绝的地方。即使犯了错，家人也会包容你。一个能让员工有家的感觉的组织，也一定会包容员工的错误，只有这样，员工才会愿意不断尝试，去寻找让组织变得更好的方法。

海底捞刚入驻北京时，非常不顺。租第一个房子，我就让人给骗了，而且整整骗去300万，那是当时海底捞账上的全部现金。“人找到了吗？”我问张勇。“找到也没用，那伙人中还有个退休法官，人家早就设好了套，我们不懂。”我又问：“你听到他们被骗的消息后，骂没骂人？”张勇说：“我哪敢骂？！那个主管经理已经急得两天吃不下饭了，那几天电话我都不敢给他打。后来听说他们要找人绑架那个骗子，我才给他打电话。我说，你们就值300万？马上干正事吧。”我又问：“你真没怨他，真没心疼？”张勇说：“我当然心疼，那是我们当时所有的现金。不过，我真没怨他。因为我去租，不也要受骗吗！②

2017年，有记者卧底海底捞，曝光了一些员工在卫生意识方面的不足，引发了社会的广泛关注和负面评价。在类似情况下，许多组织往往会采取“丢卒保车”的策略，通过开除涉事员工来推卸责任，甚至会以“临时工已被解聘”为由来撇清关系。然而，海底捞的反应却截然不同。它在事件曝光后的4个小时内迅速公开道歉，坦诚承认这是管理不到位

---

① 黄铁鹰．海底捞你学不会［M］．北京：中信出版社，2015：21.
② 黄铁鹰．海底捞你学不会［M］．北京：中信出版社，2015：105-106.

的问题，并承诺会加强管理。海底捞没有责备底层员工，更没有通过开除员工来逃避责任。海底捞的这种做法，就像是一位家长站出来为孩子的错误道歉，迅速且果断，没有丝毫犹豫。这种决定对海底捞上万名员工产生了深远的影响。它向所有员工传递了一个明确的信号："海底捞是你的坚强后盾，只要你全心全意为海底捞工作，海底捞不会为了保全自己而轻易放弃你。"当一个组织愿意包容员工的错误，不离不弃时，员工会感受到一种强大的归属感和安全感。相反，如果海底捞选择开除员工来应对危机，那么每一位员工都会陷入不安，担心自己有一天也会被抛弃。这种恐惧心理会极大地打击员工的工作积极性。海底捞对员工的包容和坦诚不仅激励了涉事员工，也让所有目睹这一切的员工深受鼓舞。这种正面的激励效应远远超出了一个人的范围。同时，海底捞的这种态度也赢得了客户的认可，不仅挽救了自身的品牌形象，还获得了更多的赞誉。

三、尊重

就像在家渴望得到尊重一样，能让员工有家的感觉的组织，也一定尊重每一位员工。

张勇说："海底捞有今天，每个干部都有一份功劳和苦劳。所以干部不论什么原因离职，我们都应该把人家的那份给人家。小区经理走，我们给20万；大区经理以上级别的离职，我们会送一家火锅店，差不多800万。"①

四、信任

家人之间是不设防的，做事靠的不是监督，而是基于亲情的信任与

① 黄铁鹰.海底捞你学不会［M］.北京：中信出版社，2015：104–105.

支持。相互信任，给予授权，而不是监督、限制与防备。

“养而不爱，是养猪；爱而不敬，是养狗。”人呢，最难养，只给吃的和爱还不够，人还需要尊敬。什么是对人的尊敬？见老板鞠躬给领导鼓掌？那不是对人的尊敬，那是对地位和权力的尊敬。对人的尊敬是信任。信任你的操守，就不会把你当贼防；信任你的能力，就会把重要的事情委托给你，这才是对人的尊敬！人被信任了，就有了责任感；于是，士为知己者死，才能把公司的事当成家里的事。①

把员工当成家人，就要像家人那样信任员工。信任不是说出来的，而是做出来的。信任的唯一标志就是授权。……所以张勇在公司的签字权是100万以上；100万以下是由副总、财务总监和大区经理负责；大宗采购部长、工程部长和小区经理有30万元的签字权；店长有3万元的签字权，这种放心大胆的授权在民营企业实属少见。②

五、回报——付出都值得

在海底捞工作，员工不仅有高于同行的工资和成长空间，还能看到自己的付出得到了回报。尽管工作辛苦，但大家都觉得值得。

谢英在培训员工时经常讲：“我是典型的‘三无产品’。第一，我没青春证，我进海底捞时24岁，在服务员中算老的，所以都不让我去前台，而是做员工餐。第二，我没有学历证，我只是一个初中生，还是农村的初中毕业生。第三，我没有身材证，长得不漂亮，身材也不好。可是海底捞还把我这个‘三无人员’当成一个宝，上上下下对我比较认可，这是我最大的幸福。……”③

海底捞员工预期待遇高的根本原因是他们都相信自己还能够晋升，

① 黄铁鹰．海底捞你学不会［M］．北京：中信出版社，2015：34-35.
② 黄铁鹰．海底捞你学不会［M］．北京：中信出版社，2015：35.
③ 黄铁鹰．海底捞你学不会［M］．北京：中信出版社，2015：21.

并且事实也正是如此。……海地捞为店长、经理们提供了让他们感到惊讶的待遇，并且描绘了美好的前景，每个人都还能得到提升。[①]

六、同甘共苦

家庭成员之间是共享收益的，但如果企业赚来的钱都被老板独享，员工就会在心理上与老板拉开距离，觉得“老板是老板，自己是自己”。张勇却不是这样的老板。他没有把自己高高在上，而是主动融入员工，成为大家的“张大哥”。

海底捞现在有上万名员工。海底捞总部在北京南三环附近一个非常不起眼的办公楼里，总面积只有500平方米，而且还包括半个夹层；张勇在总部没有办公室，苟轶群这个管钱大总管的办公室不到12平方米。同海底捞餐厅并不豪华的装修相比，海底捞总部显得过于寒酸。寒酸吗？不寒酸！员工如果是顾客的话，干部就是服务人员；如果是服务人员，自然就不应该那样气派！人都不傻，需要被提醒，胜于被教育。企业里谁最重要，正常人一眼就能看出来。[②]

七、家是由成员匹配成的整体

家庭成员之间是相互匹配的，家庭成员的选择基于共同的价值观和相互契合。西方的组织管理倾向于制度理性，将组织视为一台运转的机器，而人则是标准化的螺丝钉，只要安到相应位置就能正常运转。这种制度理性强调不受个人特征的限制，却忽略了人的独特性，甚至认为情感、态度和偏好都不重要。然而，家文化与制度理性截然不同。家庭成员的选择是有针对性的，家庭成员的个性和情感态度偏好不仅不可忽略，

① 《西贝员工“卧底”海底捞的万字揭秘日记》http：//www.doc88.com/p-69129003350312.html.

② 黄铁鹰.海底捞你学不会［M］.北京：中信出版社，2015：123-124.

还会得到其他成员的尊重。

海底捞可能会担心“家文化”不被所有求职者认可，但实际上，海底捞不需要成为所有求职者向往的公司。只要愿意来工作的人能满足组织的人力需求，就足够了。就像每个家庭都有自己的特色一样，只要家人喜欢就行，不需要取悦所有人。

八、不离不弃　患难与共

在人文管理实践中，人是发展的目标，不是把人当成实现组织目标的工具。这或许是海底捞让其他组织难以效仿的根本原因。海底捞的领导者和组织对员工的关怀是发自内心的，把员工当作亲人，而不是工具。亲人是不离不弃的，而工具是用完即弃的。这种态度的差异显而易见。

海底捞全方位地介入员工生活，员工需要什么，海底捞就提供什么，比如结婚、看病、子女上学、养老等。对于店长及以上级别，如果孩子在北京念书，公司每年报销不超过 1.2 万元的学费。海底捞还推出工会会员制，承诺会员可以终生留在公司，即使公司倒闭也不会抛弃他们。这是张勇对人性的深刻洞察。如果一个地方能让员工终身托付，员工自然会全力以赴。一般组织是事务结束后人就散了，而家庭则是即使事务结束，人也要在一起。对部分员工来说，海底捞不仅是第二个家，更像是生死相许的承诺。

有人说海底捞工作辛苦，可能会面临员工不足的问题，但我并不认同。比海底捞更辛苦的工作还有很多，而海底捞的付出是有回报的，很多工作却未必。所以，问题不在于工作辛苦，而在于海底捞的人员结构中大学生较少，现有的关系模式更适合原有员工，不适合大学生融入。如果归因错误，就无法解决问题。如果大学生的情感需求与“农民工”不同，组织是否可以用不同方式满足不同员工的需求？如果满足方式不同，又如何保证公平？这是值得思考的问题。从家庭的特征来看，家庭成员之间不一定相似，但只要有爱就够了。

第三节 海底捞你怎么学得会

许多组织在学习海底捞的过程中，虽然尝试模仿海底捞的许多做法，但有一点却不敢轻易尝试，那就是海底捞独特的授权模式。海底捞赋予员工极大的权力，例如张勇在公司的签字权额度为100万元以上，副总、财务总监和大区经理负责拥有100万元的签字权额度；大宗采购部长、工程部长和小区经理拥有30万元的签字权额度；店长则有3万元的签字权额度。这种大胆的授权在民营企业中极为罕见。

在中国传统管理思想中，讲究"无为而治"，强调"道之以德，齐之以礼"，而不是"道之以政，齐之以刑"。蕴含着使用简约制度，并授权具体执行者根据情境做出最优决策的思想。授权的关键在于员工是否会按照组织的利益去决策。为了使员工在任何情境下都能按照自己的理解做出对组织最优的决策，中国管理思想还强调"以和为贵"。组织"人和"的程度越高，员工与组织之间的利益一致性越高，就越可能做出对组织有利的决定。可以说，"授权"与"人和"之间具有正向关系，宽松的授权和非精细化的规定与"人和"具有互补性。

家往往具有不可替代性和情感的专属性。正如俗语所说，"金窝银窝不如自己的狗窝"，一旦员工把海底捞当成了家，其他组织即使给予更高的待遇，也难以弥补员工内心的情感需求。情感是无法通过规定直接获得的，就像一个人即使拥有再大的权力，也难以直接规定让别人喜欢自己。人或许可以运用权力去赢得别人的情感，但权力并不能直接产生情感。

通过前面的分析，我们可以看到，海底捞的管理有一套自己的哲学，其中的管理哲学与西方的管理思想有很多不同之处，但与中国传统管理哲学有很多相通之处。学习者可以分析不同要素之间的联系，进而决定学习的程度。例如，"授权程度"与"家和"程度是正相关的，如果没有家和做基础，就不能过度授权。

对于中国的管理来说，“人”是最重要的，学习海底捞不能只复制其“制度”。如果想学习海底捞，就要有像海底捞那样的一群员工；想要有那样的一群员工，就要有张勇的那颗心。我们不可否认制度对获取员工真心的重要性，但海底捞的成功更重要的因素可能是张勇的真诚，也是因为有了张勇的真诚，才有了那些制度。

第八章　胖东来管理案例

胖东来成立于1995年，是一家集百货、超市、购物中心、影院、专卖店等多种业态于一体的商贸集团公司。其业务涵盖服饰、电器、珠宝、医药、食品、餐饮等诸多行业，但经营区域仅限于河南省的许昌和新乡两市。胖东来以其高人效、高坪效、高业绩等显著优势在业界备受瞩目，其诸多打破常规、标新立异的做法，为管理学领域带来了诸多启发。

1995年，胖东来的前身——望月楼胖子店，正式注册成立。彼时，“万元户”还是财富的象征，而29岁的于东来却背负着30万元的债务。这个小店是于东来借钱开办的，但凭借“以真品换真心”的经营理念，为顾客提供质量有保障、价格实惠的商品，当年便获得了80万元的利润。1997年10月，胖东来开始进入超市业态，1999年5月，胖东来进一步拓展业务，进入量贩业态，并逐步向专业商场延伸，经营品类涵盖服饰鞋类、通信设备、电器、珠宝等。2002年，许昌胖东来生活广场成立，成为胖东来商贸集团第一家集购物、休闲、餐饮、娱乐于一体的综合商场。短短7年时间，胖东来完成了从街边小店到商贸集团的华丽转身。

在许昌，胖东来以锐不可当之势，取得了远胜竞争对手的业绩。2005年，胖东来进军新乡，在丹尼斯、世纪联华、大商新玛特、沃尔玛、家乐福、永辉等强大竞争对手林立的情况下，依然取得了骄人的成绩。数据显示，2013年，胖东来在新乡的两个店，共6.8万平方米的营业面积，销售收入占新乡地区的56.19%，而其他七家同行共25.8万平方米的营业面积，仅分享了剩下43.81%的销售收入。

第一节　胖东来突破常规的管理模式

一、高工资与岗位股

“让创造财富的人分享财富”是于东来的核心管理理念。1995年，在胖东来的前身望月楼胖子店时期，当时店里大约有10位员工，市场上的工资是200元/月，而于东来却给员工开出1000元/月的高薪，并且包吃包住，过年还发放福利。员工在胖子店工作3年，就能买个小院盖上几间房，完全没有后顾之忧。于东来不按“市场价格”给员工付工资，而是从员工的实际需求出发，考虑员工的生活需要。

1999年，胖东来启动了股份制改造。当时，胖东来的年净利润是1700万元，于东来拿出1000万元作为股份，根据工龄、职位等按比例分配给员工，公司也正式实行了半班制。胖东来还为中高层干部每人配备一辆车和一栋房。尽管早些年很多商业人士认为“胖东来的工资那么高，成本那么高，很难存活”，但胖东来却越做越大。于东来并不认为高工资是自己给员工的恩赐，而是员工自己挣来的，他只是在“让创造财富的人分享财富”而已。岗位股使得胖东来的员工除了拿高工资，还能分享企业的剩余利润。

二、把员工当做完整意义上的人

2012年3月，胖东来宣布每周二闭店一天，春节从除夕到初四闭店。这一举措打破了中国零售业“白天永不歇业”“365天全年无休”“节假日即黄金时间”的通行规则。对于这些做法，于东来表示：“不要从商业角度来理解我闭店休息。首先，这关乎人性化的管理哲学，零售业基层员工的休息权长期被忽视，我希望我们的做法能引发业界的关注和思考。员工是人，他们应该有完整的生活，不仅要工作，还要恋爱、结婚生子、旅游度假，他们有权享受生活。”

于东来进一步指出：“我们太贪婪了，我们要的太多了，走得太快了。我们把地球搞得千疮百孔，造出那么多过剩产品，堆在仓库里，等过时了又把它们销毁。我们是否要把子孙后代的资源都消耗殆尽？人们每天都在焦躁地匆忙赶路，却不知道究竟要去哪里。我想通过闭店休息表达这样一个理念——我们要走慢一点，更多一点真实，更多一点自由，更多一点快乐，让灵魂能跟得上我们前行的脚步，这才是人生。”尽管假期多了，胖东来的销售额却保持稳定增长。

自2014年起，胖东来的员工每年享受4周的带薪年假，具体安排年假的权力下放给了部门主管。于东来叮嘱：“休假岗位人员如果调整不开，部门必须申请补充流动替岗人员，保证员工的休假质量。”如果员工对休假安排不满意，可以提出来，公司负责协调解决。

胖东来不允许员工加班，下班以后不许接单位的电话。为了能让员工有更多生活休闲时间，一线员工实行的是“半班制”，上午班从上午九点半到下午一点半，下午班从下午一点半到晚上九点半，两人一组轮换。即使算上开店前的准备和闭店后的整理时间，每个员工的日均工作时间也不超过七个小时。这种半班制、不加班的管理制度，与时下很多企业流行的长期加班制形成鲜明对比。

三、能干会玩、高度敬业的员工

于东来认为“能干会玩”是生命的平衡，也是生命质量的提升。他真正把员工当作完整意义上的人，而非获利的工具。

胖东来从一个“完整意义上的人”出发，为员工提供了很多福利。胖东来的每一家店，都设有员工健康娱乐中心，设备都是一流的。一般设有淋浴房、按摩椅、健身区等，健身区设有跑步机、拳击台、乒乓球台、台球桌等，此外，还有大型游戏机区、阅览室、棋牌室、网吧、小型迪厅、KTV包房、电影放映厅、练舞房、画室等。胖东来还对员工休闲娱乐在时间、资金、组织等方面给予了充分的支持。

胖东来关爱员工，员工也表现出对胖东来的高度责任感及敬业精神。以保洁为例，员工自行编写的《保洁部实操手册》，从岗位职责到仪容仪表、服务规范、专业技能、清洁剂分类及使用方法、工具的分类及使用方法等，内容一应俱全。“胖东来的购物车每一辆都擦得铮亮，货架的顶部、底部，没有一处存在卫生死角。”

胖东来的员工热情、阳光、开朗、有爱心，他们与顾客的关系融洽得像一家人：大嫂钱带少了，营业员会帮忙先垫上；老大爷上电梯，年轻保安会上前搀扶一把；老大娘提不动东西，营业员会帮着把货送到家。

四、顾客的超级购物体验

胖东来推出了 30 多项免费服务，比如干洗、熨烫、缝边等。为在自己店里购买商品的顾客提供服务，也算得上是情理之中，但胖东来的特别之处在于，从其他店购买的商品，也可以拿到胖东来享受免费服务。只要顾客对在胖东来购买的东西不满意，就可以无条件退货。在部分顾客反映不好吃的食品上，胖东来还可能出示这样的公告：“部分顾客反映不好吃”，以提醒其他顾客谨慎购买。

有些顾客将东西买回去之后摘了标签却没有使用，放了几个月后想要退货，也只是抱着试一试的心理要求退货，没想到胖东来真的就痛快地退货了。胖东来的“丰富商品、合理价格、温馨环境、完善服务”的经营理念，让顾客感到满意。

在许昌，胖东来已经成为大家生活中的第三方场所，人们已经养成某种习惯，就是在上班之余、家庭生活以外，到胖东来走上一遭，感受亲情式服务，欣赏展览式商品陈列。为了鼓励顾客监督，胖东来设立了 500 元服务投诉奖。

胖东来有很多服务顾客的制度，但个人感觉，胖东来的成功秘诀并不在此。免费服务与退货并不是什么难事，其他商家也可照做。顾客的体验与制度有关，因而最重要的还是执行制度的人。胖东来员工的内心是幸福的，幸福的人有幸福的气场，这种气场是有感染力的。他们以真诚快乐的心为顾客服务，顾客也受到了真诚快乐的感染。一个不快乐的人即使能够提供同样的服务，也不会给顾客带来同样的体验。

五、公开管理经验，没有商业秘密

在很多卖场都会有“禁止拍照”的标识，但胖东来商场的门口却明确标注了“欢迎拍照”，与“禁止拍照”的行业管理惯例形成鲜明对比。胖东来不仅欢迎自己的顾客拍照，也欢迎自己的竞争对手拍照。不仅如此，胖东来还把自己的《企业文化手册》和所有的规章制度、管理流程、等全部公布在官网上，供所有希望了解和学习胖东来的企业免费下载学习。由于胖东来的名声越来越大，很多人都希望能到胖东来参观学习，胖东来也都热情接待，并坦诚地交流自己的经验。

六、关闭盈利店——据点式作战，修炼式经营，内涵式增长

当很多其他零售与规模要效益时，胖东来没有盲目扩张。胖东来采取“据点式作战，修炼式经营，内涵式增长”的发展模式，对许昌十几家中小规模超市进行细节管理，提升“内功”。不仅如此，2012 年起，胖东来关闭了旗下多个连锁店，而这些店都是盈利的。

于东来认为，自己年轻的时候也有急于求成的心态，贸然进入了多种业态。当他逐渐沉静、趋于成熟时，觉得“一个人可以在某些方面做到优秀，但不可能在各个方面都做到优秀。一家企业也是如此，要把你的专业做精、做细，做出特色，根基扎稳后再根据自身的情况逐步发展。企业不能盲目扩张、盲目跨行业发展。盲目扩张，不顾自己的实际情况去搞多元化，这方面的教训太多，太深刻了”。

“从 2005 年发展到今天这个规模，我们只用了七八年的时间，我们扩张得有点儿快。规模一大，涉及的业态一多，我们就不如以前做得那么精细，这说明我们的经营管理能力还不足以管理好这么大规模的店面，不能保证让员工幸福地成长，还不能保证企业文化理念的良好落实。服

务不达标，让顾客失望、凉心，这样更浪费员工的青春，我也很累，这都是我早期盲目发展的苦果。所以眼下压缩规模，是胖东来的主动选择，我们要根据自己的实际能力控制企业的规模和业态。”

第二节　中国管理哲学视角下的胖东来

一、于东来的人性观

于东来持“有善有恶”的人性观，这与中国传统人性观并不矛盾。在中国传统人性观中，人的天性是善的，但秉性有恶的成分。只有达到了至高修养境界的人，才可能达到“明明德，亲民，至善”的境界。在达到这个至善的境界之前，人都是有善有恶的。在管理中，重要的是如何看待人的可塑性，是否相信人可能向善转变与提升。显然，在于东来眼里，人是可塑的，管理是可以塑造人的。

胖东来对顾客实行“不满意就退货”政策，体现了于东来相信人的善性的人性观。他认为大多数人是诚实的，认为大多数犯错的人是可以被教育以至被感化的。从潜能角度来看于东来的人性观，他是相信员工的无限潜能的。他愿意给员工开高工资，并且相信这些工资不是自己给员工开的，而是员工自己赚来的，他相信员工有创造价值的潜能。

二、胖东来的管理目标

胖东来的管理目标，不是指向经济利益，而是指向人。

很多企业都把经济利益作为管理目标，做一切能赚钱的事情。但胖东来不是这样。胖东来采取了不同于同行的做法。对于胖东来不做促销这件事，于东来是这样说的：“由于降价打折的诱惑，顾客（特别是女性顾客）会产生盲目的购物冲动，结果促销活动期间买回去的许多商品，过后却并不使用，非理性购物的恶果会造成很大的浪费，这不是胖东来所期望的。”胖东来主张培养顾客理性的消费习惯，而不是利用顾客的冲动去赚钱，在商场内外看不见一张广告。在其他同行摆满促销商品的位置，胖东来设置了顾客休息区。

胖东来作为商家，不通过诱惑人的贪欲而赚钱，而是平实地满足顾客的真实需求。在胖东来的珠宝专柜上，赫然摆放着这样的温馨提示："结婚定亲、馈赠友人，理性消费更幸福。"

于东来认为："胖东来并不是一个纯粹的商业机构，更是一个让所有人学习和成长的平台。""胖东来的企业平台就是一所商学院，培养专业能力，传播处世道理，成就完美人生，推动社会进步。"

胖东来为员工制定职业发展规划，帮助他们设计职业发展通道，并引领员工过快乐的生活，员工成长是其主要目标，经营绩效是员工成长的自然结果。

胖东来人力资源部为员工设计了四种成长通道：管理人员、星级经营人员、星级员工、技术明星。各类型员工都有自己的上升通道。一位中专学历计算机专业的保安，经自己的努力及公司的培养，成了一位珠宝鉴定师，为"东来珠宝"的绩效提升作出了重要贡献，月工资接近1万元，还不包括股权分红与年终奖励。在胖东来类似的成长故事还有很多。

"让企业的目的与员工的目的高度融合，让企业成为员工实现自己目的的平台。"胖东来提倡工匠精神，对工匠人才的培养，企业秉持这样的原则：搭建员工成长的平台；摒弃功利的目标，引导员工因热爱自己的工作而全情投入；用榜样的力量为员工树立标杆。在为员工规划职业生涯的同时，胖东来还为员工设计生活蓝图，要求员工成为业务专家的同时，学会生活，享受生活的快乐。

可见，胖东来的终极管理目标并非指向"钱"，而是指向"人"，并不仅指向人的工作技能，也指向一个全面且自由发展的人；并不仅指向自己的员工，也指向自己服务的顾客、关联的企业，希望带领顾客与合作者一起成长；并不仅指向与自己关联的人，还指向社会上所有的人。于东来与胖东来所有员工，希望整个社会都能有所提升。

三、胖东来的管理评价标准

胖东来的管理目标不是赚钱，所以也不是以赚多少钱作为评价企业自身的标准。虽然胖东来的经营业绩让所有同行都望尘莫及，但那只是胖东来追求“人”的发展的一个结果。对于胖东来指向“人”的管理目标来说，也要有对应的管理评价标准。于东来说：“企业不应以规模和大小来衡量，而应该以质量和内涵来评判。”胖东来的管理目标指向人，其管理的评价标准也要指向人的状态。

在很多其他同行不断开分店、扩大自己的经营区域以获取更多利润的时候，胖东来一直没有扩张。胖东来的经营区域一直限制在许昌与新乡两地。有人说“全国人民都盼着胖东来到自己家门口开店”，希望胖东来能扩张。在我看来，胖东来一直在扩张。胖东来是一个“伪装成企业的学校”，举例来说，商学院的价值并不在于自己创办了多少成功的校企，而是自己培养的学生有多少成就。胖东来作为一所“学校”，其价值并不在于自己创办了多少分店，经营区域与范围扩大了多少，而是影响了多少人，多少企业。从这个意义上说，学习和仰慕胖东来的人与企业，都是胖东来的扩张成果。作为一个标杆企业、精神领袖，胖东来的“扩张”具有空间上的无限性，时间上的不朽性。

我们不应该以开了多少分店，扩大了多少经营区域来评价胖东来，我们应该以有多少人在学习胖东来，有多少人因胖东来而更幸福，来评价胖东来。

四、德政与教化管理

我们在前面总结过，德政有双重内涵：一是管理者有德行，修己安人；二是给员工道德成长的空间。这两点胖东来无疑都是满足的。于东来是一个有德行的人，他对自己的评价是：爱、善良、舍得。在管理过程中，他也是一个修己安人、以身作则的人。胖东来也给员工提供了充分的成长空间。在这样的企业里，员工也培养了待人真诚等品质。

在社会需要帮助时，于东来多次伸出援助之手。2008 年汶川地震，胖东来捐款捐物 1000 万元，并组织了一支 139 人的队伍，满载生活与急救物资，由于东来亲自带队，第一时间赶赴救援现场。2019 年新冠疫情，胖东来捐款 5000 万元，于东来不仅在奉献自己的爱心，也是以身示范教化自己的员工。

我们在前文提到过，在德政的管理方式中，教化是影响人的重要方法。在胖东来，无论是于东来，还是员工，都把胖东来当成一所“学校”。“于东来希望把胖东来办成一所学校，在企业发展的同时，给更多人创造机会。让员工相互学习，不断发挥潜能，成长为品质优秀的商业技术人员。”

五、道德激励与情感激励

胖东来员工的工资相对来说非常高，是当地同行的两倍以上。那么，员工的激励因素是否来自“利益”呢？对于激励员工，于东来这样说：“不只是‘财散人聚’这么简单，物质带来的感动和感激不能长久，因为没有绝对的公平，如果单纯追求物质，就会引发矛盾，甚至不同岗位之间的薪资差别也会引起嫉妒和不满。要在员工的心灵上撒下爱的种子，要告诉员工我们是为了生活得更美好而工作，要有爱，要善良，努力做好人，造福社会。”胖东来致力于把员工培养成具有高尚道德的人，愿为社会作贡献的人，这其实是一种道德激励。

胖东来善待员工的一系列措施，都充满了人情味，充满了爱心与真诚。一位员工这样说：“他（于东来）心里装着我们大家，就像对待孩子一样，教我们怎么做事，怎么做人，树立自信，用心做好每一件事。”真情总是能换回真情，不管于东来是否刻意应用情感激励，其善待员工的人性化管理，必然会给员工带来情感激励，产生为回报公司而努力工作的热忱。

六、员工授权与无为而治

从胖东来开设第一家分店开始，于东来一直秉持着“自主经营”的思想。他给店长很大的经营自主权，如何经营分店、卖什么产品、用什么人，统统由店长说了算。《岗位实操手册》是在胖东来人力资源部牵头后，由各部门的行家里手逐条制定出来的。也就是说，在胖东来，不是由领导指定制度让员工来执行，而是让员工为自己指定制度。对于员工授权来说，只给员工干活的权力是不够的，还要给予支持与包容，在员工面临困难时，企业要给予支持，在员工犯了错误后，企业要给予包容与改正的机会。一位员工这样说：“东来哥就是这样，放手让我们去闯，遇到困难又义无反顾地替我们担当，帮助我们解决问题。”于东来说：“我不能让自己的士兵端着空枪去冲锋啊！不能让他们背着包袱去冲锋，我要为他们减负，让他们轻装上阵！”引入新产品是存在一定销售风险的，在部分同行中，这种风险是由员工承担的，但胖东来有专项的“商品预亏”的财务预算，补贴引入新商品的亏损，使得员工可以没有顾虑地专心分析客户需求。

七、管理范畴

胖东来不仅为员工做职业发展规划，还为员工制定人生规划和生活规划，帮助员工制定理财标准与生活标准等。从管理范畴上看，胖东来指向一个“完整的人”，而不是指向一个“工具人”。一个完整的人除工作以外，还有生活，还有内在的精神上的成长，胖东来的管理范畴旨在满足人的所有需要。胖东来不仅要影响自己的员工，还要影响员工的家人、顾客、整个地区、整个行业，甚至产生跨行业、跨地区的影响。

八、民主与公平

于东来在企业宣传片中真诚地对自己的员工说："我希望你们成为这个企业的主人。"胖东来的民主与公平落实到了具体制度之中。前文我们已经介绍了胖东来对员工的授权等一系列体现民主的管理策略与方法，这里我们重点介绍公平。

胖东来按照员工的岗位给了员工"岗位股"，这是对劳动分享利润权的肯定，在很多企业中，利润都是由资本享有的。胖东来的员工凭借自己的劳动获得了与资本相似的利润分享权。在胖东来，员工有公平的成长通道、公平的机会，胖东来也有公平公正的考核机制。于东来对公平的考虑是广泛的，也包括公平地对待顾客，他曾这样说："促销就要降低一部分商品的价格，为了平衡低毛利率商品的利润损失，部分其他商品就要提高毛利率，这样就伤害了购买高毛利率商品的顾客。"所以，胖东来一般少做促销活动。

第三节　于东来的自我修养与内圣外王

1966 年，于东来出生在许昌一个普通工人家庭，父母工作忙，家境清贫，他的童年像野草一样自由自在无拘无束。1972 年，6 岁的于东来上小学，当时高考正处于中断状态，教室里难有一张安定的书桌。1977 年恢复高考，但是，于东来于 1979 年辍学。13 岁的懵懂少年，开始了自己的谋生之旅。他曾卖过冰棍、瓜子、花生、甘蔗……，曾在深山野岭护矿，曾在建筑工地做过被欠薪的小工，曾在国企中短暂就职梦想端上铁饭碗，曾因私自贩烟进过两次拘留所并欠下巨款……。于东来只上过 7 年学，自 1979 年辍学后就再也没有跨进校园，此后也从未参加过总裁班、研修班，他没有学历，没有深厚的家庭背景，没有出国留过学，没有海外工作经历，但他以一颗大爱的心及对人性的深刻洞察，以"让员工成为完整意义上的人”，取得了让绞尽脑汁追求利润的同行刮目相看的成就。胖东来的发展与于东来的个人成长是密切相关的，当初那个辍学的少年，通过自己的不断努力化茧成蝶，为我们诠释了一个生动的“内圣外王”的管理案例。

一、格物致知

在本书中，我们将“格物”理解为“格除物欲”，即放下个人的欲求，从而更准确地判断情境，这是对“格物致知”的一种解读。于东来在性格上具有“舍得”的特质，这在企业管理中体现为愿意给员工高工资。胖东来的工资水平是当地同行的两倍以上，并且设置了“岗位股”，让员工分享企业利润。如果没有胖东来的成功案例，很多同行会觉得高工资不可思议，甚至认为企业会亏损。然而，于东来的“舍得”格局改变了这一认知：高工资的员工为企业创造了更高的价值，不仅没有亏损，利润反而上升了。于东来的“舍得”让大家看到，员工待遇不仅是成本，更是资本。

二、诚意正心

诚意正心是一种自我内在修养，涵盖对自身的反省和情绪管理。于东来就是这样的人，他善于自我反省，富有哲学思想，对自由和快乐有着强烈的向往。

于东来为《胖东来你要怎么学》作序，序中写道：

我天性要强、虚荣、好面子、心胸小、贪婪。由于年少时没能重视和接受哲学、自然科学等方面的基础教育，再加上文化程度低，导致我一度没有清晰的人生观，没有明确的人生信念和目标，更没有自己做人做事的标准和原则，只是怀有对金钱和物质的向往与追求。

因为教育的缺失，我的人生难免为社会的潮流裹挟，逐步丧失了自己主宰事业和生活的能力与自信。我不懂得修炼心性，不懂得爱惜身体，更不懂得珍惜和分享人生宝贵的时光和经历。为了追逐所谓的功名利禄，我的青春之路走得坎坎坷坷、跌跌撞撞，辛苦而又艰难，身心俱疲，因此所付出的健康代价更是无法挽回的。虽然我在某些方面取得了一些小小的成就，但失去的太多太多，这样的人生幸福指数太低，失落远多于快乐。

我只是一个不断追求人生成长的普通人，历经坎坷，才成为觉悟人生本质和真谛的践行者。我曾经愚昧无知、追名逐利，而今追寻的是乐观、知足、善良、勤奋，与大家分享人生的价值与经历，做一个明世理、活自己、心灵高贵、思想自由、活在当下的人，透明而不失童心。

通过这段文字，我们能够清晰地感受到于东来是一个能够深刻反省自己的人。他通过持续的自我反省不断成长，这种成长不仅让他变得更加快乐和真实，也使他成为一个更好的自己。

三、修身

狭义的修身是指对待他人的情感、态度，以及在人际交往中的行为表现，是个人修养的重要方面。于东来无论是对待自己的员工、自家的顾客，还是其他人，都有一种真诚深沉的“爱”。他像对待自己的孩子那样，对待自己的员工，考虑他们的需求，希望他们健康快乐。他说“我们要用博爱的胸怀，为员工创造一个轻松自由的工作环境，使他们能开心工作，快乐生活。”对待顾客，胖东来强调对“每一位”顾客，不论贫富，不论是否购物，都要给予一视同仁的尊重。[①]

对于东来来说，“所有的一切，包括机制、体制，都建立在‘爱’的基础上，爱他的员工、爱他的顾客、爱他的供应商、爱一切相关和看似

① 王慧中:《胖东来你要怎么学》，北京：龙门书局出版社，2014：180.

无关的人”。[1] 于东来的爱心不仅体现在待人方面，也体现在待物方面，他说“我们要牢记用爱对待商品，因它是有生命的”。[2]

2011 年 3 月，日本发生 9.0 级地震并引发海啸，造成重大人员伤亡与财产损失，于东来第一时间捐款 300 万元，他认为在自然灾害面前，应摒弃一切种族、民族和政治上的偏见，做出符合我们民族精神的举动。

四、齐家

齐家是指对自己身边直接接触或频繁接触的人的影响，对于东来而言，齐家就是通过自己的言行和管理实践，塑造员工的品质和行为。于东来希望自己的员工“能干会玩”，能专心地做好自己的工作，真诚地对待顾客，能热情而完美地为顾客做好服务。充分肯定员工的贡献，让他们过得有尊严；倡导“工匠精神”，让员工热爱和专注自己的工作；建立共同的目标，激发员工的工作意愿。[3] 于东来希望他的员工们懂得工作不是生活的全部，要摒弃贪婪，乐观、坦诚、幸福地分享生命的价值和意义。[4]

需求层次论假设人的需求是固定的，即使有变化也是按照既定的层次在变化，即使在不同的层次间来回转化，也是有章可循的。其实，人的很多需求并不是固定的，而是受环境影响的，员工的需求往往是受组织环境影响的。“苟子之不欲，虽赏之不窃”，[5] “君子之德风，小人之德草”，[6] 员工总是倾向于向领导看齐。领导者和组织氛围讲究“义”，员工就可能更多地追求“义”；领导者和组织氛围讲究“利”，员工就可能更多地追求“利”。如果领导能够“己欲立而立人，己欲达而达人”，[7] “己

① 王慧中：《胖东来你要怎么学》，北京：龙门书局出版社，2014：86.
② 王慧中：《胖东来你要怎么学》，北京：龙门书局出版社，2014：159–160.
③ 王慧中：《胖东来你要怎么学》，北京：龙门书局出版社，2014：96–98.
④ 王慧中：《胖东来你要怎么学》，北京：龙门书局出版社，2014：139.
⑤ ［战国］孟子等 . 四书五经［M］. 北京：中华书局，2009：28.
⑥ ［战国］孟子等 . 四书五经［M］. 北京：中华书局，2009：28.
⑦ ［战国］孟子等 . 四书五经［M］. 北京：中华书局，2009：16.

所不欲，勿施于人”，[①] 这基本就是最符合员工需要的。于东来每当自己悟出什么道理，感觉有所受用时，总是希望自己的员工，甚至更多人，也能像自己这样受益，于是，他就把自己的想法贯彻到管理实践中，让员工也能从他的成长中受益。世界上好的道理有很多，重点不在于领导者提倡了什么道理，而是他能真诚地将心比心。于东来总是真诚地把让自己受益的东西分享给员工，与于东来享受着相似东西的员工，感觉自己被爱被重视。让胖东来员工感觉满意的，除了待遇外，于东来的真诚肯定也是一个重要原因。只要领导者能将心比心，并不需要知道需求层次列表。反之，如果不能将心比心，对照着需求层次列表也做不好管理。基于此，我们提出管理的“需求建构论”，员工的需求有一部分是在组织中建构的，组织能够合理建构并良好满足员工的需求就是好的管理。

五、治国

治国是将影响力扩展到不直接接触的人群。对于于东来而言，治国就是通过塑造胖东来的企业文化和社会形象，对员工以外的利益相关群体，包括顾客、供应商、员工的家人等产生积极影响。

对于顾客来说，胖东来为他们提供了丰富优质价廉的产品，主动热情细心专业的服务，而且还“引导正确消费观念，提升顾客生活品质”[②]。于东来在胖东来企业文化指导手册第一页上这样说：“我们要全心全意为顾客营造一个快乐的购物家园。这个家园是以诚信为基础，以顾客满意为目的的。他不仅带来丰富而有吸引力的商品、温馨优美的环境，更让所有光顾它的顾客感受到物质的享受和生活的美好，从而带来一种崭新的商业文明，让大家能够感受到彼此的尊重和关爱，体会到文明与和谐，得到精神上的满足和快乐，使我们的生活品质全面提升。”[③] 胖东来为顾客提供了国际化、人性化的卖场设计，整洁明亮的环境，卖场里

① ［战国］孟子等．四书五经［M］．北京：中华书局，2009：35.

② 王慧中：《胖东来你要怎么学》，北京：龙门书局出版社，2014：165.

③ 王慧中：《胖东来你要怎么学》，北京：龙门书局出版社，2014：148.

有大面积的休息区，洗手间是五星级酒店的水准。[①]

王慧中（2014）这样说："胖东来顾客群体的个人素质、审美能力、理性化程度都会在胖东来这样的环境和氛围中得到提升；为胖东来供货的供应商在商品质量、管理水平、信守承诺和契约等方面，也会在合作过程中得到提升；胖东来的加盟企业在关爱和善待员工方面的提升是毫无疑问的。"[②]

六、平天下

平天下是指通过自身的示范作用，对那些无法直接管理的人群产生深远影响。胖东来的理念影响着整个许昌与新乡的商业环境，整个服务业都在努力向胖东来看齐。比如，很多企业也开始有闭店日。除许昌与新乡外，胖东来还影响着洛阳、南阳、信阳等河南各地乃至山西、贵州、湖北、湖南等全国各省的商贸企业。许多服务型企业也深受胖东来的影响，紧跟它的经营理念和企业行为，文化和绩效都有了显著提升。[③]不仅商贸业、服务业在向胖东来学习，其他行业也在向胖东来学习。这些企业会影响自己的员工、顾客、员工家人、关联企业、其他同行企业、所在地区的商业环境……于东来说"我想做的一切其实很简单，就是本着改善国家的社会现状、倡导优秀文化氛围的良好愿望，首先做好自己的本分——把胖东来经营好、把自己的员工和顾客照顾好，然后在可能的情况下，讲述和分享自己的人生感悟和活明白的道理，希望让更多的人早一天清醒地认识到要为自己而活，早一天感受到幸福的价值和生命的真谛。"[④]在企业宣传片《寻梦者说》中，于东来这样说："……让胖东来的文化像星星之火，让这种文化造福我们，造福更多的人，让更多的人

① 王慧中：《胖东来你要怎么学》，北京：龙门书局出版社，2014：171-179.
② 王慧中：《胖东来你要怎么学》，北京：龙门书局出版社，2014：101.
③ 王慧中：《胖东来你要怎么学》，北京：龙门书局出版社，2014：50.
④ 于东来：《爱的传道者》，《胖东来你要怎么学》序言，北京：龙门书局出版社，2014.

理解这种文化，真正地提升整个社会的品质……”。[①] 这就是那个曾经挣扎闯荡的青年，通过自我修养，以一己之力给世界带来的影响。他的故事生动诠释了“内圣外王”，诠释了人的无限潜能及这种潜能发挥的路径——从自我修养开始。

第四节 胖东来与中华传统文化

无论是在《胖东来你要怎么学》这本案例书中，还是在其他相关资料中，都很少提及中华传统文化。于东来希望自己的员工，从奴性走向理性，再到个性。似乎奴性是一种固有的人格特点，不知是否暗含了对文化的认知。但是，我觉得中华优秀传统文化可以给胖东来很强的助力，而胖东来也不可避免地成长在中华文化土壤中。一片广阔的草地成长着一棵大树，不能因为这片土壤只有我一棵大树，所以说我不是这片土壤养育的。

胖东来的管理模式“世所罕见”，纵观整个中国商业领域都难以找到类似的案例。对于这样的管理模式是怎么产生的，难免令人费解。因为中国没有类似的案例，人们就很容易猜测是不是外国有，甚至可能牵强附会地去外国寻找支持。可以十分肯定的是，胖东来的管理模式是因为于东来这个人。于东来之所以能成为于东来，除自身的天分外，最重要的就是成长环境对其人格的塑造，而这个成长环境，是中国文化孕育的。“虽然家境清贫，于东来的童年却像一棵野草，在阳光下自由自在、无拘无束地生长着。”

于东来与海底捞的张勇有个共同的特点，都没有受过太多正规教育，都是靠“自悟成才”，而这个“自悟”的人，几乎完全是在中国社会自然成长起来的。如果他们接受了大学教育，尤其是西方管理学的教育，恐怕难以走上如今的这条企业管理之路。

在中国，我们之所以很少看到这样的管理模式，因为很多管理者的思

---

① 王慧中：《胖东来你要怎么学》，北京：龙门书局出版社，2014：3.

想已经被西方管理学同化了。如果一定说于东来是受中国传统文化影响而创造了胖东来，也未免觉得牵强。但是，我们可以肯定地说，胖东来的管理思想与中国传统管理思想相契合。我相信真理总是相似的。于东来深刻洞察人性，并努力去发挥人性美好的一面，在这一点上暗合了中华优秀传统文化。中华优秀传统文化也是非常人性化的，也是在努力发挥人性美好的一面。如果大家是在探索同一个真理，那有所契合也就不足为奇。

第九章　中国管理学的学术标准与研究范式

在当今社会，发展具有中国特色的管理学，是时代赋予我们的使命。这不仅需要我们建立自己的学术标准，还需要我们发展独特的学术研究范式。在这一过程中，借鉴西方管理学的部分研究范式是必要的，这有助于促进中西方管理思想的有效对话，增进人们对中华管理智慧的认识。然而，我们也要清醒地认识到，西方的研究方法是建立在其特定的文化和思维方式之上的，正如这些思维方式存在局限性一样，其研究方法也并非万能。因此，我们应充分认识到这些局限性，并积极发挥中国式思维方式的优势，走一条具有中国特色的管理学发展之路。

第一节　试论中国管理学的学术标准与品位

一、契合中华优秀传统文化的人文精神

中国管理学要契合中华优秀传统文化的人文精神。比如，一元整体观、天人合一的宇宙观、人皆可以为圣贤的人性观、德才兼备的人才观、内圣外王的领导理论、德政的管理思想、以和为贵的人际观等，都是我们应当传承和发扬的瑰宝。

管理学作为一门旨在塑造人的学问，不应仅局限于人在生产领域的工具性价值，而应以整体观为引领，全面塑造理想的人，以“圣贤”为标杆来雕琢人的品德与素养。这个“整体观”的人，可以从多个维度去

理解，涵盖认知、情感、态度、价值观与行为等众多层面。我们不仅要关注人在工作中所扮演的角色，更要洞察其在家庭生活、社会生活等其他场域中的角色。倘若一个人因过度投入工作而忽视了对子女的教育责任，那么这个人显然是不完整的，相应的管理思想也难以称得上是完整的。

二、以人的道德提升与全面发展为终极目标

西方管理学，作为西方管理实践的理论结晶，其核心目标聚焦于追求效率，因而学术研究也围绕效率展开。而中国传统管理思想则另辟蹊径，以人才的获得与发展为根本追求，因而中国管理学理应将“人”作为核心关切点，诸如人才的发掘、培养，人的自由且全面的发展等，都是我们应当着力探索的方向。我们的目标是培养出道德高尚、情志愉悦、乐于奉献社会的人才，为社会的和谐与进步注入源源不断的动力。

三、具备实践意义，方能彰显学科价值

管理学本质上是一门指导实践的学科，其价值唯有在实践中得以彰显。实践是检验真理的唯一标尺，那些缺乏实践意义的学问，因其无法接受实践的检验，其正确与否便难以定论。倘若我们仅在空洞的逻辑思维里徘徊，耗费大量时间去钻研这些未经实践验证的学问，不仅浪费了研究者的心血，也虚掷了学习者的时间。唯有将管理学的理论与实践紧密结合，才能让这门学科焕发出蓬勃的生命力，为社会的发展提供切实可行的智慧支持。

第二节　中国管理学研究方法的选择

在当今社会科学研究领域，实证研究方法被广泛应用。从宏观层面

而言，实证研究包括量化研究方法、质性研究方法，以及综合运用两者优势的混合研究方法等，都在社会科学研究的各个学科中大放异彩。可以说，这些在当今管理学及其他社会科学研究领域广受青睐的实证研究方法，同样适用于对中国传统管理思想与本土管理思想的深入探究。然而，我们必须明确，实证研究方法并非万能钥匙，博大精深的中国传统管理思想，并非能被实证研究方法完全驾驭。思辨研究等方法，在中国管理学研究的舞台上，同样不可或缺，它们犹如璀璨星辰，与实证研究方法交相辉映，共同照亮中国管理学研究的前行之路。

需要着重指出的是，无论是否经过现代研究范式意义上的实证研究方法的验证，中国传统管理思想中的真理性认识始终是真理。这就好比在人类尚未知晓地球围绕太阳运转之前，地球已然在按照这一规律运转。真理的存在并不依赖人类的证明，证明只是帮助那些尚未认识到真理的人去揭开真理的神秘面纱，但它本身并不能创造真理。我们无需刻意模仿西方管理学的“证明”模式，但鉴于当前西方管理学在国际学术舞台占主导地位，借助相似的研究方法与之展开对话，不失为一条可行且有效的路径。通过运用实证研究方法剖析中国传统管理理念在当今社会的适用性，我们能够搭建起东西方管理学对话的桥梁，契合当今时代崇尚“科学思维”的潮流，与西方管理学展开深入交流。我们既可以借鉴西方的研究方法，西方学者同样也能从我们的管理思想中汲取灵感，最终实现东西方管理学的深度融合，携手为推动全球的发展贡献智慧与力量。在不同的文化背景之下，固然存在着各具特色的有效管理方式，但也有不少管理智慧是跨越文化界限、具有普适价值的，这正是东西方学者及实践者需要携手探索的重要课题。

管理哲学研究领域的知名学者成中英先生，曾深刻指出中国管理思想同样适用于实证检验，同时他也敏锐地洞察到实证研究方法的局限性。在一次深入访谈中，当被问及管理哲学的理念是否能够运用实证方法进行研究时，成中英先生给出了肯定的回答，但他也明确指出实证方法只能聚焦于事实层面的研究，而管理的本质不仅包含事实，还涵盖知识、价值、规范等诸多层面。他进一步阐释道，管理是在事实的基础上构建知识体系，在知识的支撑下塑造价值观念，在价值观念的引领下建立规范准则，这就是他所构建的方法学的几个层次。因此，从科学的角度对管理进行研究，关注事实层面是合理的，但管理的精髓在于如何将事实转化为价值和规范，这也是管理哲学必须深入探讨的核心问题。

一、中西方管理学在研究方法上的特点

西方管理学的诸多理论，大多脱胎于管理实践或科学实验。例如，科学管理理论、人际关系理论，皆是在具体的实际工作中，通过严谨的实验过程总结提炼出的管理原则；需求层次论等关于人需求的理论，也是基于广泛的调查研究而得出的成果。这样的研究过程，因其表面呈现出的“科学性”，往往容易被人们所接受。相较之下，中国的管理思想，更多地以“圣人之训”的形式传承下来，与西方管理学的研究方法相比，似乎显得较为主观，说服力也相对较弱。中国传统管理思想虽然未像西方管理理论那样设计出一套完整的实验流程，却在数千年的历史长河中，经受了真实实践的反复检验。中国传统管理思想有着自己独特的证明过程，只是这一过程与西方管理学的证明方式截然不同。

在当今时代，我们致力于发展具有中国特色的管理学，可以适当引入一些实证检验环节，本书也在部分章节中进行了有益的尝试。那么，我们是否一定要像西方管理学那样去证明自己的理论呢？答案是否定的。真理即便未经证明，依旧是真理。证明只是帮助那些尚未认识到真理的人认识真理的一种途径，但证明本身并不能创造真理。我们要做的，是运用实证研究方法分析中国传统管理理念在当今社会的适用性，借助相同的研究方法搭建起东西方管理学对话的桥梁，契合当今时代崇尚“科学思维”的潮流，与西方管理学展开深入交流。

在不同的文化背景之下，固然存在着各具特色的有效管理方式，但也有不少管理智慧是跨越文化界限、具有普适价值的，这正是东西方学者及实践者需要携手探索的重要课题。

二、中国管理学研究可选择的方法

在当今社会学研究领域，研究方法的重要性被提升到了前所未有的高度，方法论方面的问题我们必须予以高度重视，否则极有可能陷入“一叶障目，不见泰山”的困境。对于促进人的成长发展而言，关键点并不在于追求平均标准，而在于树立卓越标准。倘若我们仅仅按照平均标准要求人，无异于明珠投暗，是对人才的极大浪费。在应用研究方法探索普遍规律以及运用规律的过程中，我们务必保持清醒的头脑，确保我们的研究始终在合理的范围内稳步推进。

1. 思辨研究方法

思辨研究方法是一种基于深厚文化根基的思辨，绝非天马行空。既然研究的内容是中国管理学，就必须立足于中国文化，以文化为基础，以理论为依据。在思辨得出结论之后，我们还可以进一步结合现代实证研究方法，对其结论进行实证检验，以增强研究的科学性和可信度。

2. 案例研究方法

中国管理实践中那些真实鲜活的管理案例，是中国管理学发展的最宝贵财富，也是最重要的依据。运用案例研究方法，我们可以精心挑选那些能够充分反映中国管理哲学的典型案例，深入剖析案例中的管理实践，挖掘其成功的关键要素，探究这些要素所蕴含的管理内涵，对比分析其与西方管理思想的异同之处。倘若存在差异，我们还应深入探究其背后的文化根源差异和哲学思想差异等。

观察案例的角度多种多样，若能从中国文化的独特视角去审视这些案例，无论对于发展中国管理学，还是对于更深刻地理解案例本身，都具有极为重要的意义。例如，胖东来的管理案例，就可以从中国文化的视角进行深入解读，观察于东来是如何一步步成长起来的，又是如何将自身的认知与成长融入管理实践中去的，这样的管理实践对员工的认知、情感、态度、价值观、行为等方面产生了怎样的深远影响，胖东来的其他管理者在于东来的影响下又是如何对待下属的，等等。遗憾的是，目前很多商业案例的撰写，大多是从学习如何获取盈利的角度出发，而从中国管理思想视角出发的管理案例却寥寥无几。

中国管理思想视角下的管理案例，应当重点关注人在管理过程中的感受、想法与行动等，因为只有明白了对人的作用机制，具体的管理方法才能实现“道明法自生”。胖东来的管理案例，虽然蕴含着丰富的智慧，但可惜鲜有人能真正看懂并充分挖掘其中的精髓。衷心希望未来有更多了解人文管理思想的学者，能够深入挖掘这一案例，让其价值得以充分展现。

真实的管理实践往往极为复杂，在案例写作过程中，不可避免地需要对内容进行筛选和取舍。案例究竟该如何撰写，应该选取哪些内容，往往取决于研究者的理论视角。本书所提及的一些管理思想，可以为案例内容的选择提供一定的参考依据，但中国管理理论目前仍处于发展阶段，究竟哪些关键要素应该纳入案例之中，还需要学术领域进一步深入探索。管理学案例应当尽可能地呈现“原汁原味”的真实实践样貌，如果我们能够积累大量的真实案例，一方面可以为后续的理论提炼提供坚实的基础；另一方面，当理论进一步完善之后，我们还可以回头更深刻地认识这些案例。在很多情况下，案例作者往往会急于运用西方的理论去解释案例，因而在案例材料的选择上，难免会向这些理论靠拢，从而导致一些重要的材料与信息遗失。

在管理学研究领域，还存在一种内涵更为丰富的案例研究方法，即以研究本身的目标为核心。这种研究方法以案例为研究对象，综合运用量化资料与质性资料，既可以用于描述研究对象的状况，检验已有的管理理论，也可以用于构建新的管理理论；既可以是单一案例的研究，也可以是多个案例的对比分析。“使用案例研究方法归纳出的理论一般具有比较新、可检验性、实证效度高等特点……它特别适用于全新的研究领域或者现有理论不足的研究领域。”（埃森哈特等，2010）这种案例研究方法，以构建或者验证理论为核心，案例的选择以研究需要为指南，并不一定是我们前面提到的典型案例。

3. 量化研究方法

本书中已经成功运用量化研究方法，对中国传统管理思想中的一些理论进行了不同程度的检验。量化研究方法作为一种成熟的实证研究方法，能够有效检验变量之间的关系。只要我们构建出相关变量，并对其进行精准测量，就可以大胆应用这种研究方法，开发出具有中国文化特色的相关测量量表后，我们既可以针对中国传统管理思想进行深入的理论检验，也可以将具有中国特色的变量引入现有的西方管理学量化研究之中，为西方管理学研究注入新的活力。

4. 质性研究方法

“质性研究是以研究者本人作为研究工具，在自然情境下，采用多种资料收集方法（如访谈、观察、实物分析等），对研究现象进行深入的整体性探究，从原始资料中形成结论和理论，通过与研究对象的深度互动，对其行为和意义建构获得解释性理解的一种活动。”（陈向明，2000）作为社会学领域的重要研究方法，质性研究方法在对中国传统管理思想的研究上同样大有可为。

5. 中国传统文化中的“实证”与感而遂通

在中国传统文化的深厚底蕴中，“实证”有着其独特的内涵，即通过人的特定亲身实践，感悟人生的道理与真谛。实证者常常提及的一种境界叫“开悟”，开悟者对世界的认识更真实、更深刻，开悟是一种普通人难以理解的实证境界，作为一个普通人，我也无法对其做出准确描述。需要特别指出的是，在进行传统文化相关研究时，研究者不能一味地外求，研究者自身修养的提升同样至关重要。当研究者的修养达到一定境界时，或许能够以“感而遂通”等方式，自然而然地产生一些真理性认识。

三、实证研究方法的文化属性

西方的社会学研究，通常遵循一套较为固定的基本格式，包括背景、问题、假说或被提议的命题、检验的手段、证据、论证证据的含义、结论和建议等。如果想要与西方管理学展开有效的对话，我们也应当采取类似的研究策略。然而，我们必须清醒地认识到，这种研究策略是深深嵌入西方的思维逻辑之中的，而这种思维逻辑与中国传统的辩证思维是格格不入的。

西方的分析逻辑基于二元分析思维，认为世界可以被分解为它的各个组成部分，这些部分之间是相互独立的，独立的事物之间通过相互作用而产生影响。这种思维逻辑对于西方人来说是不言自明的，但对于东方人而言却并非自然而然。因为东方的思维逻辑是一元整体思维，事物是普遍联系的整体，是整体作用的结果，而不是独立因素的简单相加。二元思维逻辑确实存在局限性，例如，它往往只能分析单个要素如何发挥作用，当面对多个要素的联合作用时，就显得无能为力。所以，在借鉴西方研究方法的同时，我们绝不能忽视中国传统思维中辩证思维的优势。西方侧重于逻辑思维和理性思维，而中国传统文化思想则侧重于辩证思维和形象思维。在研究过程中，我们应当充分发挥自身的思维优势，让东西方思维相互碰撞、相互补充，从而推动中国管理学研究的深入发展。

自然科学中的实验，通常是在可控的实验条件下进行的，通过改变某一个因素，来观察目标因素的变化。在社会科学领域所运用的实证研究方法，其实是在一定程度上模拟自然科学中的实验。在其他条件保持不变或相似的情况下，研究某个（些）变量的变化如何影响另一个（些）变量的变化。在线性回归分析中，自变量的估计系数就是因变量差异与自变量差异的比值。然而，真实的社会与自然实验存在着本质的不同。自然实验可以精确控制实验条件，而真实的社会是无法实现条件控制的。按照中国的“一元整体思维”来看，往往是牵一发而动全身，一个因素的变化可能会引发所有因素的连锁反应，就像一个石子丢进水中，整个湖面都会泛起涟漪。在这种情况下，“其他条件不变或相似”这一假设就显得难以成立。虽然我们可以通过控制变量对其他条件进行一定程度的控制，但可供选择的控制变量是有限的，其控制效果也是极为有限的，而且控制变量与目标变量之间也可能是相互关联、相互影响的，共同构成一个有机的整体。

研究方法本身是没有国界的，这些研究方法能够在社会科学领域广泛流行，自然有其独特的优势。我们要强调的是，在一定思维方式下产生的研究方法，可能会受到该思维方式的局限性束缚。产生自西方的实证研究方法，从根源上是基于“二元分析思维”的，其研究结论的有效性，也就难以超出这种思维方式的局限性范畴。在借鉴西方研究方法的同时，我们切不可盲目夸大其科学性，而忽略了其内在的“文化”属性。

四、社会主义建设学术需求与实证研究方法的局限性

实证研究方法虽然在社会科学领域被广泛应用，但它并非万能，存在着诸多局限性，并非所有真理都能够通过实证研究来检验或发现。实证方法往往需要通过一定的变化来识别不同要素的作用。然而，在很多情况下，关键因素并不一定是变化的。例如，袜子之所以会变臭，脚臭才是根本原因，袜子只是外在条件。由于脚是不可变化的，而袜子是可以变化的，因此人们往往会不自觉地将臭的原因归结为袜子。但我们需要明白的是，如果不穿到脚上，袜子是不会变臭的。如果用实证方法来研究这一现象，由于脚是不变的，就很难分析出其对脚臭的影响，而袜子是可变的，臭的原因就可能被错误地归结给袜子。

实证研究方法要以事实为研究基础，但事实本身并不一定包含了真理。举例来说，有100种完成一种事务的方法，其中有一种是最优的，但在现实中，100种方法中可能发生的是任何一种或若干种。如果我们试图通过这些已经实现但却并非最优的方法来寻找最优方法，成功的可能性并不大。如果真理性认识或者最优方法在现实中从未发生过，实证

研究就显得无能为力，我们不能盲目夸大实证研究的作用。实证研究往往只能分析单个要素如何发挥作用，当面对多个要素的联合作用时，就很难进行有效的分析。实证研究通常需要抽象出描述事物的概念，而抽象概念总是从一定角度来认识事物，并不能完全反映事物的全貌。

中国作为社会主义国家，社会发展的终极目标是实现共产主义，我们正在进行的是一项前所未有的伟大事业，也就是说在现实中还没有一个成功的案例可供我们直接参考和借鉴。当然，我们也不能完全排除在社会发展过程中，会有一些新的萌芽具有未来社会的某些特征，通过对这些现实中的新现象进行实证研究，可以为未来的社会发展提供一定的参考和借鉴。但总体而言，对于那些在现实中尚未出现的、有利于人类发展的事物，通过实证研究很难找到我们想要的答案。以自然科学领域的科技创新为例，如果想要制造出开创性的成果，就必须具有开创性的思维，不能仅仅依靠对现有事物的简单分解和组装来创造新事物。社会学研究领域也是如此，很难通过对现有社会的简单实证分析，就能为未来社会的开创提供有效的指导。只有创造性的理论思维，才能引领我们走向未来。

中国传统思维以形象思维和辩证思维为显著特点，这有助于弥补实证研究方法的缺陷。中国传统思想中非常讲究“象”，中国汉字是象形文字，中国重要的传统经典《易经》也是以“象”为认识世界的重要方式。辩证思维是一元整体思维，认为事物是普遍联系的，事物之间的关系是不断转化的，而不是固定不变的。由于实证研究自身的局限性，存在于中华文化中的智慧，并不是实证研究能够完全把握和涵盖的。实证研究方法有时候只能说明“是什么”，而不能深入探究“为什么”，思辨研究在推导理论进行应然研究方面仍然具有不可替代的重要意义。实证研究有其相应的一套研究方法和学术产出范式，技术性的能力相对容易培养，能够在较短的时间内产出可以从社会获得回报的所谓研究成果。而思辨研究相关的能力则难以实现规模化培养，且需要更高的思维能力，在研究领域里越来越处于弱势地位。我们应该明白，是研究者的思辨能力有限，并不是思辨研究方法不够好。在研究过程中，我们虽然可以应用实证方法，但不能迷信实证方法，还要注重发展具有中国自身文化特色的研究方法，给中国自己的研究方法以充分展示的舞台。

即使产出了再多的研究成果，在西方标准所主导的学术排名中再靠前，如果这些成果对社会没有实际价值，那么一切都是枉然。

第三节 中国管理学研究主题的选择

在深入探究中国传统管理思想的过程中，研究主题的选择至关重要。它不仅决定了研究的方向和深度，还直接影响到研究成果的实用性和影响力。以下几种研究主题的选择路径，或许能为中国管理学研究提供有益的参考。

一、从管理学的基本问题出发

管理学领域存在一些基础性且核心的问题，这些问题犹如学术研究的灯塔，能够指引我们深入挖掘中华传统文化思想以及中国本土管理实践中的智慧，并与西方管理学展开对比研究。

以领导力研究为例，我们可以尝试基于中国文化开发具有本土特色的领导力测量量表，并将其与西方的相关测量量表进行细致比较，深入考察两者在解释组织绩效方面的差异。如果基于中国文化开发的测量量表能够对中国组织的管理绩效提供更强的解释力，这无疑将证明相关研究在考虑文化因素时更具适宜性。对中国相关问题的研究，最好能够扎根于中国文化的深厚土壤之中。反之，如果文化因素并非关键，那么我们完全可以直接借鉴其他国家的相关研究成果。倘若经过深入研究发现，中国文化下开发的领导力量表不仅与中国组织高度匹配，而且在解释力方面更胜一筹，那么我们还需要进一步拓展研究视野，探究对外国组织而言，哪一种测量方式更具解释力。如果最终结果表明西方的测量方式更具优势，这将说明领导力研究必须建立在各自独特的文化基础之上。

相反，如果国内外的研究结果都显示中国的领导力量表解释力更强，那么这将有力地证明中国的管理思想不仅在中国本土具有强大的生命力，还具有广泛的文化普适性。

二、从特定的哲学观出发

在本书前面的章节中，我们已经深入探讨了中西方哲学思维的显著差异，这种差异在管理领域有着深刻的体现。例如，中国文化倾向于整体思维，而西方文化则倾向于分析思维。基于这种差异，我们可以从整体观的角度展开研究，通过科学的方法测量领导者的整体观，或者深入剖析组织制度所体现的整体观，进而分析不同整体观程度的领导者或组织对领导绩效以及组织绩效所产生的深远影响。

一个可能的研究思路如下：首先，精心选择一种具有中国特色的哲学观念作为研究的切入点；其次，从这种哲学观念出发，借助思辨性推演，逐步得出有效管理方式的应然状态，并据此形成具有前瞻性的研究假设；最后，运用实证研究方法对这些假设进行严谨的检验，以验证其正确性。

三、从传统经典出发

在中国文化的历史长河中，涌现出了一些成就极高、影响力巨大的思想流派，而这些流派的经典著作无疑是研究其管理思想的关键依据。我们可以以这些传统经典为基础，深入挖掘其中蕴含的管理智慧。例如，《论语》《大学》《中庸》《孟子》《道德经》《孙子兵法》《韩非子》《墨子》《鬼谷子》等经典著作，都是我们研究的宝贵资源。以领导特质研究为例，我们可以对这些传统经典进行细致的文本分析，系统总结其中所体现的领导者应具备的特质，以这些特质为基础开发科学的测量量表，并通过实证分析检验其信效度。同时，我们还可以将这些基于传统经典的测量方法与西方的相关研究进行比较，深入探究哪一种测量方式对组织绩效的解释能力更强。

四、从具有中国特色的管理理念出发

在中国悠久的历史文化中，孕育出了一些极具特色的管理理念，如“内圣外王”“无为而治”等。从这些独特的理念出发，构建具有创新性的研究主题，并运用实证研究方法进行深入探究，将为我们理解中国管理思想提供全新的视角。例如，根据“内圣外王”的管理思想，我们可以合理推测内圣与外王之间存在正相关关系。如果采用量化方法进行研究，可以分别构建内圣与外王的测量方式，然后运用统计学方法检验两者之间的相关关系是否显著。对于“无为而治”的研究，同样可以设定多个研究假设，并进行系统的实证检验。例如，以组织为分析单位，测量组织制度的详细程度，并深入分析其对员工的工作积极性、创造力、组织归属感等方面所产生的影响。

五、从具有中国管理思想特色的管理实践出发

在中国的管理实践中，存在着一些极具中华传统文化特色的案例，这些案例不仅展现了中国传统管理思想的独特魅力，还为管理学研究提供了丰富的素材。我们可以将这些具有代表性的管理案例作为研究对象，深入总结其背后的管理思想。这种方法可以是总结实践经验，针对具体组织的管理案例、具体个人的管理思想、具体现象的管理理论等展开研究。总之，以管理实践为基础，深入总结鲜活的管理经验，甚至构建具有创新性的管理理论，将为中国管理学的发展注入新的活力。

第四节　试论大数据时代的传统文化研究

关于中国本土管理学研究，学术界一直高度重视其必要性和重要性，

但在实际研究过程中，仍面临着一些亟待解决的困惑。吕力（2011）曾深刻指出："如果将中国本土管理学严密地限定在西方主流管理学范式之中，中国本土管理学的发展可能很难实现真正的突破，因为西方管理学主流范式对于研究的对象、方法做了一系列先在的预设。"这里的主流范式主要是指实证研究方法。本书在量化研究方面的尝试，为解决这一困境提供了一种全新的思路和参考。本书的研究成果表明，虽然"将中国本土管理学严密地限定在西方主流管理学范式"并无必要，但并不意味着应用西方主流的实证研究方法就不能对中国本土管理哲学问题进行深入的认识和探索。思辨性的管理哲学研究对于推动中国本土管理学的发展具有不可替代的重要作用，实证研究同样能够为中国本土管理学的发展做出积极的贡献。采取实证方法研究中国本土管理学问题的一个显著优势在于，它能够与应用同样研究方法的西方相关研究形成更为有效的对话。如果仅仅依赖思辨研究，可能会引发两个较为严重的问题：一方面，由于缺乏实证研究的支持，人们可能会对思辨研究的理念产生怀疑；另一方面，难以形成有效对话，难以比较不同管理理念对管理实践的适用性。韩巍（2008）也曾指出，一些本土管理学研究"存在较为严重的文化认同倾向，但似乎缺乏组织经验的支持，缺乏对社会科学理论一般约定的遵循……更像是一种意识形态的说辞"。缺乏实证研究的检验，很容易让人产生这种误解。因此，尽管我们深知思辨研究的意义与价值是全面而重要的，但仍然坚信关于中国本土管理学的研究可以并且应当应用实证研究方法。

中国文化之所以能够延续几千年而经久不衰，关键在于其中蕴含了宇宙人生的真理性成分。然而，这些真理往往隐藏在日常生活的细节之中，我们可能"日用而不知"。由于"不知"，在外界环境的影响下，我们很容易轻易抛弃这些珍贵的文化遗产。如果实证研究能够帮助我们清晰地认识到我们在应用什么，并进一步认识其应用的效果，我们才更可能树立起坚定的文化自信，更可能坚定不移地继承和发扬优秀传统文化。

数据的丰富化已经成为当今时代的重要特征，即所谓的大数据时代。计算机科技的飞速发展，社会科学的不断进步，统计学与计量学的日益成熟，人工智能的广泛应用，以及自然科学的持续突破，已经为传统文化研究提供了全新的基础与广阔的空间。从前那些只能靠思辨分析而争执不下的问题，如今可以借助社会科学的实证方法进行深入分析，甚至可以运用自然科学的实验方法进行严谨验证。在当今的社会科学研究领域，量化分析、质性分析等实证研究方法在教育学、社会学、经济学、管理学、法学等学科中广泛使用，而中国的传统文化中包含着多学科的内容，但针对中华传统文化的实证研究却相对较少。实证研究方法与中华传统文化相结合，一方面有助于推动现代社会科学的进一步发展，另一方面有助于深化对中华传统文化的认识和理解。

一、以实证方法检验传统智慧是对传统文化的创新表达

当今社会，人们的思维方式更倾向于相信科学与理性，有一部分人因为中国传统思想缺乏实证检验而对其价值产生质疑，还有一部分人虽然内心相信中国传统思想中蕴含着深邃的智慧，但由于缺乏相关实证支持，也难以完全确信。传统文化中的智慧并不会因为是否有“科学”的证明而增减其价值，但具有现代思维的人们更倾向于相信经过科学研究证明的东西。可以说，以实证方法来研究传统文化，是在新时代下对传统文化的创新性表达。西方文化中的一些学术思想，因为有着充分的证明过程，而处于强势地位。虽然中国历史上有着丰富的管理思想，但在高校管理学科中占据统治地位的仍然是西方的管理理论。如果我们也能用实证研究来检验中国传统管理思想，不仅可以丰富管理学科的内涵，还可以加深对中华传统文化的认识和理解。本书的实证研究可以在一定程度上证明，中国传统智慧同样可以通过实证研究得到验证，中国传统智慧与现代科学并非水火不容，而是可以相互印证、相互补充的。以实证研究分析中华传统文化，既具有可行性，也具有一定的必要性。

以实证研究方法研究中华传统文化中的思想，虽然并不多见，但在不同领域也都有人做过相关尝试。本书在方法上的独特之处在于，没有将传统文化简单地嵌入某个学科，用特定的学科视角来认识中国文化，

而是直接以传统文化中的思想为核心，将研究方法完全置于从属性的工具地位。对理论概念和操作性概念的认识，都是从中国文化自身出发，没有进行某个学科视角的转化，可以说尽量保持了“原汁原味”的中国文化特色。现代社会科学主要肇端于西方，进入中国后，虽然中国学者进行了本土化的努力，但很多研究仍然建立在西方的学术概念与研究框架之下。如果将中华传统文化强行嵌入西方的学术概念与研究框架，很容易出现“削足适履”的情况，无法充分认识中国文化的真实内涵。在相关研究中，这一点需要引起高度关注。

然而，在当今全球化的信息时代，这种中西结合式的研究也有其独特的意义与价值，对文化间的对话具有积极的促进作用。在传统文化的研究过程中，既可以实现中西结合，也可以实现古今结合。例如，虽然为了忠实于对儒家思想的检验，本书根据儒家经典开发了测量量表，但关于道德、情志、幸福感的测量，我们也可以采用当今学术领域开发的成熟测量量表，来检验变量之间的关系。

有许多宝贵的中华传统文化，需要用现代人更容易接受与理解的方式来展现和表达。现代的自然科学技术与社会科学技术已经发展到了一定程度，可以让我们对传统文化中的很多理念进行科学检验。如果我们的传统文化研究还停留在传统的思辨层面，不借助现代科学技术的力量，就会使传统文化的信服力处于弱势地位。当然，我们这里并不是要否定思辨研究的重要性。思辨研究对于研究传统文化仍然具有不可替代的重要价值。实证研究有时候只能说明“是什么”，而难以深入探讨“为什么”。思辨研究在推导理论进行应然研究方面仍然具有重要意义。在未来的发展中，实证研究方法可以作为思辨研究方法的一种有力补充。思辨研究所得出的理论可以由实证研究进行检验。因为现代人比较倾向于认可经过实证检验的结论，这也是使一些具有真理性的传统文化精华被更多人认可的一种有效方式。需要注意的是，并不是只有被实证研究证实的传统文化理念才是正确的。实证研究本身也有其局限性，它只是提供给我们认识传统文化、理解传统文化、弘扬传统文化的一个新的工具。

二、培养人才创新方法，促进有中国特色的哲学社会学研究

目前，以实证方法研究传统文化面临一个突出的困境。研究传统文化的学者大多集中在文史哲等专业，这些专业的研究者通常不熟悉产生自西方社会科学的实证研究方法；而使用实证研究方法的学者，又大多集中在现代社会科学领域，其研究主题和研究思路很多是与西方社会科学研究一脉相承的，对中国文化的认识相对有限。因此，一方面两个领域的人需要加强合作，实现优势互补；另一方面，教育领域也需要注重复合型人才的培养，为中国传统文化研究注入新的活力。

实证研究方法在我国的社会科学研究领域已经应用多年，积累了一定数量的训练有素的人才。同时，在文史哲领域也有一定数量的研究中华传统文化的人才，这是我们进行相关研究的基础。经过国内社会科学领域多年的发展，很多学者也较为深刻地认识到了西方理论在中国应用的局限性，这为学者们将关注点转向本土文化研究提供了重要契机。

以实证方法研究传统文化，本书提供了一种可行的范式，即先通过对传统经典的思辨分析，提炼出研究假设，再运用量化方法对这些假设进行严谨检验。未来，研究领域可以探索更丰富多样的研究方法，构建更多创新的研究范式，以适应不同研究问题的复杂性。需要明确的是，传统文化中的真理性智慧，无论是否经过实证研究的验证，都是客观存在的。由于实证研究本身的局限性，并非所有真理都能通过实证方法得到检验。例如，实证研究往往需要将事物抽象为特定的概念，而这些概念只能从某一特定角度去认识事物，无法涵盖事物的全貌。

在书法学习的初期，我曾对“章法”一词感到困惑，网上给出的解释如“字的布局，笔画的呼应，布白的安排”等，让我一头雾水。为了更好地理解章法，我观看了许多在线视频课程，经过一段时间的学习，对章法有了初步的认识。后来，我尝试用“章法是一种阴阳变化，大小粗细、高矮胖瘦、奇正松紧、疏密的变化，通过制造出人意料的矛盾，再巧妙地化解矛盾，以达到和谐或平衡”来向一位同样初学书法的朋友

解释，她听后豁然开朗，表示从未有过如此清晰的理解。我给出的这个“定义”，是基于我和朋友当时的书法水平和所学内容，因此受限于我们的认知水平。

唐代书法家李阳冰曾说书法“于天地山川，得方圆流峙之行；于日月星辰，得经纬昭回之度；于云霞草木，得霏布滋蔓之容；于衣冠文物，得揖让周旋之体；于须眉口鼻，得喜怒惨舒之分；于虫鱼禽兽，得屈伸飞动之理；于骨角牙齿，得咀嚼之势”，从他的境界来看，章法或许是对万物自然的完美展现。由此可见，定义者的水平、视角、境界等不同，对同一个事物的认识就会存在差异。概念虽然有助于我们对事物进行初步认识，但也可能让人陷入片面理解的困境，从而失去与万物自然更深层次联系的可能性。中国传统思想中强调“象”，汉字是象形文字，《易经》也以“象”为认识世界的重要方式，中国历史上很少使用“概念”，而是采用“列举法”。例如，《论语》中没有对“仁”给出明确的定义，但列举了许多不同情境下的“仁”的表现，让读者能够自行判断什么是“仁”；《易经·系辞传》中通过列举卦象与现实世界的关系，帮助人们理解卦象的意义。在传统文化研究中，我们虽然需要运用实证方法，但也不能过度依赖，而应注重发展具有中国自身文化特色的研究方法，为本土研究方法提供更广阔的发展空间。由于实证研究自身的局限性，中华传统文化中的智慧并非都能通过实证研究完全证得，但对于那些可以使用实证方法研究的内容，完全可以大胆应用相关方法，以进一步丰富与深化我们的认识。经过实证研究肯定的传统理念，可以增强我们继承和弘扬传统文化的信心，有助于树立坚定的文化自信。

中共中央印发的《关于加快构建中国特色哲学社会科学的意见》明确指出，要“创新发展哲学社会科学”。在当今信息化、全球化的时代背景下，有中国特色的哲学社会科学研究不可能是封闭的，必然要建立在与西方社会科学的对话之上。实证研究方法作为当今西方社会科学领域普遍使用的方法，对于相关中国问题的研究而言，如果缺乏实证研究，一方面可能难以形成有效的对话机制；另一方面，即使能够展开对话，也可能处于相对弱势的地位，不利于有中国特色的哲学社会科学的建设和发展。从这个意义上来说，实证研究方法在当前阶段具有“过渡期”的性质，是在发展初期的必要探索。目前，学术领域已经培养了大量掌握实证研究方法的人才，可以吸引这些人才参与到相关研究中来。随着学术领域的发展，可能会逐渐产生新的研究方法与研究范式，形成新的知识体系与人才特征，中国传统文化的研究也将与时俱进，不断创新发展。我们一方面要广泛吸收当今学术领域的有效研究方法，博采众长；另一方面要注重中国自身独特研究方法的探索，深入挖掘并充分展现中国智慧。

第五节　促进多元主体在多领域开展管理学研究

随着中国社会、经济、文化等各方面的持续发展，各个领域都取得了显著的进步，一些领域甚至已经进入世界前列。基于中国发展的坚实现实基础，在外交、经济、科技等领域，我们都在逐步形成自己的大国思维。社会发展应该是各个领域统筹协调、相互支撑的有机整体，在学术领域，我们同样需要形成自己的大国风范。这既是中国社会发展的必然趋势，也是支撑其他领域走大国发展道路的必要条件。传统文化的相关研究与一般学科有所不同，不能简单地通过综述他人的文献，也不能仅仅针对一堆数据进行分析。很多研究内容非常依赖于研究者个人的感受与体悟，但这种感受与体悟并非凭空产生，而是可以从他人的经验中得到共鸣。从个人经验出发，提出相关判断，然后在更大的范围内寻找证据，对判断的普适性进行科学评价，这是中国传统文化研究的独特路径。可以说，中国传统文化研究的难度相对较大，需要多元主体在多领域全面开展研究，才能取得突破性进展。

一、走自己的大国学术发展道路

大国学术的内涵需要科研工作者在各自的研究领域里进行系统思考

和深入探索。这里拟从大国学术应有的特点出发，对其进行一定的认识和阐述。大国学术应该具备以下显著特点：研究领域覆盖全面，涵盖各个学科和领域，形成完整的学术体系；学术水平领先，能够站在世界前沿，探讨具有前瞻性和战略性的重大问题；科研人才储备充足，人才培养体系完善，能够源源不断地培养出高素质的科研人才；着眼于人类共同发展，为解决全球性问题提供中国智慧和中国方案等。走自己的大国学术道路，是中国发展的必然选择。中国自身独特的文化、国情等特征，都决定了我们的学术研究必须具有鲜明的中国特色。

1. 文化决定独特视野

中国拥有博大精深的独特文化，这种独特的文化决定了我们具有独特的研究领域。例如，文史哲相关研究领域，对于中国的社会发展和文化传承具有极为重要的意义。如果我们不走自己的大国学术道路，而是完全融入国际现有的学术体系，这些独特的研究领域将很难得到充分的发展空间。虽然国际上也有一些研究者和研究机构在关注中国文化与中国问题，但一方面，他们的研究很难满足中国文化传承与社会发展的实际需求；另一方面，国外的研究往往是基于外国文化的视角来审视中国文化，尽管这些研究有一定的借鉴意义，但却无法完全把握中国文化的精髓和内涵。

2. 国情决定独特需要

中国有着几千年深厚的历史传承，独特的社会主义制度，以及庞大的人口基数等独特的国情，这些国情决定了我们有着独特的学术研究需求。这些需求的满足必须建立在自力更生、自主创新的基础之上，同时也需要我们走自己的大国学术道路。例如，我国在高铁领域的科技水平已经达到了国际领先水平，这一成就一方面得益于国家的高度重视和长期的科技积累，另一方面也源于一个幅员辽阔、人口众多的大国对铁路运输能力的巨大需求。尤其是在春运期间，如此庞大的人口流动所产生的承运压力，是其他国家难以想象的，也无法寄希望于其他国家来帮助我们解决这一难题。同样，研究中国传统管理思想也是如此，独特的文化背景和管理实践，决定了我们只能依靠自己的力量进行深入研究和探索。

3. 勇于承担国际责任

大国学术道路有助于中国在解决人类共同面临的问题中，积极承担起国际责任。尽管人类在经济、科技等领域已经取得了巨大的发展，但仍然面临着一些严峻的共同挑战，如环境污染、气候变化等。这些问题的解决离不开中国的参与和贡献，需要中国力量与中国智慧的注入。中国作为一个人口众多、经济规模庞大的大国，理应在国际舞台上发挥更重要的作用，承担起相应的国际责任。中国在发展过程中积累的丰富经验，如独特的管理思想和实践经验，可以为其他国家提供有益的参考和借鉴，为解决全球性问题贡献中国方案。

二、促进对中国管理学的全面研究

从目前的情况来看，许多具有重要价值的管理问题尚未得到充分关注和深入研究。高等院校作为学术研究的主力军，其现有的制度安排在一定程度上不利于相关研究的全面开展。目前，高等院校的教师绩效考核主要以教学和科研为主，科研成果是决定绩效奖励与职称评定的关键因素。在科研成果中，论文发表又占据了极其重要的地位，能否在高水平期刊上发表论文成为衡量高校教师研究工作是否得到认可的重要标准。通常情况下，教师在开展研究、撰写论文之前，就需要考虑论文能否被期刊接收发表。如果某一研究领域没有被期刊所青睐，即使该研究对社会具有重要的意义，教师也可能因为担心无法发表而放弃对该领域的研究。期刊的偏好和种类在很大程度上决定了大学教师的研究内容与研究方向。面对考核压力，许多研究者不得不将目光投向国际期刊，一些大学也在追求国际排名，这相当于将学术研究的“审美权”交给了国际学术市场，从而进一步压缩了本土文化研究的空间。

如果在考核过程中过度强调发表成果，尤其是期刊论文的数量，将会引发一系列严重的问题。首先，从国内期刊的总体情况来看，内容覆盖并不全面，有些研究内容难以在现有期刊中找到发表的空间，这限制了相应研究的发展。一些具有鲜明中国文化特色的研究领域，在国内外都面临着论文发表困难的困境，难以得到应有的关注和发展。其次，期刊的需求并不能完全涵盖社会的实际需求。一般来说，期刊对论文的要求是有创新性，创新虽然可以为社会发展提供动力，但社会发展不仅需要创新，还需要其他方面的共同配合。可以说，社会需求与学术创新之间存在着一定的非对称性。这种非对称性导致片面强调期刊论文可能会使一些具有社会价值但创新性有限或者难以发表的研究领域得不到研究者的关注。尤其是在“非升即走”等严格的考核制度下，不仅关系到教师的职业发展，还关系到教师的生存问题，教师就更不愿意将精力投入到难以发表论文的研究领域。这种非对称性还可能导致高校教师将过多精力放在论文发表上，而忽视了社会的实际需求。在新冠疫情期间，科技部办公厅下发了《关于加强新型冠状病毒肺炎科技攻关项目管理有关事项的通知》，明确指出“各项目承担单位及其科研人员要坚持国家利益和人民利益至上，把论文‘写在祖国大地上’，把研究成果应用到疫情防控中，在疫情防控任务完成之前，不应该把精力放在论文发表上”。这一通知从侧面反映了“社会需要”与“论文发表”之间可能存在的潜在矛盾。

再次，期刊往往有特定的偏好，即使某一领域的期刊，也不是所有类型的研究主题与研究成果都能受到期刊的青睐。过分依赖期刊论文作为考核标准可能造成的后果是，期刊的视野和水平将直接影响学术领域的产出类型和产出水平。最后，论文的质量往往难以准确评估，数量在考核中就容易成为重点。而对数量的过度强调，可能倒逼研究者只追求论文篇数，不追求质量，不考虑研究成果的真正意义与价值。甚至可能引发学术不端行为，如数据造假、一稿多投、侵占学生成果、通过关系发稿等问题（赵书松、廖建桥，2013）。此外，新的研究领域因为不够成熟，产出成果相对困难，也可能会影响学者的投入积极性。期刊往往以吸引读者为目标，学术期刊还可能以追求引用率为目标，因为引用率决定了影响因子。然而，那些得到广泛关注的研究，并不一定是前沿研究；相反，前沿研究可能曲高和寡，能够对话的研究者很少，引用率自然就不会高。一些有价值的前沿研究可能不被期刊青睐，这也可能制约学术的发展。

无论从管理学科，还是从其他学科来看，研究领域关注的研究问题并不全面，其中的原因可能与片面强调期刊论文的考核方式有关。新的研究领域往往缺乏对应的期刊，难以发表成果，这在一定程度上影响了学者对这些领域的投入积极性。高校绩效考核方案应鼓励具有社会价值的新学科、新研究领域的发展，充分考虑其在初期阶段成果产出的困难性。

大国情怀与文化自信是相辅相成的。我们要有大国的自信，积极参与国际竞争，以国际上的高标准要求自己，促进学科与学术的发展。但是，我们也要有自信去确立自己的标准。研究本来应该立足于社会需求，而现在在一定程度上却变成了期刊发表需求，两者之间存在着严重的不一致性，这极大地限制了中国的研究潜力。通过写作本书，作者也深刻体会到，很多对我们来说很重要的管理问题却缺乏深入研究，同时，我们也看到了很多意义不大的研究。为什么有意义的问题没有得到研究，却存在着很多无意义的研究，这也是值得所有相关主体深刻反思的问题。

三、促进多元主体开展管理学研究

管理学是一门实践性极强的学科，在社会的各个领域都存在着大量的管理者与被管理者，这些人都可以成为中国管理学的研究主体，他们同时也是管理学研究的客体。此外，各类机构作为管理的践行者，也可以成为管理学的研究主体与客体。

1. 管理实践者

管理学与实践紧密相连，社会中的管理者和被管理者在日常工作中积累了丰富的管理经验，这些经验是管理学研究的宝贵财富。他们对实际管理问题的深刻理解和独特见解，能够为管理学理论的发展提供重要的实践基础。通过将管理实践中的问题转化为学术研究课题，不仅能够解决实际问题，还能推动管理学理论的创新和发展。

2. 高校等组织中的管理学研究者

高校作为学术研究的重要基地，在管理学研究中扮演着举足轻重的角色。高校的管理学研究者不仅肩负着学术研究的重任，还承担着培养未来管理人才的使命。他们通过深入的理论研究和严谨的学术探索，为管理学的发展提供了坚实的理论支撑。同时，高校的研究者还应注重将理论与实践相结合，通过与企业的合作等方式，将管理学理论应用于实际管理问题的解决中，提高管理学研究的实用性和社会价值。

3. 民间人才与社会机构

在正规的学术体系之外，社会上存在着大量掌握着中国传统文化精髓的民间人才。这些人才通过长期的自我学习和实践积累，对中国传统文化和管理思想有着深刻的理解和独到的见解。如何将这些民间人才纳入管理学研究的范畴，充分发挥他们的作用，是中国管理学发展需要解决的重要问题。此外，社会上还存在着大量的管理培训机构，这些机构在管理实践和人才培养方面积累了丰富的经验，它们的管理理念和方法往往具有鲜明的中国特色，为管理学研究提供了不同的视角和思路。

四、促进多元领域开展管理学研究

西方管理学主要在经济领域产生和发展，而中国管理学应该在更广阔的领域里进行探索和创新。除了经济领域，政府管理、教育管理等领域同样具有丰富的管理实践和独特的管理思想，这些领域为中国管理学的发展提供了广阔的空间和丰富的素材。

政府管理领域：政府管理作为国家治理的重要组成部分，涉及到国家的方方面面，其管理理念和方法对国家的发展和社会的稳定具有深远的影响。研究政府管理中的管理思想和实践，不仅能够为政府管理的科学化、规范化提供理论支持，还能够为中国管理学的发展提供独特的视角和丰富的案例。

教育管理领域：教育是培养人才的重要途径，教育管理的质量直接关系到人才培养的质量。在中国传统文化中，教育与管理有着密切的联系，甚至可以说管理就是教育，教育就是管理。研究教育管理中的管理思想和实践，不仅能够为教育管理的改革和发展提供理论依据，还能够为中国管理学的发展提供新的思路和方法。例如，中国古代的“因材施教”“安其学而亲其师，乐其友而信其道”等教育理念，同样具有重要的管理学价值。

五、在相对集中的研究框架下共同开展研究

中国管理学的发展在起步阶段最好能有相对集中的统一研究框架。这样做的好处主要有两个方面：一是可以积累研究成果，形成系统的理论体系；二是可以促进不同研究者之间的对话和交流，形成良好的学术氛围。在积累与对话的基础上，就可以实现多主体、多领域共同推进中国管理学的发展，相当于在同一个地基上往上建高楼。回顾过去，关于中国管理思想的研究并非没有，但由于缺乏统一的研究框架，导致大家各说各话，无法形成有效的积累和对话，难以形成强大的影响力。相对集中的研究框架就相当于是建筑物的地基与基本结构，不同的研究者都可以在这个基础上添砖加瓦，共同构建更加完善的学术大厦。

随着中国管理学的不断发展，这个相对集中的统一研究框架可能会逐渐成为一种束缚。到那个时候，研究领域再考虑打破这个束缚，实现更丰富、更多元的发展。这就像是滚雪球的过程，我们要先有一个小雪球，然后不断滚动使其越来越大。当雪球大到一定程度后，可以再重新开始滚一个新的雪球。如果没有最初的小雪球，就不可能滚动成大雪球。这个相对集中的统一研究框架，就相当于是这个最初的小雪球，为中国

管理学的发展奠定了坚实的基础。

第六节　展望管理学与多学科融合发展的可能

在学术领域，虽然细分了很多学科，但真实的世界只有一个。所有这些学科指向的都是同一个世界，因此它们之间应该是相容相通的。只有这样，才能称得上是真实的学问。人文学科、社会学科、自然学科、人体学科等都应该是相通相融的，并且都要与人真实的生活紧密相关联，能够指导人的生活，提高人的生活质量。管理学的基础是人性观，人性观直接关系到人生观与价值观，而中国传统文化中的人性观又与“天人一体”的世界观密切相关。这种“天人一体”的世界观是一种具有整体观特点的世界观，它不仅能够应用于管理领域，还应该能够应用于其他人文学科，甚至可以应用于物理学等自然科学之中。传统中医在医学思想中也应用了这种世界观。如果这种世界观是一种具有真理性质的世界观，就可以用它来认识现实世界，指导真实的生活。从这个意义上看，管理学与其他学科之间存在着融通的可能性。

一、教育学及社会学科

在中国传统管理思想里，教育与管理有着密不可分的联系，甚至可以说管理就是教育，教育就是管理。在中国传统管理思想里，教育学的人性观也是“人皆可以为圣贤”，教育的目标就是培养具有高尚品德和卓越才能的圣贤。根据中国“道明法自生”的传统理念，对学生能力的培养，并不是简单地培养具体的工作技能，而是在“道”的层次上来培养人。因此，教育的重点应该是培养人的品格，高尚的道德，对宇宙人生真谛的深刻把握等。这就要求在教育实践中，更多地应用“德”与“礼”的方法，而少用“政”与“刑”。然而，在当前的教育实践中，存在着太多“政”与“刑”的学生教育方法。例如，中小学普遍应用的“小红花”

奖励制度，大学中以学分制为基础的奖励体系等，这些方法都容易把学生的注意力更多地引向外在的“利益”，而弱化内在的道德反思与情感共鸣。

在教师管理中，同样应该本着“人皆可以为圣贤”的人性观，更多地采取德政、教化等管理方式，运用道德激励、情感激励等激励方式。教师、校长与管理层都要注重“修己安人”，不断提高自身的修养和素质。管理学的发展可以为教育学提供有益的参考，教育学的研究成果也可以为管理学的发展提供重要的借鉴。例如，“因材施教”“安其学而亲其师，乐其友而信其道”“禁于未发之谓豫，当其可之谓时，不陵节而施之谓孙，相观而善之谓摩。此四者，教之所由兴也”“独学而无友，则孤陋而寡闻”等教育理念，其实也具有重要的管理学价值。

除了教育学，政治学、经济学、伦理学等社会学科也与管理学有着密切的联系，存在着许多可以相互借鉴的地方。例如，在经济学领域，我们可以探讨发展以人民利益为目标的经济学，而不是单纯以个人利益为目标的经济学。在经济学的相关教材中，我们可以加入新中国控制通胀的经典案例，展示中国在经济管理方面的独特智慧。在教育经济学的教材中，我们也可以加入教育影响收入的道德机制等内容，丰富经济学的研究视角和理论内涵。

二、量子理论及自然学科

管理学要建立在对世界的深刻认识的基础之上。物理学的发展可以帮助我们建立更加科学的世界观，而世界观也可以反过来指导物理学的发展。一个能够反映真实世界的世界观，应该能够促进物理学的发展，同时也应该经得起物理学发展的检验。从这个意义上说，管理学里面所体现的世界观，也必须经得起物理学的检验。量子理论作为当今物理学的前沿领域，其许多发现和理论成果为我们重新认识世界提供了新的视角和方法。本书中所应用的“全息整体观”的世界观，如果能够真正反映真实世界，那么它就应该与量子力学的发现具有兼容性。例如，量子纠缠现象就可以用全息整体观来解释，也可以从侧面佐证全息整体观的合理性。

量子力学的很多发现，挑战了我们之前对世界的传统认识。我们应该及时用这些新的发现来武装人的头脑，更新我们的世界观和方法论。对世界的真理性认识，是一切自然学科乃至社会学科、人文学科发展的基础。只有建立在科学的世界观之上，我们的管理学研究才能更加深入、更加准确地反映现实世界的规律。

三、中医及人的身心相关学科

许多比较抽象的道理，如果仅仅在管理学领域进行探讨，可能不太容易理解。而人体具有看得到摸得着的特点，每个人都可以在自己身上直接感受和体验。如果能够通过中医对人体的认识来阐释道理，并以类比的方式应用到管理学中，就可能使这些道理更加清晰、更加直观。我们在前文中也介绍过，很多中医的道理可以用来比喻管理学中的问题，同样，我们也可以用中医的道理来阐释管理学中的概念和理论。

我们借用中医的“全息整体观”来认识“人皆可以为圣贤”的理论基础。“全息整体观”在中医里，不仅是一种观念，而且在实践中有着广泛的应用，这些应用已经被证实是行之有效的。中国传统文化的很多领域是相通的，对一个领域的深入认识，往往可以迁移到对其他领域的认识中。我个人对中国传统文化的认识，很多地方得益于对中医的理解和研究。

传统文化中有一套独特的思维方式，而现代很多人更多地在学习西方的思维方式，对传统文化了解并不多。这导致在很多人眼里，传统文化具有“神秘性”“玄妙性”，甚至在有些人眼里具有“迷信性”而予以攻击。传统文化中虽然不排除有“迷信性”的东西，但很多时候这种“迷信性”的误解，是因为人们对传统文化的不了解而造成的。例如，我曾有过两个亲身经历。有一次，我见到一个有一段时间未见的朋友，他神神秘秘又有几分不安地问我，他的面相有没有什么变化。我看了看他的脸，发现他脸上的胃经上左右对称地长了两个很大的浅黑淡斑，这是胃有问题的征兆，于是我就向他说明了自己的理由。他听后释然，原来他患有严重的胃溃疡，最近胃一直不好。还有一次，一个很久没联系的朋友在看一本书，觉得有几页内容我可能会感兴趣，就拍下来发给我。我收到图片后，看到照片中他用手压着书，露出了一个指甲，指甲上满是竖纹。根据中医理论，肝主爪甲，这是肝有问题的征兆。我回了一句“肝不大好吧”，朋友回复说“你这几年学算命了”。其实，望诊不仅可以推测人的身体状况，还可以进一步推测人的性格及生活状态。例如，肝主怒，肝不好的人很可能脾气不好或者情绪不佳。根据子午流注理论，肝经的时间是凌晨 1 点至 3 点，肝不好的人在这个时间段的睡眠质量可能不好。对于这样的道理不理解的人，就容易将其看得很神秘。而“全息整体观”提供了从局部推测整体，从现在推测过去和未来的可能性。如果不知道其中的道理，就可能将其误认为是“迷信”“玄学”。

四、人文艺术学科及生活实践

中国传统管理思想把人当作一个完整的人来看待，而不仅仅看到人在生产领域的工具性价值。完整的人有认知、情感、态度、价值观、行为等方方面面，所有能给人这些方面带来影响的领域，都具有管理学价值。人文艺术学科是能够深刻影响人的学科，具有强大的生命力与解释力。具有生命力与解释力的管理学，应该是与人文艺术学科相通的。管理学是对人的研究，生活实践是人的自然展现，好的管理学应该与生活实践密切相关，能够为人们的生活提供有益的指导。管理学对如何认识人的社会实践，如何指导人的社会实践，都应该是具有重要价值的。

参考文献

[1] 陈鼓应. 老子注释及评介 [M]. 北京：中华书局，2009.

[2] 陈鼓应. 庄子今注今译 [M]. 北京：中华书局，2009.

[3] 陈向明. 质的研究方法与社会科学研究 [M]. 北京：教育科学出版社，2000.

[4] 成中英，吕力. 成中英教授论管理哲学的概念、体系、结构与中国管理哲学 [J]. 管理学报，2012 (8)：1099–1110.

[5] 程潮，钱耕森. 儒家"内圣外王"及其现代价值 [J]. 学术月刊，1998 (8).

[6] 程颢，程颐. 二程集 [M]，王孝鱼，点校. 北京：中华书局，1981.

[7] 法约尔. 工业管理与一般管理 [M]. 迟力耕，张璇，译. 北京：机械工业出版社，2007.

[8] 管子 [M]. 李山，译注. 北京：中华书局，2009.

[9] 韩非子 [M]. 高华平，王齐洲，张三夕，译注. 北京：中华书局，2010.

[10] 黄帝内经素问 [M]. 任廷革，点校. 北京：人民军医出版社，2005.

[11] 黄铁鹰. 海底捞你学不会 [M]. 北京：中信出版社，2015.

[12] 李申等. 周易经传译注 [M]. 北京：中华书局，2018.

[13] 梁涛.《庄子·天下》篇"内圣外王"本意发微 [J]. 哲学研究，2013 (12).

[14] 刘邵. 人物志译注 [M]. 王晓毅，译注. 北京：中华书局，2019.

[15] 吕氏春秋 [M]. 高诱，注. 毕沅，校；徐小蛮，标点. 上海：上海古籍出版社，2014.

[16] 孟子，等. 四书五经 [M]. 北京：中华书局，2009.

[17] 尼斯贝特．思维的版图［M］．李秀霞，译．北京：中信出版社，2006．
[18] 潘宗光．心经与现代管理［M］．上海：复旦大学出版社，2009．
[19] 齐宝鑫，武亚军转型经济中民营企业成长的中长期激励机制研究：华为推行 TUP 的产权制度创新实践与理论启示［J］．复旦学报（社会科学版），2018（3）．
[20] 司马光．司马光集［M］，李文泽，霞绍晖，校点．成都：四川大学出版社，2010．
[21] 司马迁．史记［M］．北京：中国社会科学出版社，2020．
[22] 孙武．十一家注孙子校理［M］．曹操，等注；杨丙安，校理．北京：中华书局，2016．
[23] 孙业礼．共同富裕：六十年来几代领导人的探索和追寻［J］．党的文献．2010（1）．
[24] 田勤耘，罗家祥．“内圣外王”与中华民族精神的建构［J］．华中科技大学学报（社会科学版），2006（5）．
[25] 王慧中．胖东来你要怎么学［M］．北京：龙门书局出版社，2014 年．
[26] 王先谦．荀子集解［M］．沈啸寰，王星贤，整理．北京：中华书局，2012．
[27] 王延栋．战国策译注［M］．北京：中华书局，2017．
[28] 王阳明．传习录注疏［M］．上海：上海古籍出版社，2012：257．
[29] 韦里克，孔茨．管理学：全球化视角第 11 版［M］．北京：经济科学出版社，2004．
[30] 习近平．扎实推动共同富裕［J］．求是，2021（20）．
[31] 荀况．荀子［M］．杨倞，注；耿芸，标校．上海：上海古籍出版社，2014．
[32] 杨伯峻．列子集释［M］．北京：中华书局，2016．
[33] 赵书松，廖建桥．绩效工资制下大学教师绩效非伦理风险及其规避策略［J］．高等教育研究，2013，34（2）：20–27．
[34] 朱熹．四书章句集注［M］．北京：中华书局，1983．
[35] 诸葛亮．诸葛亮集［M］．段熙仲，闻旭初，编校．北京：中华书局，2020：77．

[36] BAUMOL W J, BATEY BLACKMAN S A, Wolff E N Productivity and American Leadership: The long view [M]. Cambridge, MA: MIT Press, 1989.

[37] HOFFMAN B J, WOEHR D J, Maldagen–Youngjohn R, et al. Great man or great myth? A quantitative review of the relationship between individual differences and leader effectiveness [J]. Journal of occupational and organizational psychology, 2011, 84 (2): 347–381.

[38] JUDGE T A, BONO J E, Ilies R, et al.Personality and leadership: A qualitative and quantitative review [J]. Journal of applied psychology, 2002 (87): 765–780.

[39] KIRKPATRICK S A, LOCKE E A.Leadership: Do traits matter? [J]. Academy of management executive, 1991 (5): 48–60.

[40] KOUZES, JAMES M, Posner, et al.The credibility factor: what followers expect from their leaders [J]. Management review, Jan, 1990, 79 (1): 9.

[41] NICHOLS A L, COTTRELL C A. What do people desire in their leaders? The role of leadership level on trait desirability [J]. The Leadership quarterly, 2014 (25): 711–729.

[42] NORTHOUSE P G.Leadership: Theory and practice [M]. Thousand Oaks, CA: Sage, 1997.

[43] STODGILL R M.Personal factors with leadership: a survey of the literature [J]. J Psychol, 1948 (28): 35–71.

[44] ZACCARO S J.Trait–based perspectives of leadership [J]. American psychologist, 2007, 62 (1): 6–16.

[45] ZACCARO, STEPHEN J, JENNIFER P G, et al.Leader individual differences, situational parameters, and leadership outcomes: A comprehensive review and integration [J]. The Leadership quarterly, 2018 (29): 2–43.

